Peter Vitouch

Fernsehen und Angstbewältigung

Peter Vitouch

Fernsehen und Angstbewältigung

Zur Typologie des
Zuschauerverhaltens

3. Auflage

VS VERLAG FÜR SOZIALWISSENSCHAFTEN

Bibliografische Information Der Deutschen Nationalbibliothek
Die Deutsche Nationalbibliothek verzeichnet diese Publikation in der
Deutschen Nationalbibliografie; detaillierte bibliografische Daten sind im Internet über
<http://dnb.d-nb.de> abrufbar.

1. Auflage 1992
2. Auflage November 2000
3. Auflage Januar 2007

Der VS Verlag für Sozialwissenschaften ist ein Unternehmen von Springer Science+Business Media.
www.vs-verlag.de

Umschlaggestaltung: KünkelLopka Medienentwicklung, Heidelberg
Druck und buchbinderische Verarbeitung: MercedesDruck, Berlin
Gedruckt auf säurefreiem und chlorfrei gebleichtem Papier
Printed in Germany

ISBN 978-3-531-15383-4

Für S., O. und A.

„Televideor ergo sum"
Russel Baker

„Neulich ist Harley Hatchfield gestorben. Die Nachrufe in den Zeitungen behaupten einstimmig, er sei ein Versager gewesen. Ich bin anderer Meinung. Harley Hatchfield gehört in die Reihe der großen amerikanischen Träumer. Obwohl keiner seiner Träume Wirklichkeit geworden ist, hat er nie aufgegeben. Er dachte nicht daran, den amerikanischen Traum gegen das Linsengericht der Verzweiflung und des Jammers einzutauschen. Seine letzten Lebensjahre weihte er einer neuen Aufgabe. Er wollte auf dem Fernsehschirm erscheinen. Er war nämlich zu dem Schluß gekommen, daß ein Mensch in der zweiten Hälfte des 20. Jahrhunderts seine Existenz nur durch einen Fernsehauftritt beweisen könnte. 'Zu Descartes' Zeiten', sagte er mir, konnte sich natürlich jedermann auf den Standpunkt stellen: 'Ich denke, also bin ich!' Wenn heute einer denkt, kann er daraus nur den Schluß ziehen, daß er nicht ist, es sei denn, er denkt im Fernsehen und eine Meute von Zuschauern ruft ihm zu: 'Klar bist du, und zwar in Farbe'.

Harleys Traum war nunmehr eine Fernsehsendung, mit der er alle Zweifel an seinem Vorhandensein ausräumen wollte. Er studierte das Programm, mit besonderer Berücksichtigung der Nachrichtensendungen, und kam zu dem Schluß, daß es eine absolut sichere Methode gab, um ins Fernsehen zu kommen: Man brauchte nur dafür zu sorgen, daß die eigene Familie, bestehend aus einer Ehefrau und fünf Kindern, in einer schrecklichen Feuersbrunst umkam. In diesem Fall, das wußte Harley nunmehr, würde er unfehlbar, wenn auch in einem höchst verwirrten Zustand, auf dem Bildschirm erscheinen, zusammen mit einem Reporter, der ihn fragen würde: 'Können Sie unseren Zuschauern sagen, was für ein Gefühl es ist, wenn die eigene Familie in einer schrecklichen Feuersbrunst umkommt?' Der Haken an der Sache war nur, daß Harley als Junggeselle weder über Ehefrau noch über fünf Kinder verfügte..."
(Russel Baker, 1981).

Inhalt

Vorbemerkung

Das Fernsehen ist aus unserem täglichen Leben nicht mehr wegzudenken. Diese Omnipräsenz führt natürlich nicht nur zur uneingeschränkten Akzeptanz der Vorteile, die wir aus diesem Massenmedium ziehen. Berechtigterweise wird auch auf mögliche Gefahren und Fehlentwicklungen hingewiesen. Der aus diesen gegensätzlichen Standpunkten resultierende Konflikt bestimmt die öffentliche Diskussion und legt es nahe, die Anstrengungen zu erhöhen, von seiten der Wissenschaft verwertbare Fakten beizusteuern.

Der vorliegende Text versucht, sich in einem definierten Bereich dieser Anforderung zu stellen, und kann aus mehreren Gründen doch nur eine kompromißhafte Annäherung an die Problematik bieten. Dieses Buch ist von einem medienpsychologischen Standpunkt aus geschrieben. Dennoch habe ich mich bemüht, die zugrundeliegenden Theorien so darzustellen, daß auch Praktiker, Sozialwissenschaftler aus anderen Forschungsgebieten sowie niedrigsemestrige Studenten ohne viel Vorwissen den Gedankengängen folgen können. Dies impliziert, daß manche theoretischen und methodischen Grundlagen für den „Eingeweihten" möglicherweise zu trivial und umfangreich ausgefallen sind. Andererseits hoffe ich, daß für die Praktiker das „Fach-Chinesisch" einigermaßen verstehbar ist. Für Studenten sollte nachvollziehbar sein, wie man von bestehenden Ergebnissen zu einer Forschungsidee, von dieser zu theoriengestützten Untersuchungsstrategien und durch diese über die Interpretation der Ergebnisse zu einem mehr oder weniger konsistenten Erklärungsmodell kommt.

Aus diesem Grund beginnt der Text mit der Darstellung von Ergebnissen aus einem spezifischen Forschungsbereich, nämlich der „Vielseherforschung". Diese Ergebnisse werden mit Theorien und Konstrukten aus einem bisher damit nicht in Verbindung gebrachten Forschungsgebiet der Sozialpsychologie verglichen und die dabei aufgedeckten Übereinstimmungen zur Grundlage neuer Forschungsstrategien gemacht. Die immer wieder „eingestreuten" (insgesamt sechs) empirischen Untersuchungen haben die Aufgabe, den roten Faden einer Forschungsstrategie zu demonstrieren und die theoretischen und methodischen Schwierigkeiten exakter empirischer Forschung auf diesem Gebiet darzustellen. Von Untersuchung zu Untersuchung wird – unter Einbeziehung weiterführender, theoretischer Ansätze – das Forschungskonzept erweitert, bis hin zum Versuch der Konstruktion eines erklärenden, interaktiven Modells.

Ausgangspunkt der dargestellten Gedankengänge ist ein kommunikationstheoretisches Paradoxon. Während die miniaturisierende Elektronik und die Satellitentechnologie es ermöglicht, mobil und von jedem Ort der Welt aus Informationen in unser Wohnzimmer zu senden, betreiben immer mehr Rezipienten Informationsabwehr und ziehen sich auf klischeehafte und stereotype Unterhaltungsformen – dieses Mediums – zurück. Selbst die Information wird zum „Infotainment" und übernimmt die formalen Strukturen der Unterhaltungssendungen. Im vorliegenden Text wird der Versuch gemacht nachzuweisen, daß Fernsehkonsum nur *ein* spezifischer Aspekt der generellen Auseinandersetzung eines Individuums mit seiner Umwelt ist. Der Stil und die Strategie dieser Auseinandersetzung wird durch die Sozialisation des Individuums bestimmend geprägt. Kompliziert wird die Angelegenheit durch die Tatsache der Mutation des Fernsehens selbst (neben Eltern, Schule und Gleichaltrigen) zum Sozialisationsfaktor. Der Entwicklungspsychologe Bronfenbrenner meinte schon 1974 dazu, daß „Familien aus zwei Eltern, einem oder mehreren Kindern und einem Fernsehgerät bestehen".

Diese Arbeit ist entstanden im Zusammenhang mit meiner Tätigkeit als Leiter des Ludwig Boltzmann-Instituts für empirische Medienforschung.

Das vorliegende Buch ist im Wesentlichen unverändert nochmals neu aufgelegt worden. Die vielen Nachfragen bestärken uns in der Ansicht, daß das Buch für Studenten seinen Wert dahingehend behalten hat, beispielhaft zu zeigen, wie auf der Basis eines theoriegestützten Ansatzes empirische Untersuchungen im Bereich der Medienpsychologie konzipiert werden können. Damit soll untermauert werden, daß die anstehenden Fragen nicht durch ein einziges „Experimentum Crucis" für alle Zeiten geklärt werden können, sondern daß nur die schrittweise experimentelle Annäherung die Vervollständigung des großen Gesamtbildes ermöglicht.

Weiterführende, aktuelle Literatur ist angeführt. Ein weiteres Buch – unter Einbeziehung psychophysiologischer Untersuchungsstrategien – ist in Arbeit.

Wien, im Mai 2000   Univ.Prof. Dr. *Peter Vitouch*

I. Vielsehen als Symptom

1. Die Kultivierungshypothese

1.1 Von der Gewalt zur Kultivierung

Noch 1948 sah sich Berelson zu einer eher sarkastischen Aussage über den damaligen Stand der Massenkommunikationsforschung berechtigt, indem er formulierte, es sei nun erwiesen, daß „some kinds of communications on some kinds of issues, brought to the attention of some kinds of people, under some kinds of conditions, have some kinds of effect...".

Seither sind viele Bilder durch Fernsehkanäle geflossen und viel Papier wurde mit Forschungsergebnissen aus dem Bereich der Medienforschung bedruckt. Der destruktive Sarkasmus ist zwar überwunden, die hochfliegende Euphorie wurde jedoch oft zur Landung gezwungen, geblieben ist da und dort vorsichtiger Optimismus, gepaart mit milder Verzweiflung über einander zu deutlich widersprechende Forschungsergebnisse wie etwa in der Gewaltforschung.

Offensichtlich leidet die Medienforschung unter den sachlichen Anforderungen (die aber auch eine wissenschaftliche Chance darstellt), fachübergreifend agieren zu müssen. In diesem Zusammenhang treten massive Kommunikationsprobleme zwischen den Kommunikationswissenschaftlern verschiedenster Fachrichtungen zutage. Ist es in den Sozialwissenschaften schon schwierig genug, die wissenschaftstheoretischen Differenzen innerhalb des eigenen Faches konstruktiv zu bewältigen, so vergrößert sich diese Schwierigkeit und Unsicherheit beträchtlich, wenn man Grenzen überschreitet, um sich in den Diskurs der benachbarten Fächer einzulassen. Die Notwendigkeit der Annäherung wird jedoch in immer deutlicherem Maße sichtbar und die Kooperation zum Teil auch versucht. Sowohl die Frage nach der Wirkung von Gewaltdarstellungen im Fernsehen, wie auch die Frage nach der Wirkung des Vielfernsehens an sich stellen einen „Dauerbrenner" der Medienforschung dar. Im folgenden Kapitel wird die Geschichte der Vielseherforschung in ihrer Widersprüchlichkeit bis hin zu aktuellen Forschungsergebnissen dargestellt.

Ergebnisse, die – aller Fehlinterpretation zum Trotz – Informationen beinhalten, deren Wert erst bei genauerer Betrachtung offenbar wird.

Seit dem Zeitpunkt des einleitenden Statements im Jahre 1948 hat sich auch das gesellschaftliche Bewußtsein bezüglich der Massenmedien – und dabei ganz speziell dem Fernsehen gegenüber – verändert.

Die intellektuelle, kulturelle und politische Brisanz dieses Mediums – mit all seinen technischen Entwicklungen – steht mittlerweile außer Zweifel und immer öfter auch im Mittelpunkt besorgten Interesses.

Der Bericht des National Institute for Mental Health (NIMH) über die Fernsehforschung der 70er Jahre in den Vereinigten Staaten dokumentiert eine Dominanz der psychologischen Richtung. Von der Anlage der Untersuchungen her überwiegen die experimentellen Laborstudien, mit denen hauptsächlich kurzfristige Effekte untersucht werden. Daneben gibt es Feldstudien, in denen versucht wird, über längere Zeiträume hinweg bestimmte Variablenzusammenhänge zu beobachten, wobei die Interpretation der Ergebnisse durch den Einfluß intervenierender Variablen im sozialen Umfeld erschwert wird. Derartige korrelative Zusammenhänge lassen in der Regel auch keine kausale Interpretation zu. In den meisten Fällen fehlt ein übergeordnetes Konzept für die Untersuchung, das Fernsehkonsumverhalten wird isoliert und aus dem sozialen Kontext herausgerissen betrachtet, die jeweilige soziale Umwelt des Individuums wird ausgeklammert. Damit bleibt man in der Interpretation isolierter, artifizieller und kurzfristiger Effekte stecken. Ein Vorwurf, der die naturwissenschaftlich orientierte Sozialwissenschaft in vielen Bereichen trifft. Diese Kritik kann und muß dazu führen, die eigenen Forschungsmethoden auszuweiten und eine Methodenvielfalt anzustreben. Erst die dadurch identifizierten Berührungspunkte, Übereinstimmungen und Ähnlichkeiten werden dazu beitragen können, neue Ansätze und Methoden zu entwickeln sowie die Relevanz der bestehenden Verfahren zu untermauern.

Es setzt ein großes Maß an wissenschaftlicher Toleranz und Überwindung von Berührungsängsten voraus, wenn man sich Gedankengängen aussetzt, die von einer anderen wissenschaftstheoretischen Basis ausgehend nach Erkenntnis streben. Ohne einem Methodeneklektizismus das Wort reden zu wollen, scheint es hoch an der Zeit, Ansätze aus der Psychologie, Soziologie, Sozialphilosophie, Politologie usw. im jeweiligen Problembereich zu koordinieren und so ihre Gemeinsamkeiten und damit ihre Relevanz für die Gesellschaft herauszuarbeiten.

In den letzten 15-20 Jahren der Massenkommunikationsforschung stand das Thema der Wirkung dargestellter Gewalt dominant im Vordergrund. Die Ursache für diese „Fixierung" ist auf verschiedene koinzidierende Faktoren in der jüngeren Geschichte der Vereinigten Staaten zurückzuführen. In den 50er und 60er Jahren dieses Jahrhunderts erlebte das elektronische Massenmedium Fernsehen eine kometenhafte Entwicklung, so daß seine Reichweite danach nahezu 100 % betrug. Etwa im gleichen Zeitraum stieg (vor allem in den amerikanischen Ballungsräumen) die Kriminalitätsrate für Gewaltverbrechen drastisch an, und es war auch eine steigende Tendenz zu öffentlichen Gewaltausbrüchen wie Rassenunruhen und Studentenkrawallen festzustellen. Besorgte Bürger und Politiker brachten diese beiden Entwicklungen in Verbindung und argumentierten, daß das Ansteigen der Gewalt in der Gesellschaft durch die deutlich angestiegene Anzahl von Gewaltdarstellungen im Unterhaltungsfernsehen und seine große Reichweite erklärbar sei. Diese Vermutung führte zu einer großen Anzahl von (auch von staatlicher Seite geförderten) Forschungsaufträgen, die überprüfen sollten, ob dargestellte Gewalt die (vor allem jugendlichen) Rezipienten zur Nachahmung verleitet. Auf die Entwicklung und die Ergebnisse der Gewaltforschung kann hier nicht umfassend eingegangen werden. Eine vorzügliche Zusammenfassung findet sich bei Michael Kunczik (1975).

Es kann nur angedeutet werden, daß die Forschungsergebnisse (trotz oder wegen der großen Zahl) äußerst uneinheitlich und wenig eindeutig waren, was die Glaubwürdigkeit der Medienforschung in der Öffentlichkeit, bei den Medien selbst und auch bei den Politikern etwas unterhöhlte. Ein Grund für die Mangelhaftigkeit der Antworten bestand offensichtlich darin, daß die Frage falsch gestellt war. Lange Zeit richtete sich nämlich das Interesse ausschließlich auf kurzfristige Effekte bei einmaliger Darbietung von Gewaltdarstellungen, während längerfristige Entwicklungen aufgrund massiver Medieneinwirkung unbeobachtet blieben.

1.2 Gerbners Kultivierungshypothese

In diesem Bereich der Kommunikationsforschung arbeitete neben anderen die „Culturel Indicators Research Group" um George Gerbner, deren Arbeit von der Annenberg School of Communications im Jahr 1967/68 mit einer Inhaltsanalyse zum Thema „Gewalt im Fernsehen" im Auftrag der National Commission on the Causes and Prevention of Violence ihren

Ausgang nahm (Bakker und Ball, 1969). Weitere inhaltsanalytische Untersuchungen der Fernsehprogramme mündeten in die Entwicklung der sogenannten „Gewaltprofile" (Violence Profils), die jedes Jahr im Journal of Communication veröffentlicht werden. Diese Gewaltprofile erlangten aufgrund ihrer Brisanz hohe Publizität, wobei die honorigen auftraggebenden Institutionen – wie National Institute of Mental Health, White House Office of Telecommunications Policy, American Medical Association usw. – den Daten halb-offiziellen Charakter gaben. Die Profile setzen sich zusammen aus dem „Gewaltindex" (Violence index) und der „Risikoquote" (Risk ratio).

Der Gewaltindex wird aus dem Prozentanteil aller Programme, in denen Gewalt zu beobachten ist, der Anzahl der Personen, die in Gewalt verwickelt sind und der Häufigkeit einzelner Gewaltakte pro Programmstunde errechnet. Die dabei verwendete Definition von Gewalt ist sehr breit und entspricht nicht unbedingt dem Alltagsverständnis von Gewalteinwirkung. Naturgewalten, Unfälle und Selbstbeschädigungen werden mit der Ausübung physischen Zwanges gleichgesetzt (Gerbner meint, es sei eben kein Zufall, wenn bestimmte Bevölkerungsgruppen „aus dramaturgischen Gründen" im Fernsehen besonders häufig durch Unfälle und Katastrophen ums Leben kommen). Ebenso wird verfremdeter Gewaltdarstellung, wie z.B. Cartoons, der gleiche Stellenwert eingeräumt wie realistischen Gewaltdarstellungen. Verschiedene Programmtypen werden ganz bewußt nicht unterschieden und diese Unterlassung an verschiedenen Stellen ähnlich begründet:

„Television is a centralized system of storytelling. Its drama, commercials, news and other programs bring a relatively coherent world of common images and messages into every viewing home" (Gerbner, Gross, Morgan und Signorelli, 1982; S. 102).

Eine Aussage, die – wenn überhaupt – in besonderem Maße für die Fernsehprogramme der Vereinigten Staaten Gültigkeit hat. Dieser Unterschied in der Programmstruktur ist sicherlich eine von vielen Ursachen, weswegen die Forschungsergebnisse von Gerbner in Europa kaum replizierbar waren (siehe Wober, 1982).

Die Risikoquote soll aussagen, in welchem Ausmaß unterschiedliche gesellschaftliche Gruppen eher als Täter oder als Opfer von Gewalttaten im Fernsehen dargestellt werden. Um diese Quote zu ermitteln, wird erhoben, in welchem Verhältnis die Anzahl von Gewalttätern einer bestimmten – im Fernsehen dargestellten – sozialen Gruppe zu der Zahl der Opfer in dieser Gruppe steht. Ein positives Vorzeichen wird zur

Kennzeichnung des Überwiegens von Tätern, ein negatives Vorzeichen zur Kennzeichnung des Überwiegens von Opfern verwendet. Diese „Message System Analysis" ist der erste Teil eines zweigliedrigen Forschungsansatzes. Der zweite Teil ist die sogenannte „Kultivierungsanalyse" und stellt den Versuch dar, empirische Belege dafür zu finden, daß ein Zusammenhang zwischen den – in der Inhaltsanalyse erkennbaren – Strukturen der „Fernsehwelt" und der „Sicht der Welt" der Rezipienten besteht.

Die „Kultivierungshypothese" besagt, daß bei Personen, die besonders viel fernsehen, eine Verzerrung der Vorstellung von der gesellschaftlichen Realität eintritt – und zwar in Richtung auf die dargestellte „Fernsehwelt".

„...the more time one spends 'living' in the world of televisions, the more likely one is to report perceptions of social reality which can be traced to (or are congruent with) television representations of life and society" (Gerbner et al., 1980; S. 31).

Diese Hypothese entstand auf der Basis der Kultivierungstheorie, die sich mit der Bedeutung der Massenmedien in der Industriegesellschaft der Vereinigten Staaten von Amerika befaßt, wobei das Fernsehen als das zentrale und beherrschende Medium in der amerikanischen Kultur angesehen wird. Dieser Ansatz wurde von Gerbner et al. vielen empirischen Untersuchungen vorangestellt und laufend ergänzt und ausgeweitet. Die Kultivierungstheorie besagt, daß das Fernsehen zu einem dominierenden Sozialisationsfaktor in der amerikanischen Familie geworden ist, „ein Familienmitglied, das die meiste Zeit die meisten Geschichten erzählt. Diese massive Flut von Geschichten, in denen erzählt wird, wie die Dinge sind, wie sie ablaufen und wie man sich ihnen gegenüber verhält, ist zum allen Menschen gemeinsamen Sozialisationsagenten unseres Zeitalters geworden ..... Das Fernsehen beherrscht das symbolische Umfeld unseres modernen Lebens" (Gerbner, 1980; S. 34). An anderer Stelle schreibt er:

„Das Fernsehen bringt eine relativ kohärente Welt gemeinsamer Bilder und Botschaften in jeden Fernsehhaushalt. Die Menschen werden heute in der symbolischen Umwelt des Fernsehens geboren und leben mit seinen sich ständig wiederholenden Botschaften. Von Anfang an kultiviert das Fernsehen genau jene Prädispositionen, die die künftige Auswahl und Nutzung kultureller Angebote bestimmen. Die traditionellen historischen Barrieren von Lesefähigkeit und Mobilität überschreitend, ist das Fernsehen zu einer erstrangigen Quelle von Alltagskultur für eine ansonsten heterogene Bevölkerung geworden.

Viele von denen, die heute vom Fernsehen abhängig sind, waren vorher nie Angehörige einer gemeinsamen nationalen politischen Kultur. Vielleicht zum ersten Mal seit der Epoche, in der der Religion diese Aufgabe zufiel, bietet das Fernsehen ein starkes kulturelles Bindeglied, ein tägliches Ritual, das von Eliten und anderen Bereichen der Öffentlichkeit geteilt wird" (Gerbner et al., 1982; S. 102).

Das Fernsehen als „kultureller Schmelztiegel" der amerikanischen Nation. Kultur ist in diesem Zusammenhang in einem, in den Vereinigten Staaten gebräuchlichen, sehr weiten Zusammenhang zu verstehen, der in etwa mit dem Begriff Zivilisation vergleichbar ist. Das Fernsehen wird als wesentlich beeinflussender Faktor der Gesellschaft angesehen, da Veränderungen in der Massenproduktion und schnelle Verteilung von Medienbotschaften zu systematischen Veränderungen im Inhalt dieser Botschaften geführt haben, deren volle Bedeutung „in der Kultivierung eines kollektiven Bewußtseins über die Elemente des Daseins" liege (Gerbner, 1969a). Trotz dieser Aussage wird von der Gerbner-Gruppe der Begriff „Wirkung" abgelehnt.

„We prefer to speak of the contribution of television to the cultivations of common perspectives rather than of its achieving any preconceived goals, impacts or effects" (Gerbner, Grass, Jackson-Beck, Jeffries-Fox und Signorelli, 1978; S. 193).

Gerbner meint, daß keine Wirkung im Sinne des Erreichens definierter Ziele oder Effekte existiert, sondern Beeinflussung durch die permanente Präsentation einer „Gegenwelt", die von den Gesetzmäßigkeiten der Konsumgesellschaft und Kommunikationstechnologie geprägt ist, ausgeht. Dieses Zitat stellt den Versuch einer Abrückung des Forschungsansatzes der Gerbner-Gruppe vom reinen „Wirkungsansatz" dar, der sich jedoch in ihren Untersuchungen zum „Vielsehersyndrom" wiederfinden läßt.

1.3 Die Vielseher

Weniger aus einem primären Interesse an dem gesellschaftlichen und individuellen Phänomen des „Vielsehers" (heavy viewer), sondern aus untersuchungstechnischen Gründen wurde das „Vielsehersyndrom" zu einer zentralen Größe der Arbeiten Gerbners. Will man die vorher vorgestellte Kultivierungshypothese empirisch überprüfen, bieten sich unmittelbar drei Möglichkeiten an:

1. Man vergleicht „Nichtseher" (Menschen, die nicht fernsehen) als Kontrollgruppe mit Menschen, die seit längerer Zeit Fernsehen konsumie-

ren (Vielseher). Damit hat man die Möglichkeit, den Einfluß der Variable „Fernsehen" zu kontrollieren und zu überprüfen, ob die Fernseher mehr Elemente der „Fernsehwelt" in ihr Weltbild aufgenommen haben.

Diese Strategie hat sich als nicht zielführend erwiesen, weil (zumindest in den USA) sich die „Nichtseher" als ganz eigentümliche Gruppierung herausstellte, die extrem inhomogen ist. Wie Farkerd, Harris und Murray (1980) feststellten, müssen zumindest 39 Variablen berücksichtigt werden, um vorhersagen zu können, ob eine Person „Nichtseher" ist. Konsequentes Nicht-Fernsehen ist demnach durch ein ganzes Bündel zum Teil widersprechender Motive und Ursachen bedingt, wodurch diese Gruppierung ausfällt.

Zudem sind beide Gruppen nicht „randomisiert" (also dem Zufall nach ausgesucht). Es ist deshalb wahrscheinlich, daß andere Variablen als der „Fernsehkonsum" allein für die Unterschiede ihrer Weltsicht verantwortlich sind.

2. Man unterbindet für längere Zeit den Fernsehkonsum einer größeren Gruppe von Menschen. Ein Unterfangen, das sich schon in kleinerem Rahmen (weniger Fernsehen) auf die Dauer als undurchführbar herausgestellt hat.

Außerdem führte die Veränderung des gwohnten Lebensstils zu Fehlervariablen (Reizbarkeit, Veränderung der familiären Kommunikation, Umschichtung des Zeitbudgets), die eine Vergleichbarkeit der Gruppen nicht mehr erlaubt.

3. Man bildet Extremgruppen. Das heißt, man trennt unter den Fernsehern jene, die „Wenigseher" sind, von denen, die „Vielseher" sind. Die Vielseher sind in ihrem Konsum den Wenigsehern um „Jahre" voraus und müßten demnach in stärkerem Maße in einer „Fernsehwelt" leben, deren Werte, Rollen, Stereotypen deutlicher internalisiert haben als die Wenigseher, stärker durch das Fernsehen „kultiviert" sein. Zusätzlich könnte man vorsichtig interpretieren, daß die Vielseher – was die Auswirkung des Fernsehkonsums betrifft – heute bereits da angelangt sind, wo die Gesellschaft der Wenigseher in einigen weiteren Jahren der Medieneinwirkung sein wird.

Gerbner wählte die zuletzt beschriebene Strategie. Als Vielseher werden Rezipienten definiert, die in der Regel täglich mehr als vier Stunden fernsehen. Wenigseher sind Rezipienten, die weniger als zwei oder eine Stunde täglich Fernsehen konsumieren. Diese Einteilungen sind oft pragmatisch auf die Stichproben bezogen, was Gerbner starke Kritik eingebracht hat (siehe Kontroverse Hirsch-Gerbner). Der Kultivierungshypothese folgend überprüft Gerbner, inwieweit Vielseher auf bestimmte Fragen über die „reale Welt" (zusammengestellt aus demographischen Daten wie z.B. die Häufigkeit von Blutverbrechen, die Verteilung von Berufen in der Bevölkerung usw.) eher „Fernsehantworten" geben. Daraus wird das „Kultivierungsdifferential" errechnet, das den Prozentsatz der Vielseher, welche die Fernsehantwort geben, minus dem der entsprechenden Wenigseher, darstellt. In einigen Fällen wird der Zusammenhang auch als linear angenommen, also die Korrelation berechnet. Diese Zusammenhänge werden über eigene Fragebogenerhebungen der Annenberg-Gruppe erhoben, oder aber durch Sekundäranalysen von frei zugänglichen Sozialerhebungen. Dazu gehören die alljährlich stattfindenden Umfragen des National Opinion Research Center (NORC) oder der Opinion Research Corporation (ORC). Dieser Umstand führte dazu, daß Fragestellungen aus Sozialerhebungen mit einbezogen werden, die in anderen, von Fernsehwirkung völlig unabhängigen, Zusammenhängen entwickelt worden waren. In der Sozialerhebung der NORC wurden z.B. einige Fragen zur Desintegration, Entfremdung, Anomie und der Vorstellung, in einer „erbärmlichen Welt" zu leben, gestellt. Es ergeben sich deutliche Zusammenhänge zwischen „Vielsehern" und diesen Faktoren.

Alle diese Fragen betreffen jedoch Aspekte, die nicht unbedingt jenen Kategorien entsprechen, die sich aus der Inhaltsanalyse ergeben. Dies führt in der Folge zu deutlichen Schwierigkeiten, diese Kategorien eindeutig als „Fernsehantworten" zu identifizieren. So sagt Gerbner zwar, das Fernsehen – und im besonderen die häufige Darstellung von Gewalt – vermittle eine „erbärmliche Welt". Es wird aber an keiner Stelle erklärt, worin der Nutzen für den Vielseher besteht, sich dieser Darstellung der Welt so exzessiv auszusetzen, wenn es ihn doch „ängstlich, mißtrauisch und defensiv" macht. An anderer Stelle widerspricht Gerbner sogar dieser seiner Auffassung, indem er erklärt, das Fernsehen in den USA habe vor allem die Funktion, „Widerstand gegen gesellschaftliche Veränderungen zu kultivieren, den Menschen ihr Leben als gut und ihre Gesellschaft als gerecht" schmackhaft zu machen (Gerbner, 1978c). Aber über diese Widersprüche wird noch zu reden sein.

Vorerst soll aufgezeigt werden, welche psychosozialen Merkmale sowohl die Annenberg-Gruppe, wie auch andere Forscher mit dem Faktum „Vielseher" in Zusammenhang gebracht haben. Die Relevanz der unterschiedlichen Interpretationen wird daran anschließend diskutiert.

1.4 Das Vielsehersyndrom

1.4.1 Angst

Ein zentrales Ergebnis der Vielseherforschung der Gerbner-Gruppe stellt die „Ängstlichkeit des Vielsehers" dar (Gerbner, 1978). Diese Reaktion ergibt sich – nach Gerbner – logisch aus der Internalisierung der im Fernsehen dargestellten Gewalt. Vielseher schätzen die Wahrscheinlichkeit, Opfer eines Blutverbrechens zu werden, erheblich höher ein als Wenigseher und auch höher, als dies der Wahrscheinlichkeit der Kriminalstatistik nach auch tatsächlich ist. Auf eine höhere Ängstlichkeit wird auch aufgrund von bei Vielsehern beobachtbaren Verhaltensweisen geschlossen. So haben Vielseher öfter aus Sicherheitsgründen einen Hund angeschafft, die Türschlösser erneuert oder eine Schußwaffe im Haus. Sie geben auch öfter an, aus Sicherheitsgründen bestimmte Gegenden zu meiden und Angst zu haben, nachts allein auf die Straße zu gehen. Insgesamt kommt die Annenberg-Gruppe zu dem Ergebnis, daß Vielseher ängstlicher sind, mißtrauischer und eher bereit, Gewalt zu rechtfertigen. Dieser Effekt ergibt sich – nach Gerbner – aus der „Herrschaft der Gewalt" in der Fernsehwelt, die den Vielseher besonders ängstlich und mißtrauisch machen muß.

Diese Zusammenhänge sind so neu jedoch nicht. Von einer anderen interpretativen Basis kommend, zitieren Katz und Foulkes (1962) eine Reihe von Arbeiten, die Ängstlichkeit mit starkem Medienkonsum (jedoch von anderer Art!) in Verbindung bringen. Sie berichten über Frauen, die sich selbst als sehr ängstlich einschätzen und „sich sehr viele Sorgen machen" und ihren überdurchschnittlichen Konsum von *Serienromanen* und „*Seifenopern*" im Radio (Katz und Lazarsfeld, 1955; zit. nach Huth, 1982). Ähnliche Verbindungen stellte Pearlis (1959; zit. nach ebd.) zwischen hohem „persönlichen und sozialen Streß" und der Vorliebe für Fernsehprogramme fest, die „Probleme vergessen lassen".

Tannenbaum (1978) berichtet über die Bevorzugung von Action- und Abenteuerfilmen, sowie Sport- und Lustspielfilmen gegenüber Informationssendungen durch Rezipienten, deren berufliche Belastung während des Tages variiert wurde. Mit Ansteigen der „Belastung" wurde Ablenkung bevorzugt, wobei nicht genau definiert wird, welche Aspekte einer Arbeit belastend sind (siehe Vitouch und Schweinzer, 1986; Kapitel III). Die zuletzt zitierten Arbeiten beziehen sich alle auf ein Erklärungsmodell, das Angst, Streß und Belastung als Ursache für eine Flucht (Eskapismus) in den Medienkonsum ansieht, während die Annenberg-Gruppe die gleichen Ergebnisse der Wirkung eben dieser Medien zuschreibt. Dieser Widerspruch bezieht sich auf die Schwierigkeit in der Medienforschung (wie auch generell in den Sozialwissenschaften), die Richtung der Kausalität aufzudecken. Dieses Problem soll als einer der zentralen Punkte in der Folge noch näher beleuchtet werden.

1.4.2 Anomie, Entfremdung und „erbärmliche Welt"

Der Terminus „erbärmliche Welt" wird von der Annenberg-Gruppe verwendet, um aufzuzeigen, in welcher Weise sich das Weltbild der Vielseher von jenem der Wenigseher unterscheidet. Vielseher erwiesen sich generell als mißtrauisch bzw. waren stärker der Überzeugung, in einer „erbärmlichen Welt" zu leben. Erhoben wurden diese Einstellungen mit Hilfe von Fragen und Behauptungen, die sich auf Anomie und Entfremdung beziehen (Srole, 1956; Seeman, 1959).
Einige dieser Fragen seien zur Erläuterung beispielhaft angeführt:

- Generell gesprochen, könnte man sagen, daß man den meisten Menschen trauen kann, oder daß man nicht sorgfältig genug sein kann im Umgang mit Menschen?
- Glauben Sie, daß die meisten Menschen versuchen würden, Sie zu übervorteilen, wenn sie die Chance dazu hätten, oder würden sie versuchen, fair zu sein?
- Würden Sie sagen, daß die meisten Menschen versuchen, hilfreich zu sein, oder daß sie hauptsächlich auf ihren eigenen Vorteil aus sind?
- Im Gegensatz zu dem, was die meisten Menschen behaupten, wird das Los der Durchschnittsbürger immer schlechter.
  Es ist kaum angezeigt, Kinder in diese Welt zu setzen.
- Die meisten offiziellen Stellen sind nicht an den Problemen des Bürgers interessiert. (Fragen aus Gerbner et al., 1980b; Übersetzung vom Verf.)
- Selbstmord ist zu billigen:
  bei unheilbarer Krankheit, wenn man bankrott ist, wenn die Familie entehrt ist, bei Lebensüberdruß.
- Die Regierenden kümmern sich nicht um uns.
- Die Reichen werden immer reicher, die Armen immer ärmer.
- Was man selbst denkt, zählt nicht.
- Der „kleine Mann" wird nicht gefragt.
- Die Mächtigen nützen einen aus.

- Die Leute in Washington sind außer Reichweite.
(Gerbner, 1981a und 1981e; zit. nach Huth, 1982).

Das Konzept der „Anomie" wurde 1897 von Durkheim eingeführt und als wesentliche Determinante der Selbstmordrate in der Industriegesellschaft dargestellt (anomischer Suizid; siehe Israel, 1985). In der Folge wurde es innerhalb der Soziologie weiter ausdifferenziert und bezeichnet den Zustand der Disregulation oder relativen Normlosigkeit in einer sozialen Gruppe. „Entfremdung" ist ein weiterer zentraler Begriff in der Soziologie, der in gewisser Weise mit Anomie in Verbindung steht. Seeman (1959) unterscheidet fünf unabhängige Bedeutungen von Entfremdung: 1) Machtlosigkeit; 2) Bedeutungslosigkeit (die Tätigkeit, die ein Individuum durchführt, ist nicht transparent; es kann bestimmten Aktivitäten oder fremdbestimmten Handlungszielen keine Bedeutung zuordnen); 3) Normlosigkeit (im Sinne der Durkheimschen Anomie); 4) Isolation (geringe subjektive Bewertung von Zielen, die in der Gesellschaft hoch bewertet werden); 5) Selbst-Entfremdung (im Sinne Erich Fromms: das offene Verhalten ist mit der subjektiven Selbstkonzept-Definition nicht konsistent).

Auf die, in diesen Ansätzen implizit vorhandene Vermischung von psychologischer und soziologischer Betrachtung von Anomie und Entfremdung und ihre Bedeutung für die Medienforschung wird im Kapitel „Entfremdung" genauer eingegangen.

1.4.3 Passivität

Ganz generell sprechen Gerbner und Gross (1976) im Zusammenhang mit dem „Vielsehersyndrom" von einer Tendenz zu „geringer sozialer Mobilität und geringem Ehrgeiz und Leistungsmotivation". Zu einem ähnlichen Ergebnis kam Bailyn (1958), die zeigte, daß männliche Schüler der 5. und 6. Klassen bei erhöhtem Fernsehkonsum eher dazu tendierten, sich mit ihrer Familiensituation abzufinden und wenig Interesse und Motivation zeigten, sie ändern zu wollen. Ein weiteres Ergebnis steuert Jackson-Beek (1979) bei, die nachwies, daß stärkerer Fernsehkonsum mit geringerem politischem Interesse und geringerer politischer Aktivität einhergeht. Morgan und Gross (1980) stellen eine Verbindung her zwischen Bildungserwartung bzw. Bildungsanstrengung und Fernsehkonsum und zeigen auf, daß die festgestellte Passivität in einer (ursächlich) ungeklärten Beziehung zum Fernsehen stünde. In einer umfangreichen soziologischen Untersuchung stellte Wilensky (1963) einen Zusammenhang zwischen der Art der Freizeitgestaltung und der Menge und *Qualität* des konsumierten Fernsehprogrammes her. Er identifizierte den Faktor „geringe Freizeitkompetenz", der mit der zwanghaften Rezeption schlechter Fernsehprogramme zum Zeitvertreib assoziiert ist. Dem Faktor „hohe Rezeptionsquote schlechter TV-Programme" konnten folgende Merkmale zugeordnet werden: a) außergewöhnlich viele Stunden pro Woche werden vor dem Fernsehapparat verbracht; b) Western gehören zum Lieblingsprogramm, das man sich fast immer ansieht und c) große Beliebtheit von Krimis und Abenteuerfilmen. Nicht geschätzt von Personen, die diesem Faktor zuzuordnen sind, werden Quizveranstaltungen und Diskussionsrunden (über Informationssendungen wird nichts ausgesagt; Anm. d. Verf.) (Wilensky, in: Prokop, 1986).

Während die Annenberg-Gruppe davon ausgeht – wie sie an mehreren Stellen festhält –, daß von Vielsehern nicht selektiv ferngesehen wird, ist dies ein früher Hinweis, der von weiteren gefolgt wird, daß auf den qualitativen Aspekt der konsumierten Sendungen sehr wohl zu achten ist (z.B. Levine, 1977; Vitouch, 1978, 1981; Hawkins und Pingree, 1980). Vielseher scheinen demnach Information gezielt zu vermeiden und statt dessen stereotype Unterhaltungsprogramme auszuwählen.

1.4.4 Soziale Isolation

Schon in frühen Untersuchungen wurden als Merkmale jugendlicher „Fernsehsüchtiger" mangelnde Anpassung, Unsicherheit und unbefriedigende soziale Beziehungen angeführt (Himmelwelt et al., 1958; Lyle und Parker, 1961).

Bailyn (1958) klassifizierte Kinder nach dem Intensitätsgrad ihrer Probleme mit sich selbst, mit Freunden und mit der Familie. Sie fand heraus, daß die Existenz derartiger Probleme zwar nicht mit der Gesamtzeit in Verbindung stand, die mit Fernsehen und Filmen verbracht wurde, jedoch Zusammenhänge mit den Inhaltspräferenzen gegeben waren. Eine differenzierte Analyse der Daten ergab, daß Jungen, die soziale Probleme hatten *und* viel Zeit mit Massenmedien verbrachten, eine deutliche Vorliebe für dramaturgische Strukturen wie Western, Krimis, Spionage-, Kriegs- und Science Fiction Programmen hatten, in denen „aggressive Helden" vorkommen (zit. nach Brown, 1979).

Lyle und Hoffmann (1972) konnten aus ihrer Untersuchung dagegen nur schwache Bestätigungen der Hypothese ableiten, daß Vielsehen mit gestörten sozialen Beziehungen einhergeht. Sie fanden keinen Unterschied zwischen Kindern mit hohem und niedrigem Fernsehkonsum hinsichtlich Einsamkeit bzw. Popularität.

Eine Längsschnittuntersuchung von Murray (1972) basiert leider auf einer zu kleinen Stichprobe (N = 27), um brauchbare Aussagen zu liefern. Er stellte erst bei der zweiten Messung einen Zusammenhang zwischen Fernsehkonsum und „interpersonaler Passivität" bei 5-6jährigen farbigen Kindern fest, was als Hinweis auf die Wirkung des Fernsehens in Richtung Isolation gedeutet werden könnte.

Eine andere Interpretationsstrategie geht dahin, erhöhten Medienkonsum als Flucht (Eskapismus) vor sozialen Problemen zu erklären. Dieser Interpretationskonflikt betrifft wieder die Tendenz (die in der Medienforschung oft anzutreffen ist), korrelative Zusammenhänge (soziale Isolation, verbunden mit erhöhtem Fernsehkonsum) kausal interpretieren zu wollen.

1.4.5 Selbstwertgefühl

Mangelndes Selbstwertgefühl, das sehr leicht in Ängstlichkeit umschlagen kann, ist in einigen Untersuchungen mit erhöhtem Fernsehkonsum spezifischer Programme in Verbindung gebracht worden. So konnten Buerkel-Rothfuss und Mayes (1981) in einer Untersuchung an 280 Studenten, die sich dazu bekannten, regelmäßig sogenannte „Seifenopern" zu sehen, gewisse „Kultivierungseffekte" feststellen (Fehleinschätzungen der Realität im Sinne der Welt der „Seifenopern" korrelierten signifikant mit der Sehhäufigkeit). Überraschenderweise ging ein hoher Konsum der Seifenopern mit einer geringen Selbstwerteinschätzung und allgemeiner Unzufriedenheit einher. Ein Umstand, der durch „Kultivierung" nicht zu erklären ist, haben diese Programme – um für Werbeeinschaltungen attraktiv zu sein – doch das erklärte Ziel, die „heile Welt" des Mittelstandes und das „Happy end" zu transportieren.

Auch bei alten Menschen war ein Zusammenhang zwischen geringem Selbstwertgefühl und Fernsehkonsum zu verzeichnen. Je mehr sie angaben, aus Flucht vor der Realität fernzusehen, desto stärker stieg das Gefühl der Entfremdung (Kurzerng und Neuerndorf, 1980). Auch die Simons National Study of Media Audiences erwähnt bei Vielsehern ein geringes Selbstwertgefühl und ein hohes Maß an Entfremdung (Robinson, 1972; zit. nach Huth, 1985).

1.4.6 Konformität und Konventionalität

In einer Untersuchung von Weigel und Jessor (1973) wurde neben der Sehdauer noch ein sogenannter „Involvement Index" erhoben. Dieser Index schließt starke Fernsehnutzung und hohe Einschätzung der Bedeutung des Fernsehens ein. Die Hypothese war, daß Jugendliche, die einen hohen Index aufweisen, in stärkerem Maße konventionelle, politische und gesellschaftliche Standpunkte vertreten. Personen mit hohem TV-Involvement erwiesen sich insgesamt als konventioneller. Dieses Ergebnis geht einher mit dem Standpunkt Gerbners, der das Medium Fernsehen als konvergierendes Element in der amerikanischen Gesellschaft sieht. In diesem Zusammenhang entwickelte die Annenberg-Gruppe die sogenannte „Mainstream"-Hypothese. Nach Gerbner ist der „Main stream" jene „relative Gemeinsamkeit der Perspektiven und Werte, die durch die Rezeption der Charakterzüge und Dynamik der Fernsehwelt kultiviert werden" (Gerbner et al., 1982).

In seiner Arbeit „Charting the Mainstream" untersucht er unterschiedliche politische Standpunkte bei Viel- versus Wenigsehern und weist auf einen – wie er meint – identifizierbaren Main streaming-Effekt hin. Ein Effekt in dieser Richtung ist dann gegeben, wenn es zu Gemeinsamkeiten oder Annäherungen von Standpunkten bei Vielsehern kommt, die bei Wenigsehern dieser sozialen Gruppen eher weit auseinanderliegen. Gerbner meint, daß dies seine Ursache in der ökonomischen Ausrichtung des kommerziellen amerikanischen Fernsehens habe. Das Interesse gehe dahin, das Publikum auf einer möglichst breiten Basis anzusprechen (hohe Einschaltziffern garantieren hohe Profite durch Werbeeinschaltungen). Von der politisch-kulturellen Hauptströmung abweichende Inhalte werden eher als Elemente präsentiert, die gefürchtet, gemieden und unterdrückt werden müssen. Demgemäß sind die Ergebnisse der Untersuchung politischer Standpunkte als Absorption gegenläufiger Tendenzen in der Politik zu sehen. Laut Gerbner tendieren Vielseher stärker als Wenigseher der gleichen sozialen Gruppierung dazu, sich selbst als „gemäßigt" zu betrachten, dabei aber eindeutig zum Konservativismus neigende Positionen zu vertreten. Das Fernsehen bringt zwar Konservative, Gemäßigte und Liberale einander näher, es tritt jedoch der Effekt ein, daß bei manchen politischen Ansichten sich selbst als liberal bezeichnende Vielseher konservativere Antworten geben als die sich selbst als konservativ bezeichnenden Wenigseher. „Was Einstellungen gegenüber Schwarzen angeht, tendiert der Fernseh-'Mainstream' eindeutig nach rechts" (Gerbner et al., 1982).

Eine stärkere Ausprägung der Konformität bzw. Konventionalität ist der Dogmatismus. Weitere ähnliche psychosoziale Faktoren betreffen Untersuchungen über Vorurteil, Rassismus, die „autoritäre Persönlichkeit", Faschismus und (wieder) Anomie (Kline, 1971). Eine positive Korrelation zwischen „Dogmatismus" und Fernsehnutzung zeigten Chaffee und McLeod (1972) auf, besonders in bezug auf Gewalttätigkeiten abbildende Programme. Eine weitere Ausdehnung auf kindlichen Faschismus stellte Lovibond (1967) her, indem er zeigte, daß Knaben mit hoher Nutzung von Fernsehen, Kino und Comics eher bereit waren, Gewalt, Diebstahl und Mord zur Lösung interpersoneller Konflikte zu akzeptieren. Bevorzugte Inhalte dieser medialen Darstellungen waren Kriminalität und Gewalt.

1.4.7 Neue Ergebnisse

Auch im Rahmen neuer Untersuchungen wird auf das Problem des Vielsehers eingegangen. Robert Kubey und Mihaly Csikszentmihalyi (1990) gehen in ihrem Buch im Kapitel mit der Überschrift „The Causes and Consequences of Heavy Viewing" schon vorsichtiger an die Ergebnisse heran, was die kausale Interpretation der Daten betrifft. Dennoch ist bemerkenswert, daß einige signifikante Zusammenhänge durchaus mit den Ergebnissen der Gerbner-Gruppe vergleichbar sind. Auch in dieser Untersuchung – aus der nur einige Ergebnisse zitiert werden – geht man dem Problem der normativen Definition, ab wann jemand Vielseher ist, aus dem Weg und bezeichnet einfach das obere und untere Drittel (hinsichtlich des Fernsehkonsums) der erhobenen Stichprobe als Vielseher und Wenigseher. Ein durchaus vertretbarer Ansatz, wenn man das Kriterium Fernsehkonsum heranziehen möchte, um Unterschiede zwischen den untersuchten Personen aufzudecken. Natürlich kann man mit dieser Methode keine Aussagen über „den Vielseher" machen, was auch in den wenigsten Fällen von Interesse ist.

Beim Vergleich des Ausmaßes des Fernsehkonsums mit Erfahrungen aus dem täglichen Leben der untersuchten Personen zeigt sich, daß Vielseher sich selbst in signifikanter Weise als feindseliger, reizbarer und unglücklicher einschätzen als die sogenannten Wenigseher. Sie berichten auch über geringere Konzentrationsfähigkeit und geringeres Kontrollbewußtsein. In einem Subsampel, zusammengestellt aus geschiedenen und getrennt lebenden Personen, sind diejenigen, die mehr TV-Konsum aufweisen, die Frustrierteren und Reizbareren.

Ein deutlicher Zusammenhang zeigt sich zwischen dem Phänomen der Entfremdung (nach Maddi et al., 1979) und dem Ausmaß des Fernsehkonsums. Selbstentfremdung geht einher mit erhöhtem Fernsehkonsum und zwar bei Frauen und besonders stark bei den Farbigen in der erhobenen Stichprobe.

Interessante Ergebnisse zeigen sich bei der Beobachtung der sogenannten „unstrukturierten Zeit". Vielseher fühlen sich eindeutig schlechter in Situationen des „Nichtstuns" als Wenigseher. Unstrukturierte Aktivitäten und Alleinsein führen bei ihnen zu negativen Gefühlen (siehe Kapitel „Psychologische Konzepte").

Ausgehend vom Gerbnerschen Kultivierungsbegriff kann Peter Winterhoff-Spurk (1990) zeigen, daß die Rezipienten bei der Aneignung von Weltwissen via TV durchaus in der Lage sind, zwischen Realität und Fernsehwelt zu differenzieren. Wie auch bei anderen Autoren (z.B. Wober, 1982) wird durch diese empirisch gut fundierte Arbeit der eindimensionale Wirkungszusammenhang des Gerbnerschen Ansatzes relativiert. Dennoch bleibt die Annenberg-Gruppe bei ihrem Konzept und begeht auch in neuen Publikationen zur „Cultivation Analysis" (Signorelli und Morgan, 1990) die alten Fehler, nämlich interessante korrelative Zusammenhänge zu weitgehend und vor allem kausal zu interpretieren.

1.5 Kritik an den Gerbnerschen Schlußfolgerungen

Sehr oft wurden die bisher dargestellten Zusammenhänge zwischen „Vielsehern" und anderen Variablen kausal interpretiert. Im folgenden Kapitel wird die Problematik dieser Interpretation methodisch diskutiert. Eine „wenn-dann" Beziehung zu postulieren, die besagt, daß Vielsehen zu den beschriebenen Phänomenen führe, ist demnach unzulässig. Dennoch sind die aufgezeigten korrelativen Zusammenhänge beachtenswert und informativ, wenn man sie theoriengestützt interpretiert. Dieser Versuch wird im Kapitel „Neue Theorien" unternommen.

Auf die Einwände gegen die Ergebnisse der Annenberg-Gruppe wegen methodischer Mängel bei der Datenerhebung und Verrechnung, soll hier nicht im einzelnen eingegangen werden. Eine ausführliche Dokumentation von Kritik und Replik findet sich bei Hirsch (1981) und Gerbner et al. (1981). Hier werden jedoch einige Aspekte herausgegriffen und problematisiert werden, die zu einer anderen Sicht der Zusammenhänge führen können. Von der Basis dieser Überlegungen ausgehend, entwickelten sich die in der Folge geschilderten Thesen, Ansätze und Interpretationen.

1.5.1 Inhaltsanalyse (Wer bestimmt, was Gewalt ist?)

Die sogenannte „Message System Analysis" wird von der Annenberg-Gruppe als Grundlage angesehen, den kultivierenden Einfluß von „Fernsehbotschaften" auf den Rezipienten nachzuweisen. Ein Ansatzpunkt der Kritik bezüglich der Durchführung dieser Inhaltsanalysen bezieht sich auf die Größe der Stichprobe des Programmes und die Auswahl der analysierten Programmteile. Eine Stichprobe über den Zeitraum von nur einer Woche als Abbild des Fernsehprogrammes für ein Jahr scheint zu klein (Blank, 1977). Wohl zeichnet sich das amerikanische Fernsehprogramm durch starke Gleichförmigkeit aus, das Nichteinbeziehen bestimmter Programmzeiten läßt jedoch die Vermutung zu, daß damit bestimmte Inhalte – die ja gerade der Vielseher mit seinem „abgerundeten" Fernsehspektrum mitkonsumiert – ignoriert wurden. So fanden die am Nachmittag gesendeten Programme der unabhängigen Sender und UHF-Stationen ebenso keine Aufnahme, wie die frühmorgens und vormittags geschalteten „Seifenopern". Während die Nachmittagsprogramme der unabhängigen Stationen als besonders gewalttätig bezeichnet werden können (Leifer, 1975), sind die sogenannten „Seifenopern" in ihren Charakteren und ihrer Dramaturgie deutlich vom Hauptabendprogramm zu unterscheiden. Die Inhalte, die hier transportiert werden, bestehen im wesentlichen aus Liebe, Familie, Krankheit, Sex (Katzman, 1972; Wander, 1979).

Damit unterscheidet sich dieser Programmanteil deutlich von jenen, die nach den „Vielseher-Profilen" der Gerbner-Gruppe den Aspekt der Gewalt besonders betonen. Diese Fernsehgewalt wird von Gerbner für die Angst der Vielseher und ihre „erbärmliche Welt"-Einstellung verantwortlich gemacht. Wie im Kapitel „Angst" schon dargestellt wurde, gibt es jedoch deutliche Hinweise, daß Konsumenten dieser Seifenopern sich ebenso durch überdurchschnittliche Ängstlichkeit auszeichnen (Katz und Lazarsfeld, 1955; Pearlis, 1953).

Bei der Untersuchung der Nutzung spezifischer Programmtypen konnten darüber hinaus Zusammenhänge zwischen Zeichentrickfilmen, Quiz und Spielsendungen und gewaltbezogenen Vorstellungen aufgedeckt werden, die nach der Hypothese der Gerbner-Gruppe eigentlich nur durch Action-Filme kultiviert werden könnten.

Diese Widersprüche des Erklärungswertes von spezifischen Programminhalten für identifizierte Rezipientenvariablen (Angst, erbärmliche Welt-Einstellung) ziehen sich durch die gesamten Arbeiten der Gerbner-Gruppe. In gleicher Weise ist das aufgestellte „Prinzip", daß Vielseher grundsätzlich nicht-selektiv sehen, in Frage zu stellen. Auch scheint die rein demographische Einordnung in Gruppen und pure Auszählung von Gewaltakten Information zu verschenken und zu verfälschen. So konnte z.B. in der Medienforschung eindeutig nachgewiesen werden, daß Gewalt-Inhalte dann besonders angsterregend wirken, wenn sie in einem für die Rezipienten bekannten Umfeld stattfinden. Die „kultivierende" Wirkung von Gewalt müßte demnach viel differenzierter gesehen werden.

Die genannten Einwände lassen es zweifelhaft erscheinen, daß Gerbner mit der Definition seiner Kategorien der Inhaltsanalyse ein valides Kriterium für „Gewalt" gefunden hat. Es wird damit (wie Hirsch, 1981 meint) dem Rezipienten ein „beliebiges" Kategorienschema „übergestülpt", das in der Folge für die Interpretation von Rezipientenvariablen (Angst) herhalten muß, ohne daß vorher überprüft wurde, inwieweit die Analysekategorien des Forschers und der Rezipienten übereinstimmen. Als Kontrolle könnte man z.B. „Gewalt" durch unterschiedliche Rezipientengruppen definieren lassen, wie das Coffin und Tuchman (1972, 1973) durchführten.

Generell wird hier ein Problem angesprochen, das verschiedene Aspekte der Kultivierungstheorie unterschiedlich stark betrifft. So kann man zwar annehmen, daß Informationen über die Häufigkeit bestimmter Berufe oder die Verteilung von Männern und Frauen in eben diesen Berufen von den Zuschauern unmittelbar übernommen werden können. Vorstellungen über Normen und Werte verlangen jedoch von den Rezipienten sicherlich ein höheres Maß subjektiver Interpretationsarbeit und müssen deshalb nicht unbedingt zu den gleichen Schlußfolgerungen führen.

1.5.2 Rezipientenvariablen

Es ist in Zweifel zu ziehen, ob von der Menge der aufgenommenen Fernsehinformation ohne Einschränkung auf die Beeinflussungsintensität geschlossen werden kann. Das Phänomen der Habituation (Humphrey, 1933), das als zentral gesteuerter Vorgang der Anpassung an die Umwelt durch Gewöhnung bezeichnet werden kann, ist in diesem Zusammenhang von Bedeutung. Ständig präsente Reizkonfigurationen werden sozusagen „weggefiltert", erst das plötzliche Verschwinden führt zur Reaktion (z.b. das Aufwachen wegen des Ausbleibens des gewohnten vorbeidonnernden Zuges zu einer bestimmten Nachtzeit).

Ein weiteres Phänomen, das in der Wahrnehmungspsychologie dargestellt wird, ist der Kontrasteffekt. Erst das aus der Menge des Gleichartigen Herausragende bewirkt Aufmerksamkeit, Stimulation und deutlichere Wahrnehmung. Auch dieser Aspekt läßt sich nicht gut mit der Annahme der Übereinstimmung von Sehhäufigkeit und Beeinflussungsintensität in Verbindung bringen. Wie die „Hypothesentheorie der sozialen Wahrnehmung" (Postman und Bruner, 1982) darstellt, können auch motivationale Aspekte wesentlichen Einfluß auf den Wahrnehmungsprozeß nehmen. Dennoch wird der Rezipient vermutlich an jenen Programmen stärkeren Anteil nehmen, die seinen Bedürfnissen, Defiziten oder seiner Lerngeschichte entgegenkommen. Andere Programmteile werden ihm hingegen entgehen oder gar aufgrund von Abwehrhaltungen nur unvollkommen verarbeitet werden. Die Wahrnehmung funktioniert demnach selektiv, was in verschiedenen Arbeiten zur Frage der Medienforschung auch schon berücksichtigt wurde (siehe Meridan, 1977). Als ersten Schritt zur Bewältigung dieser Schwierigkeit haben z.B. Weigel und Jessor (1973) einen „Involvement Index" bei den untersuchten Zuschauern erhoben, der sowohl starke Fernsehnutzung wie auch hohe Einschätzung der Bedeutung des Fernsehens mit einbezieht (siehe auch Rosengren und Windhal, 1977).

Nach all den vorhergegangenen Überlegungen wäre es demnach durchaus denkbar, daß unter bestimmten Umständen ein Wenigseher von den wenigen Programminhalten, die er konsumiert, stärker beeinflußt wird, als ein Vielseher, der die meiste Zeit des Tages vor dem Fernseher verbringt. Das dem Gerbnerschen Ansatz zugrundeliegende Wirkungsprinzip führt dazu, daß Rezipientenvariablen so gut wie nicht beachtet werden. Erst die späten Konzepte von „Mainstreaming" und „Resonanz" (Gerbner, 1981) zeigen Tendenzen zur Veränderung. (Resonanz besagt, daß Rezipienten, deren Alltagserfahrung (z.B. mit Gewalt) mit jenen der „Fernsehrealität" übereinstimmt, aufgrund dieser „Doppeldosierung" besonders stark reagieren.)

Die einseitige Fokussierung der Aufmerksamkeit auf die Wirkung medialer Inhalte unter Hintanstellung der Merkmale des Rezipienten erscheint wie ein Rückgriff auf die indifferente Reiz-Reaktionspsychologie des amerikanischen Behaviorismus der 30er Jahre. Auf die Definition und Identifizierung von Rezipientenvariablen, die für Medienwirkung mitbestimmend sein können, wird im Rahmen dieses Buches noch ausführlich eingegangen.

1.5.3 Kausalität

Die Überinterpretation korrelativer Zusammenhänge stellt ein Problem dar, das nicht ohne Grund für eine große Zahl von Ergebnissen der Medienforschung relevant erscheint. Die Ursache mag darin zu suchen sein, daß es in diesem Forschungsbereich sehr schwierig bis undurchführbar ist, abhängige und unabhängige Variablen kontrolliert zu modifizieren bzw. vermittelnde Variablen zu identifizieren und auszuschalten. In manchen Fällen scheint zusätzlich eine gewisse methodische Unkenntnis bei der Interpretation der erhobenen Ergebnisse mitzuspielen. Der von Gerbner et al. immer wieder herausgearbeitete deutliche Zusammenhang zwischen Ängstlichkeit und Vielsehern läßt jedenfalls den daraus gezogenen kausalen Schluß, daß Fernsehinhalte ängstlich machen, in dieser Form nicht zu, wie von einigen Kritikern auch immer wieder vermerkt wurde (Halloran, 1980; Doob und McDonald, 1980; Hirsch, 1981).

Grundsätzlich muß man darauf hinweisen, daß sich bei einer signifikanten Korrelation zwischen zwei Merkmalen X und Y drei unterschiedliche Wirkungskonstellationen aufzeigen lassen.

1. A bewirkt B
2. B bewirkt A
3. A und B werden von einer oder mehreren vermittelnden Variablen bewirkt.

Zusätzlich kann noch das Problem der Interaktion auftreten. Ein Rezipient, der stereotype Wahrnehmungsstrategien verfolgt, könnte eher dahingehend orientiert sein, mediale Klischees zu konsumieren. Diese kli-

scheegenen Darstellungen verstärken wiederum seine Wahrnehmungs-
stereotypen.

Als vermittelnde Variable könnte noch eine Tendenz zur Bewältigung
von Angst durch Wahrnehmungsabwehr mitverantwortlich sein.

Einen Ausweg aus diesem Dilemma bieten lediglich die Längsschnittuntersuchung und das psychologische Experiment, wobei auch bei diesen
Verfahren nur sorgfältige Planung die inhärenten Schwächen dieser Methoden vermeiden hilft.

Bei Längsschnittuntersuchungen ist das die Kontrolle von Modera-
torvariablen, die mitverantwortlich für die aufgezeigten Zusammenhänge zwischen Medienkonsum und definierten abhängigen Variablen sein
können (z.B. Umweltfaktoren, Entwicklungsunterschiede usw.). Das Experiment leidet oft unter lebensferner Konstruiertheit, leichter Durchschaubarkeit und der Distanz zu realen Rezeptionsbedingungen. Alle
diese störenden Aspekte können aber – wie zu zeigen sein wird – bei
sorgfältiger Planung und kreativer Anstrengung vermieden werden. Wie
notwendig eindeutig interpretierbare Forschungsergebnisse sind, beweist
das argumentative Patt, in das sich Vertreter unterschiedlicher Medienforschungsansätze bei der Bewertung korrelativer Zusammenhänge hin-
einmanövriert haben.

Der in den vorhergehenden Kapiteln dargestellte und von der Gerbner-Gruppe immer wieder angeführte Zusammenhang zwischen dem
sogenannten „Erbärmliche Welt"-Faktor und erhöhtem Fernsehkonsum
wird auch von anderen Autoren bestätigt. Katz und Foulkes sprechen
bei ähnlichen Aussagen ihrer Versuchspersonen von Entfremdung, Weigel und Jessor fassen bei einer Untersuchung zur Konventionalität von
Vielsehern ähnlich lautende Fragen unter der Bezeichnung Anomie zusammen (Katz und Foulkes, 1962; Weigel und Jessor, 1973). Während
nun Gerbner, der als Kultivierungsforscher die Wirkungen des Fernsehens untersucht, diesen Zusammenhang derart interpretiert, daß erhöhter
Fernsehkonsum – aufgrund der Internalisierung einer „erbärmlichen
Fernsehwelt" – bei Vielsehen zu einer negativen, pessimistischen Fern-
sehhaltung führt, ziehen z.B. Katz und Foulkes andere Schlüsse. Als Vertreter des „uses and gratification"-Ansatzes (Nutzen und Belohnung) sehen sie den Fernsehkonsum als eine Möglichkeit, aus der „erbärmliche
Welt" zu entfliehen (Eskapismus). Demnach tendieren ihrer Ansicht nach
Menschen, die unter dem Zynismus und der Erbärmlichkeit der Welt
besonders leiden, stärker dazu, in die Fernsehwelt zu flüchten. Der Nutzen und die Belohnung, die sie daraus ziehen, ist die Ablenkung. Die

Interpretationen klingen beide sinnvoll, sind aber eher vom jeweiligen Forschungsansatz denn von den Ergebnissen bestimmt.

2. Medienforschungsansätze

Das folgende Kapitel stellt eine kurze Einführung in die grundlegenden Medienforschungsansätze dar. Klarerweise kann diese Thematik hier nicht erschöpfend behandelt werden. Publikationen, die sich ausführlich und differenziert mit diesen Forschungsansätzen befassen sind bei Burkart (1984), Kunczik (1984), McQuail (1984), Rosengren, Wenner und Palmgreen (1985) zu finden.

2.1 Wirkungsansatz

Die Wirkungsweisen massenmedialer Kommunikationssysteme stehen seit mehr als einem halben „Forschungsjahrhundert" im Blickpunkt des Interesses. Dieses Interesse ging (und geht) klarerweise von der Bedeutung dieser Wirkung für politische und ökonomische Inhalte aus. Schon im ersten Weltkrieg versuchte man, die „persuasive" Kommunikation als Propagandamittel einzusetzen, und bald darauf eröffneten sich durch die Verbreitung des Rundfunks Möglichkeiten, durch Werbefeldzüge das Konsumbedürfnis der Bevölkerung zu wecken und zu beeinflussen. Zu dieser Zeit war Medienforschung zum wesentlichen Teil Auftragsforschung, um neue Kommunikationsstrategien zu entwickeln, mit deren Hilfe man Überzeugungen, politische Ideen besser abzusetzen hoffte (Aspekte, die – was jedenfalls die Ausstattung mit Forschungsgeldern betrifft – noch immer bedeutsam sind).

Im Bereich der Psychologie dominierte in den USA gerade der Behaviorismus, in der UdSSR ging Pawlow seinen Forschungen zum bedingten Reflex beim klassischen Konditionieren nach. Die zentrale Frage dieser Psychologie richtete sich auf das beobachtbare Verhalten, unabhängig von vermittelnden Kognitionen. Man entwickelte das sogenannte „black-box-Modell" und konzentrierte sich darauf, festzustellen, welche Vorgänge auf der Reizseite welche Vorgänge auf der Verhaltensseite in vorhersagbarer Weise verursachen. Die in der „black-box" ablaufenden Vorgänge beschloß man zu ignorieren, da man meinte, keine Möglichkeit zu haben, empirisch absicherbare Information darüber erhalten zu können.

In der Soziologie dominierte zu dieser Zeit die „Theorie der Massengesellschaft", die postulierte, „daß im Zuge von Industrialisierung und Demokratisierung der Gesellschaft die Primärgruppen zusammengebrochen sind, die dem Individuum soziale Außenstabilisierung boten. Die Folge dieser Entwicklung ist, daß die einzelnen Individuen atomisiert, isoliert und in wechselseitiger Anonymität stehen" (Naschold, 1973; S. 17). Die Existenz dieser gesellschaftlich bedingten Isolierung und Verbannung in die Anonymität ließ die Annahme zu, daß die Massenmedien in ein Vakuum stoßen könnten und dadurch besonders wirksam wären. Aus dieser Vermutung entstand die „Stimulus-Response Theorie" („hypodermic needle theory"), die den Standpunkt vertrat, daß sorgfältig formulierte massenkommunikative Stimuli jedes Individuum der Gesellschaft über kurz oder lang erreichen, jeder Rezipient die Reize in etwa gleicher Art wahrnimmt (und verarbeitet) und dadurch als Ergebnis bei allen Gesellschaftsmitgliedern ähnliche Reaktionen hervorgerufen werden.

massenmediale Inhalte	identische Wahrnehmung und Verarbeitung durch die einzelnen Rezipienten führt zur identischen Reaktion im Sinne des Kommunikators

Abbildung 1: Stimulus-Reaktionsmodell der Massenkommunikation

Der Glaube an diese Theorie führte auch zum Glauben an die Omnipotenz der Medien, die man als allmächtige Manipulationsinstrumente ansah, deren man sich nur bedienen muß, um die Gesellschaft lenken zu können.

Die in den nächsten Jahrzehnten (aus politischen und ökonomischen Gründen) stark forcierte Forschungstätigkeit brachte zwar eine große Menge empirischen Materials, konnte aber die Ergebnisse nicht in das mechanistische S-R-Konzept integrieren. Parallel dazu fanden Entwicklungen in Psychologie und Soziologie statt, die die Unhaltbarkeit dieses Ansatzes weiter transparent machten.

In der Psychologie rückte die Erforschung kognitiver Prozesse in den Vordergrund, man begann sich um die „black-box" zu kümmern. Die Untersuchung von personenspezifischen Einstellungen, ihre Entstehung und ihr Einfluß auf das Verhalten im Zusammenhang mit Fragen der „Überredungskommunikation" wurde vor allem von der Forschergruppe um Carl I. Hovland vorangetrieben, der vorerst im Auftrag der Armee (Propaganda) und danach an der Yale-Universität arbeitete. Individuelle Unterschiede hinsichtlich der Persönlichkeitsorganisation des Menschen (z.B. unterschiedliche Lernleistung, Wahrnehmung, Motivation und Einstellungen) wurden berücksichtigt und als wirkungsmodifizierender „Filter" angesehen. Es wird damit anerkannt, daß die Persönlichkeitsstrukturen von Menschen stark variieren können und daß diese Unterschiede die Grundlagen für unterschiedliche Perzeptionen eines gegebenen massenmedialen Inhaltes durch den Rezipienten darstellen. Im Bereich der Wahrnehmung wurden besonders die neu entstehenden Konzepte der selektiven Wahrnehmung (Festinger, 1957) und selektiven Aufmerksamkeit (Postman, 1956) wie auch balancetheoretische Ansätze (Heider, 1958) miteinbezogen.

Die Wirkungsforschung ist aber auch in diesem erweiterten Modell noch immer einseitig im Sinne eines Einweg- oder Transportmodells der Massenkommunikation orientiert.

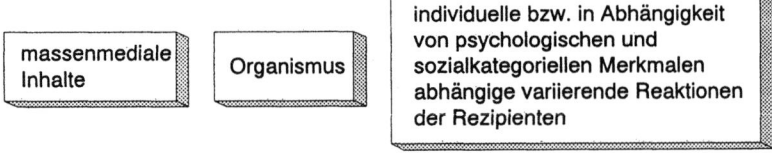

Abbildung 2: S-O-R-Modell der Massenkommunikation

Der Erwerb der angesprochenen relativ stabilen Einstellungen und Wahrnehmungsstrukturen erfolgt ohne Zweifel in Abhängigkeit vom jeweiligen sozio-kulturellen Niveau. Dies stellte eine Verbindung zur Soziologie her, die damals im Begriff war, ihr Massengesellschaftskonzept durch ein Kleingruppenkonzept zu ersetzen. In der Folge führte diese „social category theory" (de Fleur, 1970) zu der Ansicht, daß identische Medieninhalte unterschiedlich wahrgenommen werden, in Abhängigkeit von der jeweiligen sozialkategorialen Stellung des Rezipienten.

Auch Lazarsfeld geht von diesem Ansatz aus. Sein Modell des Zwei-Stufen-Flusses der Massenkommunikation bezieht die sogenannten „opinion leaders" (Meinungsführer) mit ein, die die von den Medien transportierten Inhalte aufnehmen und an die weniger aktiven Bevölkerungsteile (im Sinne einer persuasiven Kommunikation) weitergeben (Lazarsfeld, 1944). Dieses Modell wurde mittlerweile empirisch falsifiziert und durch ein sogenanntes „opinion sharing"-Konzept ersetzt (Troldahl und Van Dam, 1965). Es konnte gezeigt werden, daß die Weitergabe von massenmedial verbreiteten Informationen und Einstellungen nicht nur in eine Richtung verläuft, sondern wechselseitig erfolgt. Außerdem erreichen in entwickelten Industrieländern die Massenmedien potentiell alle Menschen. Wird nun im Rahmen interpersoneller Kommunikation auf derartig verbreitete Inhalte Bezug genommen, dann vermitteln die „opinion giver" ihre Meinungen Personen, die zumindest genauso informiert und interessiert sind, wie sie selbst (Oberhauser, 1976).

Zieht man aus dem bisher Gesagten Konsequenzen, könnte man entgegen der „These der Omnipotenz der Medien" die „These der Ohnmacht der Medien" in den Raum stellen. Gerade im Bereich der Gewaltforschung – ein Thema, das seit dreißig Jahren die Medienforschung dominiert – kann man jedoch an vielen Arbeiten erkennen, daß diese „Übersimplifizierungen" (de Fleur, 1970) noch immer nicht überwunden sind (siehe Gerbner). Auch scheinen direkt vom Inhalt auf die Wirkung schließende kulturpessimistische Vorstellungen vom Massenkommunikationsprozeß (ohne Einbeziehung intervenierender Variablen oder Beachtung gesellschaftlicher Voraussetzungen) unausrottbar, aber jedenfalls durch wissenschaftliche Naivität charakterisiert (siehe Postman). Dennoch muß man vorsichtig sein und sollte nun nicht ins Extrem eines psychologisierenden Atomismus verfallen (d.h. jeder Inhalt wirkt auf jeden Rezipienten absolut individuell). Ein derartiger Ansatz führt unweigerlich in rein beschreibende, biographische Verfahren, die durch die Unmöglichkeit der Aggregierung keine Verallgemeinerung und damit keinen Erkenntnisgewinn ermöglichen.

Ein zusätzliches Problem stellte die Flut der „kontrollierten" intervenierenden Variablen dar, die in den meisten Fällen ohne theoriengeleiteten Ansatz in willkürlicher Weise in die Untersuchungen eingebracht wurden. Daraus entstanden computerunterstützte Vergleiche „von allem mit jedem", die den berechtigten Vorwurf auf sich zogen, sozialtechnologische Verfahren ohne jeden verstehenden Hintergrund zu sein.

Die Ansicht, daß die Auseinandersetzung mit massenmedialen Inhalten nur *ein* Aspekt für ein Individuum ist, sich mit der Umwelt auseinanderzusetzen, führte schließlich dazu, den Rezipienten eine aktivere Rolle im Mediengebrauch zuzutrauen. Aus diesen Überlegungen entstand – in Ablösung der Frage „Was machen die Medien mit den Menschen" – der oft zitierte Ansatz, „was machen die Menschen mit den Medien" (vgl. Katz und Foulkes, 1962).

2.2 Der Nutzen- und Belohnungsansatz

Die Vorstellung von emanzipiert agierenden, ihre Bedürfnisse zielgerichtet befriedigende Rezipienten wurde in den sechziger Jahren entwickelt. Daß dieser Gedanke in diesem Zusammenhang nicht vollkommen neu ist, zeigt eine Arbeit von Altenloh (1914), die bereits in der Zeit vor dem 1. Weltkrieg auf die gezielte Nutzung von Massenmedien (Kinematographen) hinweist. Schon damals erarbeitete diese Autorin eine Theorie des eskapistischen bzw. kompensatorischen Mediengebrauches, die sich in kaum modifizierter Form in den Ansätzen der sechziger Jahre wiederfindet. Zentrale Größen dieser Modelle sind die „Gratifikation" und die Idee vom „aktiven Publikum". Die Gratifikation des Rezipienten wird losgelöst vom Inhalt der massenmedialen Botschaft gesehen. Das heißt, ein und derselbe Inhalt kann für verschiedene Menschen aus ganz unterschiedlichen Gründen zu unterschiedlichen Gratifikationen führen. Um die Stärke und Schwächen dieses Ansatzes kompetent beurteilen zu können, bietet es sich an, die fünf von Katz, Baumler und Gurevitch (1974; S. 21) als wesentlich angesehenen Aspekte des Nutzungsansatzes näher zu betrachten:

1. ein „aktives" Publikum konsumiert Medien zielgerichtet;
2. die Initiative zur Herstellung der Verbindung zwischen Bedürfnisbefriedigung und Wahl des Medieninhaltes liegt beim Publikum;
3. Medienkonsum stellt nur eine Möglichkeit der Bedürfnisbefriedigung dar;
4. Rezipienten „kennen" ihre Bedürfnisse;
5. Werturteile über die kulturelle Bedeutung von Massenkommunikation unterbleiben.

(zit. nach Kunczik, 1984).

Eine oft beklagte und in vielen Arbeiten aufzeigbare Schwäche des „uses and gratifications approach" ist im Fehlen eines adäquaten theoretischen Bezugsrahmens zur Operationalisierung und Klassifikation von Bedürfnissen zu sehen. Vor allem das Konzept „Bedürfnis" wird in vielen Fällen zirkulär definiert. Das heißt, es wird das Verhalten des Medienkonsums beobachtet und aus dieser Beobachtung auf ein Bedürfnis geschlossen, das das Verhalten erklärt. Aus der registrierten Konsumation wird auf einen Nutzen geschlossen, der in seiner Bedeutung und Qualität oft erst durch die Art des bevorzugten Programmes oder gar durch Befragung der Rezipienten definiert wird. Am stärksten anzweifelbar scheint das Postulat, der Rezipient kenne seine Bedürfnisse. Dies soll nicht unterstellen, daß Zuseher nur in dumpfer Weise konsumieren, aber der total über seine Bedürfnisse informierte Rezipient, der mit absoluter Wahlfreiheit entscheidet, widerspricht auch empirisch abgesicherten psychologischen Kategorien. Bedürfnisse können auch aus Defiziten bzw. dem Drang nach Kompensation entstehen. In dieser Arbeit werden in diesem Zusammenhang der *Kontrollverlust* und die *Angstabwehr* angesprochen, die das Verhalten von Individuen in spezifischer Weise leiten können. Vor allem der Aspekt der Angstabwehr führt zu bedürfnisrelevanter Wahrnehmung oder spezifischem Verhalten, ist aber sicherlich mit dem Bild des souveränen Rezipienten unvereinbar. Des weiteren sei hier nur angemerkt, daß durch Massenmedien Bedürfnisse in manchen Fällen möglicherweise erst geweckt werden, die dann das Medienkonsumverhalten wiederum beeinflussen.

Die Annahme, die Rezipienten seien sich ihrer Bedürfnisse bewußt und wären in der Lage, verbindliche Aussagen über die Quellen ihrer Befriedigung zu machen, führte dazu, daß in manchen Arbeiten eine nahezu unbeschränkte Zahl von Bedürfnissen, die im Medienkonsum gestillt werden, aufgelistet wurden. Derartige Vorgehensweisen mußten sich zu Recht vorwerfen lassen, sie betrieben „undifferenzierte Motivforschung", da die ermittelten Nutzungsqualitäten in der Regel nichts anderes als kategorisierte Antworten auf die Frage sind, „was Individuen über den Programmoutput denken und bei der Mediennutzung fühlen" (Schenk, 1978).

Zentrales Anliegen zur Überwindung dieser Schwierigkeiten könnte „die Suche nach einem allgemein gültigen Konzept menschlicher Bedürfnisse sein, welches auf jeweils konkrete gesellschaftliche bzw. individuelle Lebensumstände adaptierbar wäre und auf diese Weise die Zielgerichtetheit menschlichen Handelns (auch den Massenmedien gegenüber) kategorisiert und erklärt", meint Burkart (1984; S. 191). Ob es dieses zentrale Konzept gibt, ist fraglich. Außer Frage steht, daß in diesem Forschungsbereich theoriengeleitetes Vorgehen nottut, um nicht in die triviale Meinungsbefragung und vordergründige Motivsammlung abzurutschen. Ähnlich argumentieren auch Palmgreen, Wenner und Rosengren (1985):

„The recent trend toward more theoretically oriented studies must also be continued. An emphasis on variance explanation and post hoc theorizing still characterizes too many uses and gratifications investigations. General 'espectations' must be replaced by directional hypothesis, and hypothesis must be grounded in well articulated theoretical rationales" (S. 33).

Sowohl Wirkungsansatz wie auch Nutzen- und Belohnungsansatz beziehen in geringer Weise die Interaktion zwischen Rezipienten und Massenmedien ein, bzw. berücksichtigen zu wenig die vermittelnde Stellung der Massenmedien in unserer „Informationsgesellschaft". Zahlreiche neuere empirische Arbeiten zeigen diesen Aspekt auf (siehe Rosengren und Windahl, 1977; Rubin, 1983; Windahl, 1983). Aus diesem Grund hat Windahl (1981) für eine Verbindung von Wirkung und Gratifikation plädiert und das „uses and effects"-Modell postuliert, „.. that treats the interactive outcome of media context and media use as conseffects" (Palmgreen et al., 1985; S. 30).

3. Psychologische Konzepte für die Medienforschung

Die Einbeziehung von etablierten Forschungsergebnissen sowie von Theorien und Hypothesen aus den benachbarten Wissenschaftsbereichen hat sich den Sozialwissenschaften als notwendig und fruchtbar erwiesen. Im nachfolgenden Kapitel wird eine derartige Neuadaptierung bestehender Systeme für die entwickelten Fragestellungen der Vielseherforschung versucht. Unser Hauptinteresse gilt der Frage, ob Vielsehen zu bestimmten Symptomen führt oder Menschen mit bestimmten Voraussetzungen zu Vielsehern werden. Beschrieben werden zwei Konzepte der Sozialpsychologie, die zur Neuinterpretation der bisherigen Ergebnisse aus der Vielseherforschung herangezogen werden können. Es wurde bewußt darauf verzichtet, die ganze Komplexität und ihre neuesten, differenzierten Weiterentwicklungen in diese Darstellungsweise aufzunehmen, weil dies den Rahmen der interdisziplinären Verständlichkeit gesprengt hätte.

Für die (in der BRD und Österreich) sich neu etablierende Medienpsychologie gilt in gleicher Weise das, was Krampen (1986) über die Politische Psychologie sagt. Er meint, sie gehöre zu den „Bindestrich-Disziplinen", die das Gebot der Multi- oder im besseren Fall jenes der Interdisziplinarität implizieren. Was meint interdisziplinäre Zusammenarbeit? Sicher nicht den oft geübten Brauch, mittels babylonischer Sprachverwirrung wissenschaftstheoretisches Geplänkel durchzuführen, um den eigenen Standpunkt zementieren zu können.

Interdisziplinäre Zusammenarbeit z.B. zwischen Publizistik, Theaterwissenschaft und Medienpsychologie kann nur dann zu konstruktiven Neuentwürfen führen, wenn die Ergebnisse und Erkenntnisse aus Nachbardisziplinen in das eigene Theorien- und Methodengebäude eingearbeitet werden. Erst dieser kreative Integrationsvorgang macht es möglich, neue Sichtweisen und Forschungsstrategien als positive Rückkoppelungseffekte entstehen zu lassen.

Im vorhergegangenen Kapitel wurde über Untersuchungen berichtet, die Vielsehern ein erhöhtes Maß an Passivität, Konventionalität und Konformität zuschreiben. Es wurde eine erhöhte Angsttendenz und geringe Leistungsmotivation festgestellt, und Vielseher wurden als pessimistisch, eher feindselig und unter gestörtem Selbstwertgefühl leidend beschrieben. Ergebnisse, die – wie erwähnt – je nach theoretischer Ausrichtung der Forscher, einerseits als *Wirkung* des vermehrten Fernsehkonsums angesehen werden oder andererseits die *Ursache* für die Flucht in den zwanghaften Medienkonsum darstellen sollen. Dieses „Ursache-Wirkungs-Dilemma" ergab sich aus der grundsätzlichen Schwierigkeit, mit Hilfe experimenteller Methoden (die allein kausale Interpretationen zulassen) diese Fragestellung zu beantworten. Dazu kommt, daß jene Disziplinen, die an diesem Problem arbeiteten (Kommunikationswissenschaften, Soziologie), mit experimentellen Methoden wenig vertraut sind.

Die Funktion der Psychologie kann folglich nur darin liegen, dieses experimentelle Defizit zu beseitigen und aus dem Fundus ihrer Theorien- und Methodenentwicklung für neue Ansätze zu sorgen. In diesem Sinne sei nun nach der Darstellung des „Vielsehersyndroms" ein gedanklicher Sprung zu einem System der Psychologie erlaubt, dessen Ergebnisse vorerst unkommentiert neben das bisher Gesagte gestellt werden sollen. Gemeint ist das Locus-of-Control-Konzept Julian B. Rotters, das dieser aus seiner sozialen Lerntheorie entwickelt hat, sowie das damit in engem Zusammenhang stehende Konzept der „Gelernten Hilflosigkeit" von Martin E.P. Seligman.

3.1 Das Locus-of-Control-Konzept von Julian B. Rotter

Ein zentraler Begriff dieser sozialpsychologischen Theorie ist das Streben des Individuums nach Kontrollausübung. Die Motivation, über sich und seine Umwelt Kontrolle auszuüben, wird als ein zutiefst menschliches Bedürfnis angesehen, das für die emotionale Stabilität von wesentlicher Bedeutung ist. Aber auch bei Tieren kann das Streben nach Kontrollerleben beobachtet werden.

Wenn ein Lebewesen lernt, daß sein Verhalten etwas bewirken kann, also sein Verhalten häufig in kontingenten Beziehungen zu bestimmten Verhaltensfolgen steht, lernt es damit auch, daß es bestimmte Abläufe in der Umwelt vorhersagen und auch kontrollieren kann.

Im Laufe seiner Entwicklung wird ein Individuum aus seinen Lebenserfahrungen eine bestimmte Kontrollwahrnehmung bzw. ein bestimmtes „Kontrollbewußtsein" erwerben. Man kann annehmen, daß im allgemeinen das Ausmaß der erlebten und wahrgenommenen Kontrolle vom Ausmaß der objektiven Kontrollmöglichkeit des Individuums in seinem Lebensumfeld abhängig ist. Rotter entwickelte einen Fragebogentest für das Persönlichkeitsmerkmal „Ort der Kontrolle", das er als ein hypothetisches Kontinuum zwischen den Polen „totale interne Kontrolle" und „totale externe Kontrolle" annahm. Rotter konnte zeigen, daß vornehmlich zwei Arten von Kontrollüberzeugungen bei Personen aufzufinden sind, nämlich eine interne und eine externe. Er sieht diese beiden Variablen als Größen eines generalisierten Persönlichkeitskonzeptes.

Personen mit interner Kontrollüberzeugung haben die generalisierte Erwartung, die meisten Ereignisse in ihrer Umwelt beeinflussen zu können bzw. Merkmale ihrer eigenen Person (z.B. Fähigkeit, Anstrengung) als Ursachen für Verhaltensfolgen anzusehen. Sogenannte „Externe" tendieren in geringerem Ausmaß dazu, Kontingenz zwischen ihrem Verhalten und Geschehnissen in ihrer Umwelt anzunehmen und halten damit eher Faktoren außerhalb ihrer Person (z.B. Zufall, „mächtige" andere Personen) für Ursachen von Verhaltensfolgen.

Um Mißverständnissen vorzubeugen – die sich bei der Interpretation und Anwendung dieses Konzeptes in immer größerem Maße eingeschlichen haben – muß gesagt werden, daß es sich bei der intern/externen Kontrollüberzeugung um eine generalisierte Erwartung handelt und nicht um eine Eigenschaft der Person. Das heißt, daß bei eindeutigen Umweltsituationen auch Interne akzeptieren werden, daß die Kontrolle der Verhaltensfolgen außerhalb der Person liegt. Die situativen Merkmale bestimmen das Verhalten in diesem Falle stärker als die persönlichkeitsspezifischen. Situationen, die Interpretationen oder Deutungen zulassen, kommen jedoch der erworbenen generalisierten Erwartungshaltung entgegen und werden von den Individuen gemäß ihrer Kontrollüberzeugung erlebt. Jedenfalls muß man sich davor hüten, hinter dem „Locus of control"-Konstrukt ein neues Typenkonzept zu vermuten. Rotter (1975) warnt auch explizit davor, eine „good guy – bad guy"-Dichotomie entstehen zu lassen, die sich aus Untersuchungen über die unterschiedlichen Reaktionsweisen von Internen und Externen entwickelt hat. Diese Ergebnisse mögen nahelegen, daß es besser sei, interne Kontrollüberzeugung zu haben, weil Interne sozial befähigter, effizienter und sozial angepaßter sind.

Eine positive Beziehung zwischen Anpassung und Internalität wird wohl öfter aufgezeigt, es ist jedoch darauf hinzuweisen, daß Anpassung nur ein Wertkonzept ist. Außerdem gibt es eine Reihe von Untersuchungen, die vermuten lassen, daß Interne stark dazu neigen, Mißerfolge zu verdrängen (Efram, 1963; Lipp, Kolstof, James und Randall, 1968; Phares, 1968). Der Effekt könnte sein, daß sie dadurch weniger Angst und Symptome berichten (oder zugeben). Rotter fügt noch an, daß es natürlich schwierig ist, zu entscheiden, inwieweit Menschen, die viel verdrängen, glücklicher oder besser dran sind als jene, die das nicht tun. Zusätzlich weist er noch darauf hin, daß es für extrem intern orientierte Menschen durchaus zu einem Trauma führen kann, wenn sie erkennen müssen, daß Autounfälle, Versagen der Gesellschaft, Krankheiten, politische Willkür usw. für sie nicht kontrollierbar sind. Wie Pittman und Pittman (1978) zeigen konnten, sind Interne nach geringem Hilflosigkeitstraining ärgerlicher und zeigen höhere Leistung, bei vermehrtem Hilflosigkeitstraining werden sie jedoch auch im Vergleich zu Externen depressiver, und die Leistung sinkt deutlich. Die Wirksamkeit des eigenen Verhaltens deutlich zu erleben – wie es bei den Internen der Fall ist – mag eine günstige Voraussetzung dafür sein, von Beeinflussungsversuchen und gutgemeinten Ratschlägen anderer unabhängig zu sein, kann aber auch die Aufnahmefähigkeit für neue Argumente reduzieren. Es gibt auch Hinweise, daß Aufgabentypen, bei denen die Beachtung sozialer Hinweisreize bedeutsam und der einseitige Verlaß auf eigene Fähigkeiten die falsche Strategie ist, von Externen besser bewältigt werden als von Internen (Mielke, 1982). Dies nur zur Unterstützung der Einwände von Rotter, der vor einer einseitigen Bewertung warnt. In diesem Sinne sollten auch die im folgenden angeführten unterschiedlichen Reaktionsweisen von Internen und Externen verstanden sein.

In einer Zusammenstellung von Strickland (1977) fallen unter anderem folgende Befunde auf:

- Es zeigt sich ein eindeutiger Zusammenhang mit Konformität. Externe geben eher dem Druck anderer nach, insbesondere, wenn Prestige und Expertentum eine Rolle spielen.
- Interne/externe Kontrollüberzeugung steht in direktem Zusammenhang mit Leistungsverhalten. Interne sind motivierter, hart zu arbeiten und erleben dafür auch öfter Belohnung.
- Interne betonen die persönliche Verantwortung im politischen und sozialpolitischen Bereich. Externe betonen stärker institutionelle Zwänge und die Einschränkung der persönlichen Freiheit (zit. nach Mielke, 1982).
- Externe sind ängstlicher als interne (Watson, 1967), neigen stärker zu depressiven Verstimmungen (Abramowitz, 1969) und anderen negativen Gefühlen (Wareheim und Woodsom, 1971).
- Die Selbsteinschätzung muß als Funktion der Wahrnehmung eigener Kontrollmöglichkeit und Wirksamkeit angesehen werden. Diese Kontrollüberzeugung ist bei Externen reduziert (Francks und Marolla, 1976; zit. nach Herkner, 1980).
- Externe sind weniger aufmerksam und weniger an Information interessiert als Interne (Davis und Phakes, 1967).

Diese Zitate rufen uns die Beschreibung des „Vielsehersyndroms" aus dem vorhergehenden Kapitel wieder ins Gedächtnis zurück. Die folgende Tabelle 1 soll die offensichtliche Beziehung zwischen Eigenschaften von Vielsehern und Menschen mit externer Kontrollüberzeugung darstellen.

Tabelle 1

Vielseher	Externe Kontrollüberzeugung
Passivität Konventionalität Konformität	Konformität
Angsttendenz	Ängstlichkeit
geringe Leistungsmotivation	geringe Leistungsmotivation
Pessimismus Feindseligkeit gestörtes Selbstwertgefühl	negative Gefühle depressive Verstimmung reduzierte Selbsteinschätzung
„erbärmliche Welt"	Klagen über institutionelle Zwänge, Einschränkung der persönlichen Freiheit

Die Übereinstimmung bringt nun zwar ein definiertes und erhebbares psychologisches Konstrukt mit ins Spiel, sie ermöglicht es uns jedoch noch immer nicht, kausale Schlüsse daraus zu ziehen. Bedeuten diese Parallelitäten nun, daß Vielsehen eine externe Kontrollüberzeugung hervorruft, oder tendieren Menschen mit externer Kontrollüberzeugung eher dahin, zu Vielsehern zu werden?

Beide Ansätze führen zu einer Ausweitung medienpsychologischer Fragestellungen, die von mir schon in früheren Publikationen theoretisch abgehandelt und zur Diskussion gestellt wurden (siehe Vitouch, 1979, 1980, 1982). Um die oben gestellten Fragen weiter abzuklären, müssen wir uns vorerst näher mit der Entstehung von Kontrollüberzeugungen beschäftigen.

3.1.1 Die Entstehung von Kontrollüberzeugungen

Betrachtet man die Entstehung der Kontrollüberzeugung, so ist klar, daß in der Kindheit in entscheidender Weise die Weichen gestellt werden: Die Sozialisation ist demnach von großer Bedeutung, wobei dem Erziehungsverhalten der Eltern (jedenfalls in Europa) das meiste Gewicht zufällt. (In den Vereinigten Staaten hat das Massenmedium Fernsehen als Sozialisationsagent zumindest der Schule schon den Rang abgelaufen. Amerikanische Jugendliche verbringen im Durchschnitt pro Woche mehr Zeit vor dem Fernsehapparat als in der Schule).

In einer ausführlichen Längsschnittuntersuchung von Crandall (1973) konnte gezeigt werden, daß frühe Selbständigkeitserziehung in engem Zusammenhang mit interner Kontrollüberzeugung steht.

Weitere Untersuchungen ergaben, daß offensichtlich der Faktor „Geschlecht" bei den familiären Interaktionen von wesentlicher Bedeutung ist. Liebevolle Zuwendung und die Förderung von autonomem Handeln durch die Mütter fördert interne Kontrollüberzeugung bei den Söhnen. Dasselbe Verhaltensmuster auf seiten der Väter den Töchtern gegenüber führt bei jenen jedoch zu externen Kontrollüberzeugungen (Katkovsky, Crandall und Good, 1967). Das Verhalten der Mütter scheint aber noch immer für die Entwicklung der Kinder von größerer Bedeutung zu sein als jenes der Väter. Chandler, Wolf, Cook und Dugovics (1980) konnten nachweisen, daß die Kontrollüberzeugung der Kinder eher derjenigen der Mütter denn derjenigen der Väter entsprach.

Eine Untersuchung von Schneewind (1982) rückt in stärkerem Maße die Bedeutung von Familienklima-Variablen in den Vordergrund. Für die Entstehung der Selbstverantwortlichkeit scheint dieses Klima vergleichsweise größeres Gewicht zu haben, als die Erziehungseinstellungen. Schneewind verwendet den Begriff *Selbstverantwortlichkeit* explizit als Synonym für die locus of control-Variable und definiert „eine interindividuelle Variation des Ausmaßes an Selbstverantwortlichkeit zwischen den Polen hoch und niedrig im Sinne einer internalen versus externalen Kontrollüberzeugung" (Schneewind, 1982; S. 203). Dieser Gedankengang ist nachvollziehbar, scheint aber in seiner Begriffswahl nicht ganz geglückt, da er in die von Rotter kritisierte „good guy – bad guy"-Philosophie einstimmt und außerdem zur Begriffsklärung nicht gerade beiträgt. Dem allgemeinen Sprachgefühl nach muß jedenfalls ein „Mangel an Selbstverantwortlichkeit" als negativ angesehen werden. Trotz dieses Einwandes soll bei der Darstellung der Arbeiten Schneewinds „ein hohes Ausmaß an Selbstverantwortlichkeit als Synonym für eine interne Kontrollüberzeugung" gelten. Das Familienklima sieht Schneewind als das Insgesamt der Formen familiären Zusammenlebens, das gleichsam den Rahmen für die konkreten Eltern-Kind-Interaktionen abgibt.

Die Erfassung des Familienklimas erfolgt durch einen Fragebogen, der aus 10 Skalen besteht, die sich in drei Dimensionstypen, nämlich Beziehungsdimensionen, Persönliche Entwicklungs- und Zielerreichungsdimensionen und Systembezogene Dimensionen einteilen lassen. Verwendet wurde ein von Moos (1974) in Palo Alto konzipiertes Fragebogeninstrument, das für deutsche Verhältnisse modifiziert und angepaßt wurde (Schneewind und Engfer, 1979).

Der Zusammenhang zwischen Selbstverantwortlichkeit (erhoben mit dem locus of control-Fragebogen von Nowicki) und den einzelnen Familienskalen ist in unterschiedlichem Maße bedeutsam. Im folgenden werden Ergebnisse zitiert, die aus einer kulturvergleichenden Studie stammen, welche in den USA und der BRD jeweils an einer Gruppe 12- und 18jähriger Jungen und Mädchen durchgeführt wurde. Die Kinder und Jugendlichen bearbeiteten die Fragebögen von Moos und Nowicki. Eine wichtige Dimension ist die Beziehungsdimension, welche die Skalen Familienzusammengehörigkeit, Ausdrucksfreudigkeit und Konflikt beinhaltet. Eine starke Ausprägung an familiärer Zusammengehörigkeit und Ausdrucksfreudigkeit in der Familie steht in positivem Zusammenhang mit einer hohen Selbstverantwortlichkeitsüberzeugung (interne Kontrollüberzeugung nach Rotter), während ein konfliktreiches Familiengeschehen in negativer Korrelation zur Selbstverantwortlichkeit steht.

Aus der Perspektive der sozialen Lerntheorie erscheinen diese Ergebnisse durchaus plausibel. Es ist für die Entwicklung von Selbstverantwortlichkeit offenbar wichtig, die Gewißheit zu haben, in der Familie aufgehoben und akzeptiert zu sein, sich zugleich aber auch offen äußern zu können. Konflikte und Streitereien stellen wechselseitige Disziplinierungsmaßnahmen dar und wirken potentiell hemmend. Im Bereich der persönlichen Entwicklungs- und Zielerreichungsdimensionen korreliert die Skala „Selbständigkeit" mit Selbstverantwortlichkeit positiv, wie zu erwarten war. Für die Familienklimaskala „Leistungsstreben" sind die Beziehungen zur Selbstverantwortlichkeit jedoch nicht so eng wie erwartet. Zusätzlich ergab sich ein interessanter interkultureller Unterschied zwischen den amerikanischen und deutschen Stichproben. Während bei den amerikanischen Kindern und Jugendlichen durchwegs positive Korrelationen zwischen Selbstverantwortlichkeit und Leistungsstreben bestehen, ist dies für die deutschen Teilgruppen genau umgekehrt. Zur Interpretation dieses negativen Zusammenhanges weist Schneewind auf die Befunde einer anderen Untersuchung hin, in der elterliche Erziehungseinstellungen und Familienklimavariablen in Beziehung gesetzt wurden (vgl. Schneewind und Lortz, 1978). In dieser Untersuchung zeigte sich, daß familiäres Leistungsstreben in deutschen Familien mit Erziehungseinstellungen wie Mangel an Permissivität und Offenheit sowie starken elterlichen Manipulationstendenzen einhergehen. Gerade diese Einstellungsmerkmale sind für die Entwicklung interner Kontrollüberzeugungen bzw. Selbstverantwortlichkeitsüberzeugungen eher abträglich. Es ist wahrscheinlich, daß der Leistungsaspekt im amerikanischen Kulturbereich einen anderen Stellenwert hat und (vielleicht aus diesem Grund) in einem weniger restriktiven Sozialkontext vermittelt wird.

Eine weitere Skala in dieser Dimension ist die Skala „Moral", die so etwas wie die familiäre Orientierung an religiösen und moralischen Normen repräsentiert. Hohe Ausprägungsgrade auf dieser Skala gehen einher mit hohen Werten im locus of control-Fragebogen in Richtung Selbstverantwortlichkeit. Schneewind meint, daß die Beachtung gewisser verinnerlichter Normen innerhalb der Familie die Geordnetheit und damit *Vorhersagbarkeit* des Familiengeschehens ermöglicht und somit selbstverantwortlichkeitsfördernd wirkt.

Der Aspekt der *Vorhersagbarkeit* familiärer Abläufe ist ebenso in der Skala „Organisation" feststellbar, die wie die Skala Kontrolle zu den systembezogenen Dimensionen zu zählen ist. Auf der Basis verläßlicher und in ihren Konsequenzen vorhersehbaren Familienbeziehungen bilden sich in Einklang mit theoretischen Erwägungen stabile Selbstverantwortlichkeitserwartungen aus. Chaotisches und inkonsistentes Verhalten in der Familie dürfte die Ausbildung interner Kontrollüberzeugungen, also die Überzeugung, etwas bewirken zu können, reduzieren.

Die Skala „Kontrolle" zeigt – in erwarteter Weise – negative Korrelationen zur Selbstverantwortlichkeit (interne Kontrollüberzeugung). Ein hohes Maß familiärer Kontrolle reduziert verständlicherweise die Möglichkeit, Verhaltensalternativen zu erproben und Kompetenz zu erwerben.

Zusammenfassend kann man sagen, daß der Grundstein für die Entwicklung der Selbstverantwortlichkeit in der Familie – als dem Ort primärer Sozialisation – gelegt wird.

„In bezug auf die Selbstverantwortlichkeitsentwicklung kann vermutet werden, daß ein familiäres Sozialisationsmilieu, (a) in dem das Kind eigenen Verhaltenszielen nachgehen kann, (b) in dem es Anregungen für den Erwerb kompetitiver Handlungsmuster erhält, (c) in dem es Möglichkeiten der Erprobung eigener Handlungspotentiale hat, (d) in dem es (vornehmlich positive) Rückmeldungen über sein Verhalten erhält, und (e) in dem es diese Erfahrungen einigermaßen konsistent und vorhersagbar machen kann, für die Entwicklung einer positiven Selbstverantwortlichkeitsüberzeugung (interner Kontrollüberzeugung, Anm. d. Verf.) förderlich ist" (Schneewind und Pfeiffer, 1978).

Neue empirische Daten zu den Zusammenhängen zwischen Familienstil, Angstverarbeitungsstrategie und medialer Informationsaufnahme sind in diesem Buch in Kapitel II zu finden.

In der Folge soll versucht werden, die eben beschriebenen theoretischen Systeme mit den Ergebnissen von Arbeiten aus der Medienforschung in Beziehung zu setzen. Eine Schwäche dieser Arbeiten stellte ja gerade die oftmals theorienferne Formulierung der Fragestellungen dar, die zu einer punktuellen und beliebigen Interpretation der Ergebnisse führte.

3.2 Familienklima und Fernsehkonsum

Bereits 1954 konnte MacCoby zeigen, daß Kinder, die in einem Elternhaus leben, in dem ein stark lenkender Erziehungsstil praktiziert wird, mehr fernsehen als Kinder von Eltern mit einem nachsichtigen, weniger kontrollierenden Erziehungsverhalten. Ebenso konnte nachgewiesen werden, daß in Familien, in denen es häufig zu Konflikten und Auseinandersetzungen kommt, häufiger ferngesehen wird (Rosenblatt und Cunningham, 1976). Dieses Ergebnis wurde damals nur in Richtung Eskapismus interpretiert, das heißt, man nahm es als Hinweis, daß die unangenehme soziale Situation zur Flucht in den Medienkonsum führt.

Im Lichte des oben aufgezeigten Zusammenhanges zwischen Familienklima und Entwicklung von Kontrollüberzeugungen (Selbstverantwortlichkeit) sehen diese Ergebnisse doch etwas anders aus. Man kann zumindest vermuten, daß ein Familienklima, das zu einer mangelhaften Entwicklung interner Kontrollüberzeugung bei den Kindern dieser Familien führt, erhöhten Fernsehkonsum der kindlichen Rezipienten nach sich zieht.

Bei der Untersuchung familiärvermittelter Mediennutzungen haben McLeod und O'Keefe (1972) zwei verschiedene Kommunikationsformen in den untersuchten Familien identifiziert, die sie als sozio- bzw. konzeptorientiert bezeichneten. In den sozio-orientierten Familien wird das Hauptaugenmerk darauf gerichtet, Konflikte zu vermeiden. Es gibt hierarchische Kommunikationsstrukturen in der Familie, die ein Klima schaffen, in dem der Ausdruck von eigenen Meinungen und Gefühlen nur in geringem Umfang toleriert wird. Folgt man den bisherigen Ausführungen, so wird man ein derartiges Familienklima als nicht besonders günstig für die Entwicklung interner Kontrollüberzeugungen und Selbstverantwortlichkeit bezeichnen. In den konzeptorientierten Familien können Ideen frei und ungehindert vertreten werden. Die Konfrontation mit unterschiedlichen Meinungen wird ausdrücklich befürwortet.

In einer interessanten Untersuchung konnte Abel (1976) zeigen, daß Kinder aus sozio-orientierten Familien eher Familienserien bevorzugen, bei denen ähnliche Interaktionsmuster wie in ihrer eigenen Familie zu sehen sind. Sie bevorzugen also bekannte Strukturen und verlassen sich auf stereotyp definierte, vorhersagbare dramaturgische Strukturen. Kinder aus konzeptorientierten Familien zeigen dagegen eine deutliche Präferenz für ausdrucksfreudige, abwechslungsreiche und wenig hierarchisch strukturierte Familienserien.

In ihren Arbeiten zur Entwicklung einer Typologie von Eltern-Kind-Kommunikationsmustern berichteten McLeod und Chaffee (1972) unter anderem über den Typ der „Übereinstimmenden"-Familie (consensual Familien). Es gibt nun sicherlich unterschiedliche Strategien, Übereinstimmung zu erzielen. Der Verdacht ist jedenfalls nicht von der Hand zu weisen, daß Kinder in Familien, die „sehr großen Wert auf Übereinstimmung" legen, in ihrem Freiraum eingeschränkt und in ihrer persönlichen Meinungsbildung zumindest behindert sind. Bezieht man sich auf die Beschreibung von Schneewind bezüglich der Sozialisationsbedingungen für Kinder, die den Erwerb von Selbstverantwortlichkeit (und die Entwicklung interner Kontrollüberzeugungen) fördern, wird man wohl zumindest in zwei Fällen auf Punkte stoßen, die von den „übereinstimmenden" Familien schwerlich geleistet werden können. Es geht um die Forderung, Kindern ein Milieu zu bieten, „in dem das Kind eigenen Verhaltenszielen nachgehen kann, ..., in dem es Möglichkeiten der Erprobung eigener Handlungspotentiale hat..." (Schneewind, 1982; S. 208).

„Bei Kindern von 'übereinstimmenden' Familien lassen sich zahlreiche Anzeichen von Streß feststellen, sie sind schlecht in der Schule, obwohl sie viel Zeit für die Hausaufgaben aufwenden; sie flüchten sich in *extrem hohen* Medienkonsum von leichter Unterhaltung (Gerbner bezeichnet dies als 'Vielsehersyndrom'; Anm. d. Verf.) und orientieren sich über aktuelle politische Fragen einzig dadurch, daß sie nur die politischen Ansichten ihrer Eltern kennen (und auch übernehmen)" (Chaffee und Tims, 1977; S. 252).

Auf den Punkt gebracht, kann man aus diesem Zitat schließen, daß in übereinstimmenden Familien ein Klima herrscht, das bei den Kindern eher zur Ausprägung externer Kontrollüberzeugungen führt. Diese Ansicht wird durch die Beschreibung der kindlichen Verhaltensweisen noch unterstützt, wenn man sich in Erinnerung ruft, daß externe Kontrollüberzeugung mit negativen Gefühlen, reduzierter Selbsteinschätzung, geringerer Aufmerksamkeit und Interesse an neuer Information, geringer Leistungsmotivation einhergeht. Diese Aufzählung beschreibt sinngemäß exakt das Persönlichkeitsprofil der Kinder aus „übereinstimmenden Familien", ergänzt durch das Faktum, daß diese Kinder auch einen extrem hohen Medienkonsum aufweisen, der vornehmlich aus leichter Unterhaltung besteht.

Der Zusammenhang zwischen Vielsehern und externer Kontrollüberzeugung läßt sich auch aus diesen Ergebnissen herauslesen. Die aufgezeigte Abhängigkeit des Erwerbes der kindlichen Kontrollüberzeugung vom Erziehungsstil bzw. Familienklima kann jedoch als Hinweis gewertet werden, daß der Attributionsstil (interne versus externe Kontrollüberzeugung) des Rezipienten für sein Medienkonsumverhalten verantwortlich ist. Dies müßte – auch im Sinne der ökologischen Medienforschungsansätze – so verstanden werden, daß das Medienkonsumverhalten nur *eine* spezifische Ausprägung der Auseinandersetzung eines Individuums mit seiner Umwelt darstellt. Diese Auseinandersetzung ist – wie viele sozialpsychologische Untersuchungen zeigen – wesentlich bestimmt von der Art des Attributionsstiles eines Menschen. Der kausale Schluß, der Attributionsstil bestimme das Fernsehkonsumverhalten (in Quantität und selegierter Qualität) liegt nun nahe. Es handelt sich hier jedoch noch immer um korrelative Zusammenhänge, die exakterweise nicht kausal interpretiert werden sollten.

Der Einfluß des Fernsehens als zusätzlicher Sozialisationsagent in amerikanischen Familien wurde schon erwähnt. Auch bei den oben beschriebenen Ergebnissen ist nicht eindeutig feststellbar, ob nicht der erhöhte Fernsehkonsum der Kinder für die beobachteten Verhaltensweisen der Kinder verantwortlich gemacht werden muß. Es ist in unserer Gesellschaft ja eine übliche Gepflogenheit, das Medium Fernsehen für alle möglichen negativen Erscheinungsbilder im Verhalten von Kindern verantwortlich zu machen. (Ein Feind außerhalb des eigenen Lagers erleichtert die Politik und das Gewissen).

3.3 Der Einfluß des Fernsehkonsums auf die Haltung zur Welt

Bei aller Skepsis derartigen Pauschalurteilen gegenüber gibt es natürlich genug Hinweise auf die Wirksamkeit des Fernsehens, und nicht ohne Grund etablierte sich der Untersuchungszweig der Medienwirkungsforschung. Dennoch kann man nicht außer Acht lassen, daß – verkürzt ausgedrückt – die Menge der kontextlosen Information (in keiner unmittelbaren Beziehung zum Beobachter stehend), die über Massenmedien transportiert wird, den Rezipienten davon überzeugen kann, daß er keinen Einfluß auf die wesentlichen – und manchmal lebensbedrohlichen – Abläufe seiner unmittelbaren Umwelt hat (externe Kontrollüberzeugung). Möglicherweise läßt sich ein Hinweis auf die Wirksamkeit dieser Einflüsse ebenfalls aus den Ergebnissen der Attributionsforschung herauslesen. Neben den durch die Erziehung bedingten Beeinflussungen der internen/externen Kontrollüberzeugung gibt es seriöse Nachweise altersabhängiger Veränderungen.

Mit zunehmendem Alter haben Kinder immer zahlreichere Möglichkeiten, in ihrer Umwelt Ereignisabläufe zu beeinflussen, etwas zu bewirken. Allein aufgrund der körperlichen Entwicklung, aber auch der Ausformung motorischer und sozialer Fähigkeiten, nimmt das Gefühl des „anderen ausgeliefert Seins" ab und die Abläufe bewußt beabsichtigter Kontingenzen von Verhalten und Verhaltensfolgen nehmen zu. In

Übereinstimmung mit diesen beobachtbaren Gegebenheiten konnte die entwicklungsbedingte Verschiebung von eher externer zu eher interner Kontrollüberzeugung mehrfach nachgewiesen werden (Rohner, Chaille und Rohner, 1980; Knop, 1981).

Von den meisten Forschern wird ein kurvilinearer Zusammenhang zwischen Alter und Kontrollüberzeugung angenommen. Das heißt, daß es im Alter wieder zu einer stärkeren externen Kontrollüberzeugung kommt. Diese Annahme begründet sich auf operationalisierbare Faktoren des Kontrollverlustes, wie den Austritt aus dem Beruf und die damit verbundene Einschränkung von Einflußmöglichkeiten oder auch die Abnahme der körperlichen Fähigkeiten. Aber auch in diesem Fall ist es schwierig, einen Kohorteneffekt (spezifischer Effekt einer Altersgruppe, hervorgerufen durch eine vermittelnde Variable) von einem generellen altersspezifischen Effekt zu trennen. Sowohl Wolk und Kurt (1975) wie auch Knop (1981) haben bei älteren Personen (um die Sechzig) interne Werte gefunden, die sehr viel höher waren, als sie erwartet hatten. „Möglicherweise deuten die überraschenden Befunde von Wolk und Kurt und Knop darauf hin, daß die untersuchten Stichproben in einer stärker 'internen' Ära das Erwachsenenalter erreicht hatten als die heutigen Heranwachsenden und jungen Erwachsenen, die in einer Zeit aufwachsen, in der sehr vieles extern kontrolliert ist und Erfahrungen der 'Entfremdung' häufiger als früher gemacht – oder doch zumindest benannt und diskutiert – werden. Verglichen mit heutigen Erwachsenen erscheinen dann die älteren Personen trotz Abnahme ihrer internen Kontrollüberzeugung noch relativ hohe interne Werte zu haben" (Mielke, 1982; S. 41). Eine Variable, die für einen deutlichen Unterschied in der Lebensumwelt dieser beiden angesprochenen Populationen sorgt, ist eindeutig identifizierbar. Die älteren Personen (um die 60 Jahre) sind noch nicht mit dem Fernsehen aufgewachsen, was bei jungen Erwachsenen unserer Tage (bis 40 Jahre) in der Regel der Fall ist.

Wie wir sehen, gibt es zahlreiche Befunde und Hinweise für einen Zusammenhang zwischen externer Kontrollüberzeugung und extensivem Fernsehkonsum. Auch eine Auswirkung der Fernsehdarstellungen auf die Ausprägung der Kontrollüberzeugung der Rezipienten ist nicht von der Hand zu weisen. Die aufzeigbaren korrelativen Zusammenhänge lassen jedoch keinen kausalen Schluß zu. Dennoch möchte ich meine Anregung zur Einführung des Locus of control-Konstruktes (mit Hilfe der bisher dargestellten Untermauerungen) in die Medienforschung als Bereicherung ansehen. Diese Einführung entspricht der Forderung, interdisziplinäre Forschungsbereiche durch erprobte theoretische und methodische Ansätze aus Nachbardisziplinen zu unterstützen, sie erleichtert die Definition und Identifikation von Rezipientengruppen und stellt erprobtes Untersuchungsinstrumentarium zur Verfügung.

Ein experimenteller Ansatz ist damit aber dennoch nicht erreicht; außer man hofft auf die ideale Situation eines Naturexperimentes, in einer bisher vom Fernsehen unerreichten Gemeinde eine Längsschnittuntersuchung über den Einführungszeitraum hinaus durchführen zu können. Dies würde einen einigermaßen exakten Vorher/Nachher Vergleich ermöglichen. (Ein derartiges Naturexperiment in drei kanadischen Gemeinden wurde vor kurzem von Tannis McBeth Williams (1986) publiziert; das Locus-of-Control-Konzept wird dabei leider nicht in Betracht gezogen.

Wir wollen uns nun einem weiteren Konzept der Sozialpsychologie zuwenden, das sich mit Ergebnissen der Medienforschung in Verbindung bringen läßt und uns möglicherweise die Chance eröffnet, experimentelle Forschungsansätze zu entwickeln.

3.4 Das Konzept der „gelernten Hilflosigkeit" von Martin E.P. Seligman

Sowohl die Theorie J.B. Rotters wie auch jene von M.E.P. Seligman sind kognitive Lerntheorien mit einem Erwartungskonzept. Der Seligmansche Ansatz hatte seinen Ursprung in einem unerwarteten tierexperimentellen Befund, auf den Overmier und Seligman (1967) aufmerksam machten. In diesem Experiment wurden Hunde einer klassischen Furchtkonditionierung ausgesetzt; sie waren festgeschirrt und erhielten auf ein Glockenzeichen hin unausweichliche Stromstöße. Anschließend wurde ihre Fähigkeit zum Vermeidungslernen geprüft, um zu sehen, ob eine derartige Vorbehandlung die Tiere in die Lage versetzt, schneller schmerzbringenden Situationen auszuweichen. In der Testsituation wurde der Stromstoß durch ein Lichtsignal angekündigt, und zwar früh genug, um es den Tieren zu ermöglichen, sich durch einen Sprung über eine niedrige Barriere dem schmerzhaften Reiz zu entziehen. Das Vortraining hatte jedoch einen unerwarteten Effekt, die Hunde liefen anfangs verwirrt umher, bis sie sich hinlegten und winselnd bis zu einer Minute dauernde Stromstöße über sich ergehen ließen. Diesem Phänomen ging Seligman mit weiteren Experimenten nach und konnte die gleichen Reaktionen bei Katzen, Ratten und Fischen replizieren (Zusammenfassung bei Maier und Seligman, 1976). Er führte diese Reaktionen auf die „Unkontrollierbarkeit" der Situation durch die Versuchstiere zurück und bezeichnete ihren Zustand als „gelernte Hilflosigkeit". In seiner ursprünglichen Version hat Seligman sein Konzept – von den Tierexperimenten inspiriert und durch einige Humanexperimente untermauert – ohne weitere Annahmen auf menschliche Reaktionsweisen übertragen. Auf die daraus resultierende Problematik und das überarbeitete Konzept wird in der Folge genauer eingegangen. Vorerst soll das Syndrom der gelernten Hilflosigkeit und seine Verbindung zum Locus-of-Control-Konzept näher beleuchtet werden.

Hilflosigkeit tritt nach Seligman dann auf, wenn ein Individuum keinen Einfluß mehr auf die Konsequenzen seines Verhaltens zu haben glaubt; d.h. gleichgültig, wie es reagiert, ergeben sich unabhängig von seinen Reaktionen positive oder negative Konsequenzen. Das Lebewesen lernt dadurch, daß die Ereignisse von seinem Verhalten unabhängig sind, es verliert seine Kontrollüberzeugung.

Symptome der gelernten Hilflosigkeit sind Passivität, der Mangel an Ambition und Motivation, sich unerwünschten Situationen durch Veränderung, Vermeidung oder Flucht zu entziehen. Gelernte Hilflosigkeit beeinträchtigt die Entwicklung von Lernprozessen, bewirkt emotionale Labilität, Traurigkeit und wird von Seligman als Modell für die Entstehung reaktiver Depressionen angeführt, insbesondere für Erscheinungsbilder, bei denen die Person ihre Handlungen „nur schleppend ausführt, sich selbst für machtlos und hoffnungslos hält und ihre Zukunft öde sieht" (Seligman, 1979).

„Gelernte Hilflosigkeit kann demnach möglicherweise als situationales Konzept und externe/interne Kontrollüberzeugung als persönlichkeitsspezifisches Konzept im Hinblick auf den Sachverhalt des Kontrollverlustes angesehen werden" (Niketta, 1982).

In der Darstellung der drei beschriebenen Konzepte zeigt sich eine beeindruckende Übereinstimmung der Symptome von Personen, die (a) Vielseher sind, (b) externe Kontrollüberzeugung haben oder (c) unter gelernter Hilflosigkeit leiden (siehe Tabelle 2).

3.4.1 Unkontrollierbarkeit

Von Seligman wurde die Unkontrollierbarkeit als der zentrale Aspekt seines Konzeptes definiert. Unkontrollierbarkeit liegt vor, wenn die Wahr-

Tabelle 2

Vielseher	Externe Kontroll-überzeugung	Gelernte Hilflosigkeit
Passivität Konventionalität Konformität	Konformität	Passivität
Angsttendenz geringe Leistungs-motivation	Ängstlichkeit geringe Leistungs-motivation	Ängstlichkeit Mangel an Ambition und Motivation
Pessimismus Feindseligkeit gestörtes Selbst-wertgefühl	negative Gefühle depressive Verstimmung reduzierte Selbstein-schätzung	emotionale Labilität reaktive Depression
„erbärmliche Welt"	institutionelle Zwänge Einschränkung der persönlichen Freiheit	Gefühl der Macht- und Hoffnungs-losigkeit

scheinlichkeit für das Auftreten eines Ereignisses unabhängig vom Verhalten der Person ist (response-outcome independence). Oder anders ausgedrückt, verfügt das Individuum über keine willentlichen, geplanten Reaktionen, um die erwünschte Konsequenz herbeizuführen, so ist die Konsequenz unkontrollierbar. Ist die Konsequenz unabhängig vom eigenen Handeln, so ist das Individuum hilflos gegenüber dieser Konsequenz. Bei fortgesetztem Kontrollverlust bildet sich folglich die Erwartung aus, daß auch in Zukunft Unabhängigkeit zwischen Verhalten und Konsequenzen besteht. Damit wurde die Hilflosigkeit gelernt und wird auch auf andere Situationen übertragen. Dieser Zustand führt zu Störungen in motivationalen, emotionalen und kognitiven Bereichen, deren Symptome oben beschrieben wurden.

Der Ablauf der Entstehung von Hilflosigkeit stellt sich demnach wie folgt dar:

Objektive Nichtkontingenz → kognitive Repräsentation der Nichtkontingenz (beinhaltet Lernprozesse, Erwartungen, Wahrnehmungen, Überzeugungen) → Symptome der Hilflosigkeit.

In der ursprünglichen Fassung der Theorie, die sich im wesentlichen auf Tierversuche stützte, war der Aspekt der kognitiven Repräsentation stark vernachlässigt. In einer revidierten Fassung setzten sich Abramson,

Seligman und Tesdale (1978) stärker mit dieser Problematik auseinander. Es macht nämlich – wie widersprüchliche Ergebnisse im Humanversuch zeigten – einen Unterschied, ob die Kontrolle der Situation etwa von subjektiver Bedeutung ist oder nicht, bzw. ob der Kontrollverlust mit Zufall oder eigener Unfähigkeit in Verbindung gebracht wird. Das heißt, die kognitive Bewertung der erlebten Situation ist zweifelsohne mitbestimmend für Qualität und Quantität des Hilflosigkeitserlebens.

Die Einbeziehung attributionstheoretischer Termini erlaubte eine Systematisierung dieser Ursachenzuschreibung. Nach Abramson et al. können drei Attributionsmodi definiert werden, die im wesentlichen die Bewertung von Unkontrollierbarkeit bestimmen:

a) intern versus extern: Der Kontrollverlust kann internen Ursachen zugeschrieben werden (Fähigkeit) und führt damit zur *persönlichen* Hilflosigkeit. Dieser Vorgang resultiert oft aus einem sozialen Vergleichsprozeß und führt zum Erleben der Inkompetenz und einer Reduzierung des Selbstwertgefühles. Demgegenüber steht die *universelle* Hilflosigkeit, die aus der Wahrnehmung der generellen Unlösbarkeit einer Aufgabe bzw. Unabwendbarkeit eines Geschehens entsteht.

b) global versus spezifisch: Globale Ursachenzuschreibung führt zu einer *Generalisierung* des Erlebens der Unkontrollierbarkeit; der Kontrollverlust wird nicht nur der spezifischen Situation zugeordnet und in vielen Lebenssituationen auftreten.

c) variabel versus stabil: Variabel erlebter Kontrollverlust wird kurzfristig erlebt und erzeugt lediglich *akute* Hilflosigkeit. Zeitstabile Attribuierung führt zur *chronischen* Hilflosigkeit.

Nach Wortman und Dintzer (1978) sind durchaus noch andere Attributionsmodi vorstellbar (die z.B. von Frey et al. (1977) angeführt werden). Außerdem weisen sie darauf hin, daß die Erwartung eines unkontrollierbaren Ereignisses andere Folgen mit sich bringt, als das Auftreten unkontrollierbarer Ereignisse ohne Vorwarnung. Diesen Aspekt beschreibt auch Seligman als mitverantwortlich für die Entstehung gelernter Hilflosigkeit, wobei der Faktor „Unvorhersagbarkeit" zugunsten des Faktors „Unkontrollierbarkeit" in der Einschätzung der Bedeutsamkeit in vielen Arbeiten stark vernachlässigt wurde.

3.4.2 Unvorhersagbarkeit

In seiner Sicherheitssignal-Hypothese (Seligman, 1979; S. 107) führt Seligman aus, daß ein wesentlicher Aspekt eines angstfreien Lebens in der Vorhersagbarkeit gefährdender und schwerwiegender Ereignisse besteht. Gäbe es nie Warnsignale, wäre die Sicherheit permanent gefährdet, was zu chronischen Angstzuständen führen muß.

Seligman weist besonders deutlich auf den Stellenwert der Vorhersagbarkeit *subjektiv* bedeutsamer Ereignisse hin. Er demonstriert die Bedeutung der Vorhersagbarkeit unter dem Gesichtspunkt der klassischen Konditionierung, wobei er das besondere Verhältnis eines bedingten Reizes (Signal) zu einem unbedingten Reiz (Ereignis) beschreibt. Ergibt sich eine Situation, in der über einige Zeit hinweg die Wahrscheinlichkeit des Ereignisses ohne Signal ebenso groß ist wie die Wahrscheinlichkeit des Ereignisses mit Signal, so entsteht für ein Lebewesen in dieser Situation *Unvorhersagbarkeit*. Diese Unvorhersagbarkeit ist für Seligman eine Ursache für die Entwicklung chronischer Angstzustände.

Die Erkenntnis, daß Lebewesen Unvorhersagbarkeit vermeiden und Vorhersagbarkeit anstreben, ist jedoch keineswegs neu und unbewiesen. Schon in der behavioristisch orientierten Lernexperimenten der 50er Jahre ergab sich die Frage, wieso sowohl auf Versuchstiere als auch auf Versuchspersonen die Beschaffung von Information in der Versuchssituation belohnend wirkt. So „... wurde heftig darüber gestritten, was es auf die menschliche Versuchsperson für einen Effekt habe, wenn der Versuchsleiter in einem Experiment über verbales Lernen 'richtig' sagt. Wirkt das Wort dadurch belohnend, daß es irgendein Motiv befriedigt, wie z.B. den Wunsch, sich auszuzeichnen, oder die Anerkennung des Versuchsleiters zu gewinnen; oder wird die Versuchsperson dadurch nur informiert, daß sie korrekt geantwortet hat?" (Berlyne, 1974; S. 179).

Um diese informative Funktion von anderen Funktionen einer Reaktion zu trennen, entwickelte Wyckoff (1952) eine spezielle Versuchssituation für Tauben. Im ersten Versuchsdurchgang lernte die Taube zwischen einer grünen und roten Taste zu diskriminieren. Pickte sie auf die rote Taste, erhielt sie Futter. Bei grün gab es nie Futterkörner. In einem späteren Teil des Experimentes war die Taste weiß, und es bestanden 50 % Chancen, daß Picken nach einem Zeitraum von 30 Sekunden mit Futter belohnt würde (in der heutigen Diktion die „klassische" Versuchssituation zur Entwicklung der gelernten Hilflosigkeit). Die Taube bekam jedoch die Gelegenheit, diese unangenehme Situation zu vermeiden. Wenn sie auf ein Pedal drückte, wurde die Taste entweder rot oder grün und zeigte an, ob Picken in diesem Zeitraum belohnt würde oder nicht. Diese – Information verschaffende – Reaktion wurde sehr schnell gelernt. Für die damalige Sicht (in Unkenntnis des „Kontrollverlust-Konzeptes") ein erstaunlicher Vorgang, bestand doch ihr einziger Nutzen darin, „der Taube die Mühe vergeblichen Pickens zu ersparen". Heute kann man sagen, daß das Signal der Taube Vorhersagbarkeit und in der Folge auch Kontrollierbarkeit der Situation erlaubte. Ein Zustand, den offenbar auch Tiere anstreben. Kelleher (1958) hat fast das gleiche Phänomen bei Schimpansen beobachtet.

Der Wert der Vorhersagbarkeit – isoliert vom Aspekt der Kontrollierbarkeit – zeigt sehr schön ein Experiment von Prokasy (1956). Er trainierte Ratten in einem T-Labyrinth. An beiden Seiten der T-förmigen Abzweigung befand sich eine Kammer, in der die Tiere 30 Sekunden aufgehalten wurden, bevor sie die Zielkammer betreten konnten, in der es zuweilen Futter gab. Der einzige Unterschied zwischen den beiden Abzweigungen des T-Labyrinths bestand darin, daß auf der einen Seite die Kammer, in der die Tiere aufgehalten wurden, immer weiß war, wenn die Zielkammer Futter enthielt, und immer schwarz, wenn sie leer war. Auf der anderen Seite gab es keinen Zusammenhang zwischen Farbe und Futter, obwohl es genauso oft Futter gab und die Kammer genauso oft schwarz oder weiß war, wie die andere. Die Ratten zeigten eine deutliche Bevorzugung der erstgenannten „Wartekammer". Nach neuer Diktion erwarben sie mit diesem Verhalten Vorhersagbarkeit, ohne jedoch dadurch auch Kontrollierbarkeit zu erreichen. Dies beweist, daß offenbar Vorhersagbarkeit allein erstrebenswert ist, auch wenn damit die Kontrollierbarkeit nicht automatisch verknüpft ist. Vorhersagbarkeit reduziert Ungewißheit und vermutlich Angst, wie die folgenden Ergebnisse aus der Streßforschung zeigen.

Klassische Experimente zur Erforschung des Zusammenhanges zwischen emotionaler Belastung durch negative Reize und der Bildung von Magengeschwüren stellen die Arbeiten von Brady et al. (1958) und Weiss (1968, 1970, 1971) dar. Brady untersuchte die psychophysiologische Wirkung von elektrischen Schocks auf Affen. Er setzte acht Affen vorerst Schocks aus, gab ihnen aber die Möglichkeit, sie durch Hebeldrücken zu vermeiden. Jene vier Affen, die diese Vermeidungsreaktion am schnellsten lernten, wurden zu den „Managern" erklärt, die restlichen vier Affen bildeten die Kontrollgruppe (yoked control). Die Manageraffen waren in der Lage, die elektrischen Schläge auf ein Signal hin durch Hebeldruckreaktionen zu vermeiden, wobei sie sowohl für sich selbst wie auch die vier Partner reagierten. Für die Manageraffen war also Vorhersagbarkeit und Kontrollierbarkeit gegeben, ihre Partner waren hilflos. Alle vier Manageraffen bildeten Magengeschwüre aus, während ihre hilflosen Kollegen gesund blieben. Diese Ergebnisse führten zu weitreichenden Schlüssen, wie schädlich Verantwortung und Entscheidungszwang seien. Bemerkenswert ist, daß diese Ergebnisse von all den Befunden abweichen, die bisher angeführt wurden. Wie Weiss (1968, 1970, 1971) in zahlreichen Versuchen nachwies, wohl deshalb, weil der Bradysche Versuchsplan Artefakte beinhaltete. So wurden die Affen nicht per Zufall zu Managern, sondern deshalb, weil sie vorerst schneller die Vermeidungsreaktion ausführen lernten. Man kann vermuten, daß sie diesen Lernvorsprung entwickelten, weil sie den elektrische Schlag schmerzhafter erlebten oder eine Tendenz zu stärkeren emotionalen Reaktionen hatten, was sich schließlich in einer stärkeren Anfälligkeit für Magengeschwüre äußerte.

J.M. Weiss, der Bradys Experimente als erster kritisierte, konnte in einer Reihe von Arbeiten nachweisen, daß hilflose Tiere häufiger Magengeschwüre bekommen. Er arbeitete ebenso die Bedeutung der Vorhersagbarkeit sehr exakt heraus und zeigte, daß in Situationen, in denen keine Kontrolle möglich ist, ein unvorhersehbarer Schock eher zu Magengeschwüren führt, als ein vorhersehbarer.

Für unsere Gedankengänge scheint es wichtig, daß die Vorhersagbarkeit schmerzhafter oder streßinduzierender Reize dafür verantwortlich sein kann, ob es zu organischen Erkrankungen kommt oder nicht. Außerdem muß man sich klar darüber sein, daß auch für den Menschen (oder gerade für ihn) die Vorhersagbarkeit (Berlyne nennt es die Beseitigung von Ungewißheit) von großer Bedeutung ist.

In einer großangelegten Befragung von Sträflingen erhob Farber (1944), daß ein wesentlicher Faktor des Leidens im Gefängnis die Ungewißheit über die Gefangenschaftsdauer war. Jene Gefangenen, die Hoffnung auf Straferlaß hatten (aber nicht vorhersagen konnten, wann und wieviel), litten mehr als diejenigen, die wußten, daß sie nie entlassen würden.

Ein weiterer beispielhafter Hinweis sind die Vorgänge nach Wahlen. Mit großem Aufwand sowohl organisatorischer, intellektueller als auch finanzieller Art werden Hochrechnungen erstellt, nur um möglichst schnell ein ungefähres Ergebnis vorauszusagen (Ungewißheit zu reduzieren), das einige Stunden später mit Sicherheit und exakt zu erfahren ist.

Seligman hat sich bei der Erforschung der Entstehung gelernter Hilflosigkeit in stärkerem Maße auf die Unkontrollierbarkeit als auf die Unvorhersagbarkeit konzentriert. Wohl aus dem Grund, weil er meinte, daß diese beiden Variablen sich nur mühsam trennen lassen. Wenn Kontrolle besteht, ist auch Vorhersage möglich. Einige der oben zitierten Arbeiten legen jedoch die Vermutung nahe, daß die Vorhersagbarkeit von Abläufen und Bedrohungen ein wesentliches Element für Individuen darstellt, sich in ihrer sozialen Umwelt zurechtzufinden und sicher zu fühlen.

In einem vielbeachteten Vortrag mit dem Titel „Reconsideration of the cautional factors in the animal model of learned helplessness" hat Overmier (1985) auf die unterschätzte Bedeutung des Faktors „Vorhersagbarkeit" hingewiesen.

Für die Medienforschung erscheint der Aspekt der „Vorhersagbarkeit" aus mehreren Gründen von eminenter Bedeutung zu sein. Einerseits wird z.B. durch TV-Nachrichten über aktuelle Ereignisse (Tschernobyl, Putsch in Moskau, Krieg in Jugoslawien, Zerfall der UdSSR usw.) uns allen immer wieder vor Augen geführt, daß wir zwar in einem „globalen Dorf" leben, die Ereignisse für uns jedoch unvorhersagbar und unkontrollierbar sind. Andererseits besteht für die Rezipienten die Möglichkeit, durch ihre Programmwahl zumindest „Vorhersagbarkeit" zu erreichen, wenn sie sich stereotypen Programmformen zuwenden. Die Möglichkeit der experimentellen Induzierung von gelernter Hilflosigkeit ist das Thema der folgenden Darstellung. Für die Medienforschung ist dieser Ansatz von besonderer Bedeutung, weil dadurch experimentell geklärt werden könnte, ob Hilflosigkeit zu einem spezifischen Medienkonsumverhalten bzw. zu einer besonderen Informationsaufnahmestrategie führt. Die Richtung der Kausalität ist durch ein sozialwissenschaftliches *Experiment* bestimmbar.

3.4.3 Gelernte Hilflosigkeit beim Menschen

Die Übertragung des im Tierversuch erprobten Modelles auf den Humanbereich erwies sich begreiflicherweise als schwierig. Seit Anfang der 70er Jahre wurde versucht, gelernte Hilflosigkeit auch beim Menschen mit Hilfe experimenteller Methoden zu induzieren (Überblick von Miller und Norman, 1979). Die festgestellten Hilflosigkeitseffekte sind im allgemeinen eher gering und kurzfristig, so daß man annehmen kann, daß erst längerdauerndes „Hilflosigkeitstraining" beim Menschen zu beständigen Effekten führt. Außerdem spielen im Humanversuch ganz offensichtlich kognitive Bewertungen und motivationale Größen eine wesentliche Rolle.

Diese beiden Aspekte erwiesen sich auch als Bausteine eines integrativen Konzeptes zwischen *Reaktanztheorie* und der *Theorie der gelernten Hilflosigkeit.* Vorerst ergab sich ein deutlicher Konflikt zwischen den Postulaten dieser beiden Ansätze. Während nach Aussagen der Theorie der Gelernten Hilflosigkeit als Folge von Unkontrollierbarkeit Passivität und Hilflosigkeit eintritt, steht dazu in diametralem Gegensatz die Theorie der psychologischen Reaktanz (Brehm, 1966, 1972), die als Folge nicht mehr kontrollierbarer Ereignisse – was als Freiheitsverlust bezeichnet wird – Aktivität und Aggression postuliert.

Eine logische Verbindung dieser beiden Ansätze entwickelten Wortman und Brehm (1975) mit ihrem integrativen Modell. Sie betonen darin die Motivation zur Kontrollausübung. Geringe Kontrollmotivation ist gleichbedeutend mit Hilflosigkeit, starke Kontrollmotivation hingegen mit Reaktanz.

Die Stärke der Kontrollmotivation wird von zwei Faktoren bestimmt: (a) die Erwartung der Kontrolle und (b) die Bedeutung der Ereignisse.

ad (a): Ist eine Person in einem spezifischen Kontext nur wenigen unkontrollierbaren Ereignissen (die sich vielleicht mit kontrollierbaren abwechseln) ausgesetzt, wird die Erwartung, Kontrolle ausüben zu können, groß sein. In diesem Fall ist bei Kontrollverlust mit Reaktanz zu rechnen. Mit wiederholter Erfahrung der Unkontrollierbarkeit sinkt die Erwartung, Kontrolle ausüben zu können, was zu Hilflosigkeitseffekten führt.

ad (b): Je bedeutsamer das Ereignis, desto stärker der anfängliche Reaktanzeffekt. Bei andauerndem Hilflosigkeitstraining ist aber dann auch die Hilflosigkeit um so stärker. Dieses Modell konnte in einigen Experimenten bestätigt werden (Tennen und Eller, 1977; Pittman und Pittman, 1977).

Roth und Kubal (1975) stellten jedoch differenzierte Ergebnisse vor. Ihrer Ansicht nach trifft das integrative Modell nur für Interne zu. Interne sind nach geringem Hilflosigkeitstraining ärgerlicher und zeigen eine höhere Leistung, bei verstärktem Hilflosigkeitstraining werden sie auch im Vergleich zu den Externen depressiver und leistungsunfähiger. Externe hingegen zeigen schon nach geringem Hilflosigkeitstraining schlechtere Leistungen, sind aber trotzdem – wie die Internen – ärgerlich.

Zu den klassischen Experimenten der Induzierung von Hilflosigkeit beim Menschen zählen die Arbeiten von Miller und Seligman (1974), Hiroto und Seligman (1974) und Hiroto (1974). Während im Experiment von Miller und Seligman die Kontrollierbarkeit eines unangenehmen Geräusches variiert und in Beziehung gesetzt wird zu der Fähigkeit der Versuchspersonen, wahrzunehmen, daß das eigene Verhalten Erfolg oder Mißerfolg beeinflußt, bezieht sich das Experiment von Hiroto und Seligman generell auf die Herabsetzung der Lernfähigkeit und Störung der Entwicklung kognitiver Strategien durch die vorhergehende Erfahrung der Unkontrollierbarkeit. Hiroto hat zusätzlich zum Einfluß unkontrollierbarer Vorerfahrung noch zwei andere Faktoren einbezogen. Der eine Faktor war die Unterteilung der Versuchspersonen in Personen mit externaler versus internaler Kontrollüberzeugung. Der zweite Faktor betraf die Instruktion, daß die Kontrollierbarkeit des unangenehmen Lärms entweder fähigkeitsabhängig oder zufallsabhängig sei. Alle drei Variablen trugen zur Entwicklung von Hilflosigkeit bei. Hiroto schreibt: „Die Vpn-Variable Externalität scheint ähnlich zu wirken wie die Vorbehandlungsvariable Unkontrollierbarkeit.... Angesichts der parallelen Effekte dieser drei Faktoren behaupte ich, daß ein einziger Prozeß der gelernten Hilflosigkeit, der Externalität und der instruktionsbedingten Zufallseinstellung zugrundeliegt – die Erwartung, daß Verhalten und Verstärkung unabhängig sind" (Hiroto, 1974; S. 168). Während im Vermeidungsexperiment die Vorbehandlung aus unausweichbaren Reizen besteht, werden bei Leistungsexperimenten vor allem unlösbare Aufgaben verwendet.

Hiroto und Seligman (1975) haben diese beiden Elemente in einem Experiment sowohl in der Testphase wie auch in der Trainingsphase eingesetzt. Der Grundgedanke bei der Verwendung unlösbarer Aufgaben in der Vortrainingsphase als unabhängige Variable besteht darin, den Einfluß dieses Hilflosigkeitstrainings auf Verhaltensweisen in der Testphase zu untersuchen. Wer Aufgaben löst, erlebt einen Bedingungszusammenhang zwischen seiner Handlung und dem Ergebnis, während – wie einige Experimente bestätigen – Versagen bei der Lösung der Aufgaben letztlich zu Kontrollverlust führt. Um (a) die Verallgemeinerung der Erwartung zukünftiger Nichtkontingenz zu überprüfen und (b) den Einfluß von Unvermeidbarkeit bzw. Unlösbarkeit in der Trainingsphase auf Situationen in der Testphase, die durch Vermeidbarkeit bzw. Lösbarkeit gekennzeichnet sind, aufzudecken, führten Hiroto und Seligman mit 96 Studenten ein umfangreiches Experiment durch. Nach dem triadischen Versuchsplan gab es wie üblich zwei Versuchsgruppen und eine Kontrollgruppe. Dieser Plan wurden von den Autoren vervierfacht, indem die Faktoren Unlösbarkeit und Unvermeidbarkeit mit einbezogen wurden, was zur folgenden Variation führte:

	Trainingsphase	
	Unlösbarkeit	Unvermeidbarkeit
Unlösbarkeit		
Testphase		
Vermeidbarkeit		

Damit ergab sich ein Versuchsdesign von insgesamt 12 Gruppen, da in jeder Zelle der triadische Versuchsplan repräsentiert war. In der Trainingsphase wurde die Bedingung der Unlösbarkeit durch Diskriminationsaufgaben (Unterscheidung von Figuren) provoziert, die Bedingung der Unvermeidbarkeit durch einen nicht abstellbaren Ton. In der Testphase konnte Vermeidbarkeit durch Bewegen eines Knopfes, der den Ton abstellte, erreicht werden, Lösbarkeit ergab sich durch die richtige Bewältigung von Anagrammaufgaben. Die Ergebnisse unterstützten die Theorie der gelernten Hilflosigkeit, indem das Vortraining generell die Motivation bzw. Fähigkeit der Vpn in der Testphase herabsetzte, neue Probleme zu bewältigen. Interessant ist jedoch auch der Grad der Verallgemeinerung. Unvermeidbarkeit in der Trainingsphase setzt nicht nur die Fähigkeit, Vermeidbarkeit in der Testphase zu lernen, herab, sondern beeinflußt auch die Fähigkeit zur Lösung der Anagrammaufgaben negativ. Gleiches ist von der Unlösbarkeit in der Trainingsphase zu berichten. Fast alle Gruppenunterschiede waren in der erwarteten Richtung signifikant. Die Autoren führen diesen generalisierten Effekt auf eine grundsätzlich ungünstige Einschätzung der eigenen Kompetenz durch das Erlebnis des Kontrollverlustes zurück. Einzig in der Gruppe, die in der Trainingsphase unlösbare Diskriminationsaufgaben vorgesetzt bekam und in der Testphase Anagramme bearbeiten mußte, gab es nur tendenzielle, aber keine signifikanten Ergebnisse in die erwartete Richtung.

Klein, Fenck-Morse und Seligman (1976) gingen diesem Ergebnis weiter nach und bauten zusätzlich attributionsfördernde Anweisungen ein. Ihre Ergebnisse spiegelten einen signifikanten Einfluß der unlösbaren Diskriminanzaufgaben auf die Lösung der Anagrammaufgaben wider. Die Versuchspersonen machten mehr Versuche, hatten öfter Mißerfolg und brauchten längere Zeit für die Anagramme als jene Gruppe, die zuvor lösbare Diskriminanzaufgaben vorgesetzt bekommen hatte. Die attributionsfördernden Anweisungen bezogen sich auf die Instruktionen, in denen einerseits behauptet wurde, daß die Aufgaben von den meisten Studenten in den vorhergegangenen Experimenten gelöst worden seien, andererseits wurden die Aufgaben als sehr schwer lösbar bezeichnet. Von der ersten Instruktion erwartete man, daß sie die internale Attribution des Mißerfolges hervorrufen wird, die zweite Instruktion sollte eine externale Attribution nahelegen. Entgegen den Erwartungen führten diese Informationen zu keinen Unterschieden bei den Leistungsdefiziten. Universale (externale) Hilflosigkeit war mit denselben Leistungsdefiziten verbunden wie personale (internale) Hilflosigkeit.

Daß nicht nur negative Erfahrungen zu Kontrollverlust führen können, zeigen zahlreiche Tierexperimente (Welker, 1976; Wheatly, Welker und Mies, 1977) und auch Humanexperimente (Benson und Kenneley, 1976; zit. nach Herkner, 1982). Es handelt sich hier um eine Art „Wohlstandsverwahrlosung". Unabhängig vom eigenen Verhalten wurden den Versuchspersonen positive Rückmeldungen bzw. Verstärkungen gegeben. Diese Personen lernten später langsamer als Versuchspersonen mit korrekter Rückmeldung. Die Tierversuche führten zu noch deutlicheren Lerndefiziten durch diese Erfahrung nichtkontingenter Verstärkung.

Ergebnisse, die vor allem für die Medienforschung relevant erscheinen (und später noch ausführlich diskutiert werden), beziehen sich auf den *Kontrollverlust durch stellvertretende Erfahrung.* Anders ausgedrückt bedeutet dies, daß es genügt, den Kontrollverlust anderer zu beobachten, um selbst in den Zustand der gelernten Hilflosigkeit zu geraten. Klarerweise sind für diesen Lernprozeß einige Grundbedingungen vonnöten, die mit sozialen Vergleichsprozessen einhergehen. Erste Experimente in dieser Richtung wurden von Brown und Inouye (1978) und Brown (1979) vorgenommen.

II. Das Experiment in der Medienforschung

Wenn man nun die bisherigen Fakten zusammenfaßt, ergibt sich daraus nahezu zwingend ein Reihe von hypothetischen Ansätzen. Das Hauptziel, das mit den in der Folge dargestellten Arbeiten erreicht werden soll, besteht darin, (a) Ergebnisse zu erlangen, die kausal interpretiert werden können und (b) theoriengestützte Ansätze für die empirische Medienforschung zu entwickeln.

Wie in den vorhergehenden Kapiteln ausführlich beschrieben wurde, gibt es einen offensichtlichen, symptomatischen Zusammenhang zwischen Personen, die 1. Vielseher sind, 2. externe Kontrollüberzeugung haben und/oder 3. unter gelernter Hilflosigkeit leiden. Diese Übereinstimmungen sind jedoch – wie eben falls erwähnt – lediglich korrelativ und deshalb nicht kausal interpretierbar. In Verbindung mit den Konstrukten „externe Kontrollüberzeugung" und „gelernte Hilflosigkeit" spielen die beiden Größen „Kontrollverlust" und „Vorhersagbarkeit" eine bedeutsame Rolle. Wenden wir uns vorerst einmal dem „Kontrollverlust" zu. (Die Bedeutung der „Vorhersagbarkeit" wird in der „Untersuchung Nr. 2" näher herausgearbeitet werden.)

1. Provozierte Hilflosigkeit

Wie im vorhergehenden Abschnitt gezeigt werden konnte, haben zahlreiche Versuche mit Tieren und Menschen gezeigt, daß Hilflosigkeit experimentell provoziert werden kann. Das heißt, durch geeignete Designs konnten Versuchspersonen in Situationen gebracht werden, die zu Kontrollverlust führten; sie entwickelten in der Folge Verhaltensweisen, die durch das Syndrom der gelernten Hilflosigkeit vorhersagbar waren. Für die Medienforschung ergibt sich nun die interessante Fragestellung, ob möglicherweise Rezipienten, die externe Kontrollüberzeugung haben bzw. unter gelernter Hilflosigkeit leiden, stärker zum Vielsehen neigen als andere Menschen. (Die umgekehrte Fragestellung, ob erhöhter Fernsehkonsum zu externer Kontrollüberzeugung bzw. Hilflosigkeit führen könnte, wird in späteren Kapiteln näher beleuchtet werden). Oder anders ausgedrückt, wenn ich den Kontrollverlust experimentell provoziere, zeigen die Rezipienten dann Fernsehkonsumverhaltensweisen, die jenen der Vielseher ähnlich sind? Einen wesentlichen Punkt in diesem Gedankengang stellt die Lernfähigkeit der Versuchspersonen dar. Wie schon erwähnt, zeichnet sich der Vielseher durch Passivität, geringe Leistungsmotivation und geringe Mobilität aus. Salomon (1977, 1978, 1979) konnte dazu in einer Reihe von großangelegten interkulturellen Vergleichsuntersuchungen zwischen amerikanischen und israelischen Kindern ein Phänomen aufzeigen, das in die bisherigen Ergebnisse der Vielseherforschung sinnvoll einzuordnen ist.

Bei der Untersuchung der Sehgewohnheiten amerikanischer und israelischer Zweit- und Viertklässler stellte sich heraus, daß die reine Sehdauer nur wenig über die Intensität und Effekte des Fernsehkonsums aussagt. In der amerikanischen Population gab es eine erheblich größere Anzahl von Vielsehern, was – nach Ansicht des Autors – schon alleine durch das erheblich breitere amerikanische Programmangebot bedingt war.

Eine Überraschung erbrachte jedoch die Meßdimension „literate viewing" (LV). Mit „literate viewing" definiert Salomon die Tätigkeit „Fernsehen" als einen Prozeß der Informationsverarbeitung aus dem Fernsehen. Überraschenderweise erreichten die israelischen Kinder trotz ihrer allgemein erheblich niedrigeren Sehdauer signifikant höhere LV-Werte als die amerikanischen. Die LV-Daten korrelierten insgesamt nur sehr gering mit der Sehdauer (Salomon und Cohen, 1972). Man könnte auch sagen, daß bei den israelischen Kindern das „inzidentelle" Lernen stärker ausgebildet war bzw. bestimmte kognitive Fähigkeiten von den israelischen „literate viewers" besser erlernt wurden, als von den amerikanischen Vielsehern (Salomon, 1979a, 1979b). Eine österreichische Studie erbracht ähnliche Hinweise. Es konnte gezeigt werden, daß Vielseher, die (entsprechend ihren Fernsehgewohnheiten) einen Werbefernsehblock oftmals präsentiert bekamen, sich dennoch weniger Inhalte merkten als Wenigseher, die (entsprechend ihren Fernsehgewohnheiten) die gleichen Inhalte weniger oft vorgeführt bekamen. Auf einen Nenner gebracht, bedeutet dies, daß Vielseher geringere Behaltens- und Reproduktionsleistungen liefern, was angesichts ihrer Charakteristika wie Passivität und geringer Leistungsmotivation nicht überrascht.

Aus all diesen Fakten resultierte das Design einer Untersuchung, das die Wirkung von Kontrollverlust auf die Wahrnehmung medialer Inhalte experimentell überprüfen sollte.

1.1 Ein „getarntes" Experiment – Untersuchung Nr. 1 von Vitouch und Klein (1984)

Versuchsplan

Entsprechend dem triadischen Versuchsplan – wie er von Seligman und Hiroto initiiert wurde – wurde eine Zufallsstichprobe von 100 Versuchspersonen (Studenten, Akademiker) in drei Gruppen geteilt (Gruppe mit Kontrollerleben, Gruppe mit Kontrollverlust bzw. Hilflosigkeitstraining, Kontrollgruppe ohne Vortraining).

Variablen

Die *unabhängige Variable* stellte demnach die Zugehörigkeit zur jeweiligen Versuchsgruppe dar. Als zusätzliche unabhängige Variablen wurden das Mediennutzungsverhalten der Versuchspersonen und ihre Kontrollüberzeugung mit Hilfe des IPC-Fragebogens von Krampen (1981) erhoben. Die emotionale Ausgangslage der Versuchspersonen wurde anhand der Befindlichkeitsskala von Zerssen (1976) bestimmt. Als *abhängige Variablen* wurden die Erinnerungsleistung, die subjektive Beurteilung der vorgeführten Medieninhalte und die emotionalen Zustandsänderungen der Versuchspersonen beobachtet.

Versuchsdurchführung

Im Vortraining wurden in den Versuchsgruppen unlösbare bzw. lösbare Intelligenzaufgaben verwendet, um die Entwicklung von Kontrollverlust zu provozieren.

Ein grundsätzliches Problem der experimentellen Medienforschung stellt in den meisten Fällen die unrealistische Laborsituation dar. Das heißt, die experimentelle Rezeptionssituation entspricht nicht dem realen Fernsehkonsumverhalten. Die Versuchspersonen durchschauen das Experiment und sind demzufolge aufmerksamer und motivierter, die dargebotenen Medieninhalte aufzunehmen. Diesem Problem wurde in unserem Experiment durch eine „Tarnung" der Medieninhalte als „Pausenfüller" begegnet. Den Versuchspersonen der beiden Versuchsgruppen wurde die Untersuchung generell als ein Experiment zur Feststellung ihrer Konzentrationsfähigkeit und Überprüfung ihrer Intelligenz vorgestellt. Zu diesem Zweck wurden in drei Durchgängen ein „Intelligenztest" durchgeführt. Der erste Durchgang bestand aus Teilen des „Wiener Matrizen-Tests" von Formann (1979). Der zweite Teil wurde aus Teilen des „Intelligenz-Struktur-Tests" von Amthauer (1970) genommen (Zahlenreihen), den dritten Teil stellte ein Doppelbildrätsel dar, in dem sich ein Bild vom anderen durch fünf zu identifizierende Fehler unterschied. Für die Kontrollverlustgruppe wurden 60 %-70 % der Aufgaben unlösbar gemacht.

Kommentare des Versuchsleiters nach den jeweiligen Durchgängen sorgten dafür, daß der jeweilige Erfolg bzw. Mißerfolg internal attribuiert wurde, d.h. daß es bei den Versuchspersonen möglichst einheitlich zu personaler Hilflosigkeit kam.

Zwischen den Aufgaben und am Ende des Experimentes wurde den Versuchspersonen insgesamt dreimal ein Werbeblock des ORF (ein Jahr alt), bestehend aus 16 Werbespots in der Länge von 5 Minuten und 20 Sekunden, vorgespielt. Den Versuchspersonen gegenüber wurde diese Einspielung damit begründet, daß dadurch für alle gleich lange Ruhepausen entstehen und mentale Hemmprozesse unterbunden werden. Aus diesem Grund sollten die Personen auch nicht weiter über die Aufgabe „nachgrübeln", sondern abschalten und die Werbefilme betrachten.

Vor Beginn und am Ende der „Intelligenzüberprüfung" wurden den Teilnehmern Parallelformen der Befindlichkeitsskala von Zerssen vorgelegt. Eine Zuteilung einer Versuchsperson zur „Hilflosigkeitsgruppe" wurde nur bei einer zumindest ausgeglichenen Stimmungslage vorgenommen.

Nach den Intelligenzaufgaben und dem dreimaligen Abspielen des Werbeblockes wurden die Versuchspersonen hinsichtlich ihrer soziodemographischen Daten und ihres Mediennutzungsverhaltens befragt.

Anschließend wurde die Erinnerungsleistung erhoben.

Der Versuchsablauf stellte sich demnach folgendermaßen dar (siehe Abbildung 3).

Die Kontrollgruppe machte anstatt der Aufgaben gleichlange Pausen, sah nur die Werbeblöcke und wurde über den Zweck der Untersuchung bis zur Abfrage der Erinnerungsleistung im unklaren gelassen.

Befindlichkeit → Aufgabe → Werbeblock → Aufgabe →		

→ Werbeblock → Aufgabe → Werbeblock → Befindlichkeit →	

→ soziodemogra- phische Daten; Fernsehverhalten	→ Erinnerungsleistung

Abbildung 3

1.1.1 Ergebnisse

1. Befindlichkeit

Vergleicht man vorerst die Differenz zwischen erster und zweiter Messung auf den Befindlichkeitsskalen, zeigen sich die folgenden deutlichen Ergebnisse: Die Gruppe mit „Kontrollerleben" hatte im Mittelwert eine positive Differenz von + 4,29 Punkten. Die Gruppe mit „Kontrollverlust" eine negative Differenz von – 4,85 Punkten. Die Befindlichkeit der neutralen Kontrollgruppe verbesserte sich im Mittelwert nur geringfügig. Der Unterschied zwischen den beiden Versuchsgruppen ist sehr signifikant ($p < 0.005$) und zeigt, daß das Vortraining in Richtung Hilflosigkeit eine entsprechend traurige bis depressive Stimmung hervorgerufen hat.

2. Erinnerungsleistung

Den Ergebnissen zur Erinnerungsleistung sei ein Bericht über die unterschiedlichen Verhaltensweisen der Versuchspersonen in den beiden Versuchsgruppen vorangestellt, der die oben beschriebenen Ergebnisse bezüglich der Befindlichkeitsunterschiede weiter untermauert. Während die Versuchspersonen in der „Gruppe mit Kontrollerleben" im allgemeinen aktiv wirkten, die Werbespots kommentierten, sich bei der Darbietung oft wegdrehten und sich negativ darüber äußerten, schon wieder die gleichen Filme sehen zu müssen, reagierten die Versuchspersonen der „Gruppe mit Kontrollverlust" apathisch, ließen die Werbesendungen schweigend über sich ergehen und starrten mit allen Anzeichen einer depressiven Verstimmung auf den Fernsehschirm. Diese Verhaltensauffälligkeiten schlugen sich meßbar in der Erinnerungsleistung der beiden Versuchsgruppen nieder, die sich sehr signifikant voneinander unterschieden (p < 0.004).

	X̄
Neutrale Kontrollgruppe	10,7
Gruppe mit Kontrollerleben	10,4
Gruppe mit Kontrollverlust (Hilflosigkeit)	8,5

Bei einer Überprüfung der Detailantworten zu jedem einzelnen Spot zeigte sich, daß die „Gruppe mit Kontrollverlust" in nahezu jedem Fall signifikant weniger Inhalte erinnerte.

3. Fernsehkonsumverhalten

Die Mediennutzung der Versuchspersonen wurde durch die Frage „Wie oft in der Woche sehen Sie fern?" erhoben, wobei die Antwortkategorien „nie", „einmal", „zwei bis drei mal", „vier bis fünfmal", „täglich" und „am Wochenende" vorgegeben wurden, sowie durch die Frage „Wie lange sehen Sie fern?" mit den Antwortkategorien „nie", „0,5 Stunden", „1 Stunde", „2 Stunden" und „länger". Anhand der erfolgten Antworten wurde eine Kreuztabelle über die Häufigkeit und den Zeitaufwand des TV-Konsums der Versuchspersonen erstellt. Nun wurden die Versuchspersonen mit Hilfe dieser Kreuztabelle in drei Gruppen geteilt.

Alle jene Versuchspersonen, die angegeben hatten, von nie bis maximal einmal/Woche und dabei maximal zwei Stunden/Tag (+ jene, die nur am Wochenende und dabei maximal eine Stunde) TV zu sehen, wurden der Gruppe „Wenigseher" zugeordnet. Das ergab eine Gruppe mit 35 Personen. Alle jene Versuchspersonen, die angegeben hatten, mindestens vier bis fünfmal/Woche und mindestens zwei Stunden/Tag und länger fernzusehen, wurden als „Vielseher" bezeichnet. Das ergab eine Gruppe von 33 Personen. Der Rest der Versuchspersonen, deren Angaben über ihr Medienkonsumverhalten zwischen diesen beiden Extremen lag, wurde als „Normalseher" bezeichnet. Das ergab eine Gruppe von 32 Personen.

Dies ergab nun in Verbindung mit den drei Versuchsgruppen insgesamt 9 Gruppen, die folgendermaßen besetzt waren:

	Neutrale Kontrollgruppe	Gruppe mit Kontrollerleben	Gruppe mit Kontrollverlust
Wenigseher	11	13	11
Normalseher	6	13	13
Vielseher	12	12	9

Wie man sehen kann, ist der Fernsehkonsum dieser homogenen studentischen Versuchsgruppe relativ niedrig. Die Gruppenbezeichnung Vielseher ist deshalb in keiner Weise z.B. mit amerikanischen Vielsehern zu vergleichen. Dennoch sollte mit dieser Aufschlüsselung überprüft werden, ob Versuchspersonen mit unterschiedlichem Fernsehkonsumverhalten in den Versuchsgruppen verschiedenartig reagieren.

Vergleicht man nun die Erinnerungsleistungen dieser neun Gruppen miteinander, kommt man zu folgenden Ergebnissen:

	$\overline{X}$
1. Wenigseher/Neutrale Gruppe	11,9
2. Normalseher/Neutrale Gruppe	10,8
3. Normalseher/Gruppe mit Kontrollerleben	10,6
4. Vielseher/Gruppe mit Kontrollerleben	10,5
5. Wenigseher/Gruppe mit Kontrollerleben	10,1
6. Vielseher/Neutrale Gruppe	9,5
7. Vielseher/Gruppe mit Kontrollverlust	9,1
8. Normalseher/Gruppe mit Kontrollverlust	8,9
9. Wenigseher/Gruppe mit Kontrollverlust	7,5

$\overline{X}$ = durchschnittliche Anzahl der richtig erinnerten Spots

Bemerkenswert erscheint bei diesen Ergebnissen das außergewöhnlich schlechte Abschneiden der Vielseher/neutrale Gruppe.

Führt man nun ein – zugegebenermaßen saloppes – Gedankenexperiment durch und ersetzt Vielseher durch Extern und Wenigseher durch Intern, so kommt man zu durchaus sinnvollen Ergebnissen. Die Vielseher/Gruppe mit Kontrollerleben hat in ihrer Versuchsgruppe sozusagen ein „Kompetenztraining" durchgemacht, was ihre Leistung zumindest an die Spitze der übrigen Vielsehergruppen schnellen ließ.

Daß die Wenigseher/Gruppe mit Kontrollverlust deutlich die schlechteste Leistungen bringen, ließe sich mit den Ergebnissen in Einklang bringen, daß Interne bei längerem Kontrollverlust besonders stark mit Hilflosigkeit reagieren.

Betrachtet man nun die „Extremgruppen" Viel- versus Wenigseher (nach der Kreuztabelle jene, die angaben, bis maximal ein mal/Woche und dabei maximal 1 Stunde fernzusehen (15 Personen) versus jene, die angaben, mindestens 4-5 mal/Woche mindestens 2 Stunden/Tag und länger (17 Personen), so zeigt sich nach der ersten Befindlichkeitsmessung, daß die Vielseher „bedrückt", die Normalseher als „ausgeglichen" zu bezeichnen sind. Diese Mittelwertunterschiede sind zwar knapp nicht signifikant (p < 0.07), der Trend ist aber eindeutig sichtbar. Bei „richtigen" Vielsehern würde dieser Vergleich wohl deutlicher ausfallen.

Kontrollüberzeugung

Bei einem Vergleich der Mittelwerte der beiden Extremgruppen in bezug auf die drei Skalen des IPC ergaben sich keine statistisch signifikanten Unterschiede. Es konnten auch hier lediglich Tendenzen festgestellt werden, die jedoch zumindest in die erwartete Richtung weisen. Auch hier gilt das Argument, daß den Wenigsehern keine „richtigen" Vielseher gegenüber standen.

a) Die Gruppe der „Wenigseher" hatte auf der I-Skala etwas höhere Werte, sie glaubt also in stärkerem Maße, daß das eigene Leben und Ereignisse in der personenspezifischen Umwelt kontrollierbar und bestimmbar sind.

b) Die Gruppe der „Vielseher" hatte auf der P-Skala etwas höhere Werte; sie fühlen sich in ihrem Verhalten und ihrem Leben damit eher abhängig von anderen (mächtigeren) Personen.

c) Die Gruppe der „Vielseher" hatte auch auf der C-Skala höhere Werte, sie glaubt demnach eher, daß die Welt unstrukturiert und ungeordnet ist, daß Leben und Ereignisse des Lebens weitgehend von Schicksal, Zufall, Glück und Pech abhängen.

Beim Vergleich von Personen, die auf den IPC-Skalen extrem hohe bzw. extrem niedrige Werte hatten, ergab sich noch ein konsistentes Ergebnis. „Interne" hatten im Durchschnitt auf der Befindlichkeitsskala einen erheblich geringeren Wert als „Externe". Sie fühlten sich demnach (schon zu Beginn des Experimentes) ausgeglichener als Externe. Dieses Ergebnis ist signifikant (p = 0.02).

Die dargestellten Ergebnisse unterstützen die Vermutung, daß man eine Zufallsstichprobe durch experimentelle Konfigurationen so beeinflussen kann, daß sie in ihrem Verhalten und in ihrer Leistungsfähigkeit ähnliche Reaktionen liefern, wie sie an Vielsehern beobachtet werden. Dies untermauert die These, daß (im Gegensatz zu Gerbnerscher Auffassung) nicht der Fernsehkonsum die Persönlichkeit des Vielsehers prägt, sondern daß Menschen mit bestimmten Lebenserfahrungen (Kontrollverlust) zum Vielsehen tendieren und dabei die beobachtbaren Symptome ihrer gelernten Hilflosigkeit zeigen. Oder mit anderen Worten, bestimmte Aspekte der persönlichen Entwicklung und der gesellschaftlichen Situation, in der das Individuum lebt, bestimmen und verändern das Medienkonsumverhalten.

Dieses Experiment kann auch als Hinweis gesehen werden, daß die Attributionssituation stabil versus variabel beim Medienkonsumverhalten von Bedeutung ist. Kurzfristige Hilflosigkeitserlebnisse können dazu führen, daß Fernsehinhalte in größerem Ausmaß und mit bestimmten inhaltlichen und formalen Schwerpunkten konsumiert werden. Es können ebenso Phasen in der Ontogenese eines Individuums zu einem stärkeren Erleben des Kontrollverlustes führen, der durch den Medienkonsum kompensiert wird. Derartige längerfristige Phasen werden in der Soziologie als Ursache für Entfremdungsprozesse und Anomie verantwortlich gemacht. Die enge Beziehung des psychologischen Konzeptes des „Kontrollverlustes" mit dem soziologischen Konzept der „Entfremdung" wird im anschließenden Kapitel dargestellt.

2. Entfremdung

Die Untersuchung der Entfremdung stellt ein zentrales Forschungsfeld im Bereich der Soziologie dar. Die enge Beziehung zum psychologischen Konzept der Kontrollüberzeugung wird alleine durch die oftmalige Gleichsetzung der beiden Phänomene (Kontrollverlust = Entfremdung, meist im Sinne subjektiver Machtlosigkeit) dokumentiert. Diese Gleichsetzung beschränkt sich in einem Großteil der empirischen Studien nicht nur auf den begrifflichen Ansatz, sondern zieht sich auch in den meßpraktischen Bereich hinein (vgl. Seeman, 1961; Seeman und Evans, 1962; Mitchell, Symser und Weed, 1975). Es soll nicht verschwiegen werden, daß diese Betrachtungsweise zu einer starken Verwässerung des soziologischen Entfremdungsbegriffes geführt hat.

2.1 Psychologischer und soziologischer Ansatz

Begrifflich und methodisch exakter gehen Untersuchungen vor, in denen verschiedene Aspekte von Entfremdung (meist subjektive Machtlosigkeit, Normlosigkeit und soziale Isolation) und Kontrollüberzeugungen getrennt erfaßt werden. Demnach muß in diesem Zusammenhang ebenfalls darauf hingewiesen werden, daß es sich auch bei diesem Entfremdungsbegriff vorwiegend um nur subjektiv erfahrbare Zustände handelt und damit eine Psychologisierung des Begriffes vorliegt. Es kann daher nicht überraschen, daß eine Vielzahl von Untersuchungen die enge Beziehung zwischen derart definierter Entfremdung und externalen Kontrollüberzeugungen ausweist (vgl. Tolor und Leblanc, 1971; Tolor, 1974; Lombardo und Fantasia, 1978).

Diese Feststellung soll den Wert dieser Arbeiten nicht reduzieren, es scheint jedoch notwendig, eine exaktere Trennlinie zwischen psychologischem und soziologischem Ansatz zu finden; nicht um diese Ansätze auseinanderzudividieren und gegeneinander auszuspielen, sondern um die Berührungspunkte und Übergänge exakter festzuhalten.

Anhand der von Seeman in seiner Arbeit „On the Meaning of Alienation" gegebenen Definition von Entfremdung wollen wir versuchen, dieses Problem aufzuarbeiten (Seeman, 1961; S. 753-758).

Seeman spricht fünf Kategorien an, die für die Entstehung von Entfremdung verantwortlich seien:

(1) *Machtlosigkeit:* Damit ist die Erfahrung gemeint, daß subjektiv hoch bewertete oder angestrebte Ziele und Ereignisse durch eigenes Verhalten nicht erreicht werden können. Die Bedingungen für diese Erfahrung stellen soziale und ökonomische Grundlagen dar, im Sinne der Thesen von Karl Marx und Max Weber.
Entfremdung durch subjektive Machtlosigkeit setzt Seeman mit externaler Kontrollüberzeugung gleich (1959). Nach neueren Erkenntnissen wäre sie wohl eher ein Synonym für „gelernte Hilflosigkeit".
(2) *Sinnlosigkeit* oder Bedeutungslosigkeit („meaninglesness"): Ist für ein Individuum die Tätigkeit, die es ausführt, nicht durchschaubar und transparent, liegt Entfremdung im Sinn subjektiver Bedeutungslosigkeit vor. Das Individuum hat keine Grundlagen für ein koordiniertes Entscheidungsverhalten, fremdbestimmte Handlungsziele sind nicht durchschaubar. Seeman definiert Bedeutungslosigkeit im subjektiven Sinn als „geringe Erwartung darüber, daß zufriedenstellende Vorhersagen über Handlungserfolgs-Ereignisse gemacht werden können". Diese Definition

erinnert ebenfalls stark an den Faktor „Vorhersagbarkeit" als eine bestimmende Variable für die Entstehung der „gelernten Hilflosigkeit".

(3) *Normenlosigkeit:* gemeint im Sinne der Durkheimschen Verwendung des Begriffes Anomie.

(4) *Isolation:* Diese Erfahrung beschreibt die Entfremdung eines Individuums aus der Gesellschaft. Ein typisches Merkmal für in diesem Sinne entfremdete Personen ist die herabsetzende subjektive Bewertung von Zielen und Überzeugungen, die in der jeweiligen sozialen Gruppe für bedeutsam gehalten werden. Bei diesem Phänomen kann es sich sowohl um die Ursache der Isolation, wie auch um den Bewältigungsversuch im Sinne einer Umbewertung subjektiver Werte handeln.

(5) *Selbstentfremdung:* Hier geht es um die Erfahrung, die aus der Divergenz zwischen subjektiven Selbstkonzept-Definitionen des Individuums und seinem offenen Verhalten entsteht. In dem Maße, in dem sich das Individuum selbst zum Mittel der Zielerreichung macht, entfremdet es sich von sich selbst. Einen ähnlichen Ansatz gibt es von Karl Marx zur Entfremdung von der Arbeit, die für Marx die grundlegende Entfremdung darstellt. Lukács bezeichnet diesen Prozeß als „Verdinglichung".

Betrachten wir diese Kategorien genauer, so beziehen sie sich vornehmlich auf subjektiv erfahrbare Zustände anstatt auf gesellschaftliche Prozesse. Es geht hier also hauptsächlich um den psychologischen Aspekt der Entfremdung; um die Frage, wie der einzelne seine Existenzbedingungen in einer Gesellschaft empfindet, die durch gesellschaftliche Prozesse der Entfremdung charakterisiert wird. Die Psychologie betrachtet die Symptome, die Auswirkungen auf bestehendes und zukünftiges Verhalten, die Lerndefizite und emotionalen Störungen. Auf der soziologischen Ebene sollte stärker herausgearbeitet werden, unter welchen sozialen und ökonomischen Bedingungen Entfremdungsprozesse entstehen. Auf der Basis gesellschaftlicher Strukturen muß erarbeitet werden, welcherart die Prozesse sind, die Einfluß auf die Beziehungen des einzelnen zu seiner Arbeit und auf seine Beziehung zur Objekt-Welt ausüben. Selbstverständlich gibt es Berührungs-, ja sogar Überschneidungspunkte. Die Bedingungen der „Kontrollüberzeugung" des „Kontrollverlusts" oder des „Verlustes der Vorhersagbarkeit" können soziologischer wie psychologischer Natur sein. So führt Oesterreich bei seiner Kritik des „locus of control"-Konzeptes an, daß es so gut wie keine Arbeiten auf psychologischem Gebiet gibt, die sich mit dem Ursprung der Kontrollüberzeugungen beschäftigen (Oesterreich, 1981). (Dieses Defizit wurde – wie erwähnt – durch Arbeiten von Schneewind zur Entstehung von kindlicher Selbstverantwortung zumindest auf dem Gebiet der Erziehungsstilforschung beseitigt (Schneewind, 1982).)

Betrachtet man den Vorgang, wie es z.B. zu einer starken internen Kontrollüberzeugung kommen kann, gibt es drei Möglichkeiten:

a) Die Person verfügt über hohe Fähigkeiten (aufgrund ihrer Erziehung und Begabung).
b) Die generelle Lebenssituation der Person ist besonders günstig (sozio-ökonomische Bedingung).
c) Die Person hat unrealistische Erwartungen (aufgrund ihrer Lerngeschichte und Persönlichkeitsstruktur).

Hier zeigt sich deutlich eine Verschränkung psychologischer und soziologischer Bedingtheiten, wobei zweifellos das operationalisierte Konzept des „Kontrollverlusts" mit seiner Beschreibung der daraus resultierenden psychologischen Konsequenzen einen bedeutsamen Beitrag zur soziologischen Erforschung der Auswirkung gesellschaftlicher Bedingungen liefern kann.

Aus soziologischer Sicht wird das Schwergewicht der Beobachtung wohl auf die entfremdenden Prozesse gerichtet sein, aus psychologischer Sicht auf die durch Entfremdung hervorgerufenen psychischen Zustände. Ganz in Richtung auf die in Untersuchung Nr. 2 (siehe S. 82) operationalisierten Arbeitsbedingungen geht der soziologische Ansatz von Blauner (1964). In einer multidimensionalen Analyse der Arbeitssituation von Industriearbeitern spezifiziert er die entfremdenden Prozesse, die zur Entfremdung führen wie folgt:

Mangelnde Freiheit und Kontrolle (in unserem Sinn „Kontrollverlust") bei der Arbeit, eine hohe Spezialisierung im Arbeitsprozeß, der dadurch undurchschaubar wird (Bedeutungslosigkeit) und soziale Isolierung am Arbeitsplatz (Isolierung) sind als unabhängige Variablen für die abhängige Variable der Selbst-Entfremdung anzusehen.

3. Grundlagen der Programmwahl

Wenn – wie die Theorie lautet – bestimmte Lebensumstände, die zu einer bestimmten Kontrollüberzeugung führen, das Fernsehkonsumverhalten in Richtung Vielsehen beeinflussen, muß man sich fragen, was diese Menschen beim Fernsehen suchen und/oder finden, welche Defizite durch das Fernsehen kompensiert werden. Wie äußert sich der amerikanische

Medienforscher Percey H. Tannenbaum zu der Frage, was die Menschen an diesem Medium so fasziniert? Er sagt unter anderem:

„Ich bin überzeugt, daß wir zu lange übersehen haben, welche Anziehungskraft das Medium Fernsehen alleine deshalb hat, weil es auf verläßliche und gleichbleibende Weise Unterhaltung bietet. Ich vermute (doch gilt das nur vorläufig, solange die entsprechenden Befunde fehlen), daß ein Teil dieser Anziehungskraft darin liegt, daß das Fernsehen einen 'billigen Nervenkitzel' vermittelt, eine wohlfeile Form milder Erregung .... Solche leicht erhältlichen, wenn auch kleinen Belohnungen können unter bestimmten Bedingungen stärker begehrt, möglicherweise sogar notwendig werden. Zum Beispiel ist es nicht ungewöhnlich, daß die Leute sagen, sie wollten nach einem 'langen Tag im Büro' oder nach einem 'anstrengenden Tag mit den Kindern zuhause' nichts anderes als sich vor den Fernseher setzen, um von ihrer Arbeit und von ihren Sorgen abgelenkt zu werden" (Tannenbaum, 1978; S. 192).

In zahlreichen Publikationen zur Medienforschung wurde immer wieder auf die Motive der Rezipienten zum Medienkonsum eingegangen. Oft wurden Argumente angeführt, daß die Programmwahl durch einen „anstrengenden" Tag beeinflußt würde, der die Rezipienten der Entspannung in die Arme treibt (und der nur „seichten" Unterhaltung). Oft wurde auch die Intelligenz der Konsumenten als entscheidende Variable angeführt. Bemerkenswerterweise haben diese Größen jedoch nur in sehr geringem Maße zur Erklärung der Programmwahl beigetragen.

3.1 Anstrengung

Auch von Tannenbaum werden demnach bestimmte Lebensbedingungen dafür verantwortlich gemacht, daß mehr oder zumindest bestimmte Fernsehsendungen (Unterhaltung) konsumiert werden. Dennoch ist die Aussage, daß man sich ablenken lassen will, wenn man angestrengt gearbeitet hat, sicherlich nicht der Weisheit letzter Schluß. Die Frage ist ja gerade: Wer, in welcher Lebenssituation bevorzugt welche Programme, mit welchem Nutzen? Tannenbaum berichtet weiter von einem Forschungsprojekt, in dem die Aktivitäten eines vollen Tages systematisch variiert wurden, „z.B. Arbeiten, die entweder physische Anstrengung erfordern oder Lässigkeit erlauben, oder längerdauernde Aufgaben, die intellektuell langweilig oder interessant oder herausfordernd sind" (Tannenbaum, 1978; S. 192).

Im Anschluß daran wurde das Rezipientenverhalten der Probanden untersucht, wobei die Befunde annehmen lassen,

„daß es unter solchen variierenden vorausgegangenen Erfahrungen beträchtliche Präferenzunterschiede zwischen den einzelnen Versuchspersonen, aber konsistentes Verhalten der einzelnen Individuen gibt. Im großen und ganzen wird nach physisch und/oder intellektuell anstrengenden Tagen eher passives Verhalten gezeigt, wobei Fernsehen zu den wichtigsten Beschäftigungen zählt. Wird die Wahl für ein Fernsehprogramm eingeschränkt auf Informationssendungen und emotionale Programme (Spielfilme), werden letztere zwar immer vorgezogen, aber dieser Unterschied wird unter Bedingungen größerer Anstrengung durch die vorausgegangene Aktivität noch deutlicher" (Tannenbaum, 1978; S. 193).

Folgt man diesen Ausführungen gedanklich, so müßte man zu dem Schluß kommen, daß aktive, arbeitsame Leute sich abends vom Fernsehen unterhalten lassen, während jene, die sich bei der Arbeit Lässigkeit erlauben können und sich nicht anstrengen müssen, Informationssendungen und mediale Inhalte bevorzugen, denen man intellektuell aufmerksam folgen muß. Irgendwie erscheinen diese Gedanken nicht schlüssig, was darauf hinweist, daß der Faktor „Anstrengung" bei der Arbeit nicht hauptverantwortlich für die Selektion der Programminhalte sein kann. Zusätzlich sei noch erwähnt, daß Vielseher bei ihrer Programmwahl ebenfalls Unterhaltung präferieren und Information meiden, obwohl es in dieser Population überzufällig viele Arbeitslose gibt sowie Menschen, die eine niedrigere berufliche Position haben, als sie von ihrer fachlichen Ausbildung her bekleiden könnten.

3.2 Intelligenz

Als wesentlicher Faktor, der für die Programmwahl bestimmend sei, wird oft Intelligenz genannt. Dies mag in extremen Bereichen wohl mit bestimmend sein, im mittleren Bereich wird man Intelligenzunterschiede allein nicht für die Aufklärung unterschiedlicher Programmpräferenzen heranziehen können. So kann Wilensky schon 1968 in einer umfangreichen Untersuchung mit dem Titel „Work, Careers and Leisure Styles" diese generelle Behauptung relativieren. Er untersuchte 1156 Personen hinsichtlich ihrer Sozialstruktur und ihrer Affinität zu höherer Kultur bzw. Massenkultur und kommt – unter anderem – zu dem bemerkenswerten Schluß: „Sowohl meine Daten, als auch die anderer Forscher, lassen keinen Zweifel daran, daß auch die gebildeten Schichten – sogar Akademiker und Fachschulabsolventen – in großem Ausmaß an der Massenkultur teilnehmen. Sie verbringen nur einen kleinen Teil ihrer Zeit mit hochwertiger Literatur und guten Filmen. Dieser Trend betrifft auch

Professoren, Schriftsteller, Künstler und Wissenschaftler, die selbst Bewahrer der höheren Kultur sind. Hier ist wieder das Fernsehen der Hauptschuldige" (Wilensky, 1985; S. 309). An anderer Stelle schreibt er: „Tatsache ist, daß Personen mit höherer Schulbildung nur eine schwache Tendenz zu einem besseren Geschmack erkennen lassen" (Wilensky, 1985; S. 309).

Was die Schuldfrage betrifft, wird es das Bestreben dieses Buches sein, klarzumachen, daß die Dinge nicht so einfach liegen und daß man ergründen muß, warum ein Angebot, das durchaus abgelehnt werden kann, in so großem Maße akzeptiert wird. Zusätzlich muß man sich klarmachen, daß die Struktur nordamerikanischer Fernsehprogramme mit jenen europäischer Fernsehstationen nicht vergleichbar ist.

So weist auch Tannis McBeth Williams in ihrem Endbericht „The Impact of Television" (Über ein Naturexperiment in drei nordamerikanischen Gemeinden „Notel, Unitel, Multitel"; also ohne Fernsehen, mit einem Fernsehkanal und mit mehreren Fernsehkanälen) darauf hin:

„Another facet of this analysis centers on the lack of variety in North American programming. Context analysis have demonstrated, for example, the lack of variety in character portreyals (in terms of age, sex, race and occupation), and one hears often that producers tend to generate more of what is successful (at this writing, evening 'Soaps' and miniseries) rather than to try out new kinds of material" (Williams, 1986; S. 406).

Man muß sich – denke ich – fragen, warum die stereotypen Darstellungsformen erfolgreich sind. Ein nahezu ausschließlich auf Einschaltziffern aufgebautes Fernsehsystem – wie das amerikanische – reagiert äußerst sensibel auf Zuschauerpräferenzen. Die Verantwortung für die stereotypen Formen amerikanischer Medieninhalte kann demnach nicht alleine dem Medium Fernsehen in die Schuhe geschoben werden. Es gab/gibt hier ein Bedürfnis der Rezipienten, das *zumindest* mit verantwortlich ist. Dieses Phänomen ist übrigens nicht auf audiovisuelle Medien beschränkt und gänzlich neu. Man denke nur an die Ausbreitung des Trivialromans im vorigen Jahrhundert.

Fassen wir nochmals zusammen:

Es gibt Vermutungen, daß die Lebenssituationen eines Menschen sowie seine sozialen Erfahrungen mit verantwortlich sind für die Aufnahme von Medieninhalten (siehe Experiment Vitouch und Klein), wie auch für die Entwicklung von Programmpräferenzen. Die Erfahrung des Kontrollverlustes wurde in dieser Arbeit als wesentliche Ursache postuliert und mit einem experimentellen Ansatz zu verifizieren versucht. Bezogen auf die Vielseher heißt das, daß sie bestimmte Verhaltensweisen und Eigenschaften an den Tag legen, nicht weil das Fernsehen sie „kultiviert" hat, sondern weil sie unter „Kontrollverlust" leiden und Symptome der gelernten Hilflosigkeit zeigen. (Der Anteil des Fernsehens an dieser Entwicklung wird noch zu besprechen sein). Den erhöhten Fernsehkonsum muß man in diesem System als zusätzliches Symptom und nicht als Ursache für den Zustand der Vielseher annehmen. Den Einfluß von Lebensumständen auf die Programmwahl versucht Tannenbaum anhand des Zusammenhanges zwischen anstrengender Tagesarbeit und Entspannungsbedürfnis aufzuzeigen. Entspannend wirken Unterhaltungssendungen, Action- und Abenteuerfilme sowie Lustspiele, die – wie erwähnt – in ihrer Dramaturgie höchst stereotyp aufgebaut sind. Entspannend wirken – für manche Rezipienten – jedoch auch Wiederholungen.

3.3 Der Zauber der Wiederholung

Tannenbaum berichtet vom Ergebnis einer Forschungsarbeit über die Beliebtheit von Unterhaltungssendungen:

„In Toronto, Kanada, wo die meisten Haushalte Kabelfernsehen haben, sehen zwischen 40 % und 50 % der Zuschauer die Montagssendung, obwohl sie die gleiche Sendung vier Abende zuvor schon einmal gesehen hatten. Das war ein so völlig unerwarteter Befund, daß die Untersuchung wiederholt wurde; mit den gleichen Resultaten. Ein Teil der Zuschauer wurde anschließend interviewt; sie gaben an, daß es ganz selbstverständlich für sie sei, eine schon einmal gesehene Sendung noch einmal anzusehen. Offensichtlich suchten sie nicht Neuheit, sondern Vertrautheit. Auch beim zweiten Mal fanden sie die dargestellten Situationen und Scherze erheiternd, es war eine sichere, verläßliche Art der Unterhaltung, verglichen mit der unerwünschten Unsicherheit, die neue Programme mit unbekanntem Handlungsablauf und unbekannten Darstellern mit sich bringen" (Tannenbaum, 1978; S. 190).

Es kann kaum einen deutlicheren Hinweis darauf geben, daß sich manche Menschen „Vorhersagbarkeit" und „Kontrollierbarkeit" in den Programmen wünschen. Ein Wunsch, der durch stereotype Darstellungsformen in ähnlicher Weise befriedigt wird. Bei kleinen Kindern ist dieses Phänomen besonders deutlich zu beobachten. Oft bestehen sie darauf, die gleiche Geschichte wortgetreu immer wieder erzählt zu bekommen und reagieren bei kleinen Abänderungen höchst unmutig. Im Kapitel zur „Entwicklung von Kontrollüberzeugungen" findet man die Erklärung des Phänomens. Gerade kleine Kinder brauchen Vertrautheit und Vorhersagbarkeit. Die hier dargestellten Zusammenhänge legten es nahe, in der nächsten Untersuchung zwei Aspekte in den Mittelpunkt zu stellen:

1. Die Lebens- bzw. Arbeitssituation der Rezipienten.
2. Die Struktur der von ihnen bevorzugten Programme.

Selbstverständlich stützten wir uns auf die Ergebnisse der Untersuchung Nr. 1 und entwickelten daraus die These, daß Kontrollverlust am Arbeitsplatz die Toleranz gegenüber unvorhersagbaren Medieninhalten reduziert. Oder anders ausgedrückt: Kontrollverlust führt zu einem Kontrollbedürfnis, das sich bei der Auswahl der Programme in einer Tendenz zur Vorhersagbarkeit ausdrückt.

4. Arbeit und Vergnügen – Untersuchung Nr. 2 von Vitouch und Schweinzer (1986)

Im Vordergrund des Interesses stand das Ausmaß der objektiven Kontrollmöglichkeit von Arbeitern an ihrem Arbeitsplatz in Relation gesetzt zum qualitativen Medienkonsum dieser Menschen. Gemäß den vorher dargestellten Gedankengängen wird nun in der nachfolgend geschilderten Arbeit die zentrale Hypothese aufgestellt, daß Kontrollverlust die bestimmende Variable für die Programmwahl darstellt. Um diese Annahme überprüfen zu können, sind einige Vorbedingungen nötig, die Störvariablen bzw. intervenierende Variablen möglichst ausschalten sollen.

Versuchsplan

Variablen

Als unabhängige Variablen wurden die Kontrolle am Arbeitsplatz, die Qualifikation des Arbeitnehmers (Facharbeiter, Hilfsarbeiter) und die Dauer der Betriebszugehörigkeit definiert. In einem anderen Zusammenhang wurde die „Arbeitsplatzerfahrung" hinsichtlich des Kontrollerlebens von Klaus Schneewind analysiert. Bei dem Versuch, ein ökopsychologisches Kausaldiagramm zur Erklärung kindlicher Selbstverantwortlichkeit zu entwickeln, untersuchte er verschiedene Faktoren, die letztlich Erklärungswert für die Persönlichkeit des Sohnes haben könnten (untersucht wurde der Beziehungstyp Vater-Sohn).

Als bestimmend für die Selbstverantwortlichkeit (interne Kontroll-überzeugung) des Sohnes wurden das Familienklima, die Persönlichkeit des Vaters, der Erziehungsstil des Vaters und der perzipierte Erziehungs-stil des Vaters angenommen. Die Frage war, wie kann die Entstehung eines Mangels an kindlicher Selbstverantwortung angenommen werden? Als familiäre Voraussetzung dafür wurde eine externale Persönlichkeits-struktur des Vaters und ein unfreies und wenig anregendes Familienklima angenommen. Diese beiden Faktoren werden mitbestimmt von der *Arbeitsplatzerfahrung* des Vaters. Die Strukturvariable „Arbeitsplatzerfah-rung" wurde von Schneewind durch die beiden Indikatorvariablen An-regungsgehalt der Arbeit und Dispositionsraum gemessen. Schneewind sagt: „Wir vermuten, daß ein Arbeitsplatz, der vom Vater als wenig an-regend und wenig autonomes Handeln ermöglichend erlebt wird, sowohl Einfluß auf das Familienklima als auch auf die Persönlichkeitsstruktur des Vaters nimmt" (Schneewind, 1982; S. 218). In diesem Sinne wurde eine Operationalisierung der Variable Kontrolle am Arbeitsplatz vorge-nommen.

Operationalisierung

Kriterium der Kontrolle im Sinne von Kompetenz am Arbeitsplatz ist das Ausmaß der Möglichkeit, den Arbeitsablauf zu beeinflussen. Hin-dernisse für die freie Gestaltungsmöglichkeit sind

a) vorgegebene Handlungsabläufe durch:
   Fließband; immer wiederkehrende Arbeitsabläufe; Überwachungstä-tigkeit an einer automatischen Maschine; vorgegebener Rhythmus durch Einbindung in ein Fertigungssystem.
b) Druck auf den Arbeiter durch:
   zeitliche Terminsetzung; Akkordentlohnung.

Die Variable „Kontrolle am Arbeitsplatz" (AP) wurde dichotomisiert und in der Ausprägung viel (+) versus wenig (–) registriert. Die jeweilige Zuordnung erfolgte durch Einsichtnahme in die Arbeitsplatzbeschrei-bung in der Personalliste und/oder Beobachtung des Arbeitsplatzes.

Die Betriebszugehörigkeit (BZ) wurde durch die Zahl der Jahre seit dem Eintritt in den Betrieb definiert. Zur Erstellung der Versuchsgruppen wurde die Dauer der BZ in lang (+) und kurz (–) aufgespalten, wobei ein Zeitraum unter 10 Jahren als kurz, jeder über 10 Jahre als lang ge-wertet wurde.

Die Variable Qualifikation ist definiert durch die Einteilung in Facharbeiter (FA) und Hilfsarbeiter (HA).

Zusätzlich wurde noch die Kontrollüberzeugung (LOC, Locus of Control) durch den Fragebogen von Rotter in der deutschen Version von Mikula erhoben.

Die wesentlichste abhängige Variable war der Fernsehkonsum. In vielen Medienuntersuchungen hat sich die Erhebung, wie auch die Verrechnung dieser Variable als unbefriedigend und auch unergiebig dargestellt. Aus diesem Grund wurde in dieser Arbeit – konsistent zu den theoretischen Ausführungen in den vorhergehenden Kapiteln – eine spezifische Beobachtungs- und Klassifizierungsstrategie gewählt. Der Vp wurde für eine Woche im Voraus das Fernsehprogramm nach Hause mitgegeben mit dem Auftrag, jede gesehene Sendung anzustreichen. Damit war sowohl die Quantität als auch die Qualität des Fernsehkonsumes dokumentiert.

Die Sendungen wurden hinsichtlich ihrer Art in drei Gruppen geteilt, welche die Dimensionen „Vorhersagbarkeit" und damit in der Folge „Kontrollierbarkeit" in deutlich unterschiedlicher Ausprägung repräsentieren. Zwei Dimensionen scheinen in diesem Zusammenhang interessant und in ihrer Ausprägung und Kombination auch leicht definierbar:

a) die dramaturgische Struktur
b) der Inhalt.

Beide Dimensionen können eher fix (stereotyp) oder eher frei gestaltet sein. Daraus wurden drei Untervariablen gebildet:

Typ 1 (TV1) bedeutet fixe Struktur, fixer Inhalt
Typ 2 (TV2) bedeutet fixe Struktur, freier Inhalt
Typ 3 (TV3) bedeutet freie Struktur, freier Inhalt

Ein Typ 4 mit den Merkmalen freie Struktur und fixer Inhalt wäre zwar denkbar – z.B. eine vorgegebene Handlung oder Story, die in mehreren Sendungen verschieden gestaltet abgehandelt wird –, kommt jedoch in der Praxis im Medium Fernsehen kaum vor und wurde deshalb nicht einbezogen.

Über jede dieser drei Variablen wurde bei jeder VP der Prozentanteil festgestellt nach der Formel:

$$\frac{\text{Gesehene Sendungen des jeweiligen Typs}}{\text{Gesehene Sendungen gesamt}} = \text{x } 100$$

In Vorversuchen zeigte sich, daß diese Kategorien sehr leicht nachvollzogen werden können und in unabhängigen Ratings zu sehr ähnlichen Gruppierungen führen.

- Zur Kategorie „Struktur und Inhalt fix" (TV1) wurden unter anderem Sendungen gezählt wie: Bonanza, der Alte, Colombo, Show- und Quizserien (z.B. Dalli-Dalli, Beruferaten usw.), Musikantenstadl, Dallas, Dynasty; Sendungen, die in Struktur und Inhalt stark Klischees folgen.
- Zur Kategorie „Struktur fix und Inhalt frei" (TV2) zählen u.a. klassische Krimis, gehobene Western; aber auch Informationsperiodika wie ZIB1 und ZIB2 (Nachrichtensendungen des ORF), Österreichbild usw.
- Zur Kategorie „Struktur und Inhalt frei" wurden u.a. gezählt: Kunst-, Avantgarde-, Problemfilme; politische Magazine, Dokumentationen; (moderne) Theaterstücke (keine Klischeekomödien).

Die Vorhersehbarkeit der Struktur und Inhalte (Stereotypen, Klischees) und damit die Vermeidung von Kontrollverlust nimmt von Typ 1 über Typ 2 zu Typ 3 ab. Zusätzlich wurden noch Variablen wie Anspruchsniveau; Freizeitinteressen; subjektive Einschätzung der Wichtigkeit von Informationen; Arbeitszufriedenheit erhoben, die in dieser Publikation jedoch nicht näher besprochen werden.

Versuchspersonen

Die Untersuchung wurde an 128 Vpn durchgeführt, die hinsichtlich der nachfolgend angeführten Merkmale gekennzeichnet sind:

Geschlecht – männlich
Branche – Metallverarbeitende Berufe
Schicht – Tagschicht (vormittag)
körperliche Belastung – keine reine Schwerarbeit
Wohnort – Wien

Die Untersuchung fand in vier metallverarbeitenden Betrieben in Wien statt. Frauen wurden in diese Untersuchung nicht einbezogen, weil die Doppelbelastung Beruf – Haushalt als Störvariable angesehen werden muß.

Versuchsauswertung

Die Versuchspersonen wurden nach einem dreidimensionalen Schema eingeteilt (8 Versuchsgruppen zu je 16 Personen). Die 8 Gruppen entstehen aus der Kombination der drei unabhängigen Variablen. „Kontrolle am Arbeitsplatz", „Dauer der Betriebszugehörigkeit" und „Qualifikation".

Die acht Versuchsgruppen:

1. Hohe Kontrolle, Hilfsarbeiter, (AP+, HA, BZ+)
   lange Betriebszugehörigkeit

2. Hohe Kontrolle, Hilfsarbeiter, (AP+, HA, BZ-)
   kurze Betriebszugehörigkeit

3. Hohe Kontrolle, Facharbeiter, (AP+, FA, BZ+)
   lange Betriebszugehörigkeit

4. Hohe Kontrolle, Facharbeiter, (AP+, FA, BZ-)
   kurze Betriebszugehörigkeit

5. Geringe Kontrolle, Hilfsarbeiter, (AP-, HA, BZ+)
   lange Betriebszugehörigkeit

6. Geringe Kontrolle, Hilfsarbeiter, (AP-, HA, BZ-)
   kurze Betriebszugehörigkeit

7. Geringe Kontrolle, Facharbeiter, (AP-, FA, BZ+)
   lange Betriebszugehörigkeit

8. Geringe Kontrolle, Facharbeiter, (AP-, FA, BZ-)
   kurze Betriebszugehörigkeit

Dieses Design ermöglicht es, verschiedene Versuchsgruppen zusammenzufassen und dadurch zwei oder nur eine Variable herauszuholen und ihre Wirkung zu beobachten.

In den Auswertungsvarianten A, B und C wird eine einfache Varianzanalyse mit Duncan-Test gerechnet, in den Varianten D, E und F ein T-Test. Die Daten wurden auf Normalverteilung über prüft. Zur Auswertung wurde das SPSS-Programmpaket von Beutel und Schubö in der Version 9 verwendet.

4.1 Ergebnisse

Betrachtet man alle acht Versuchsgruppen, kommt man zu folgenden Ergebnissen:

Quantitativer Fernsehkonsum
- Es gibt keinen signifikanten Unterschied in der Gesamtfernsehdauer zwischen den Gruppen!

Qualitativer Fernsehkonsum
- Die Gruppe der Hilfsarbeiter mit geringer Kontrolle und kurzer Betriebszugehörigkeit sieht signifikant mehr Sendungen vom Typ 1 (Struktur und Inhalt fix) als alle vier Gruppen mit hoher Kontrolle (siehe Tabelle 3).

Tabelle 3

		Mit (x) bezeichnete Paare sind auf dem 0.05 Niveau signifikant unterschiedlich							
		A	A	A	A	A	A	A	A
		+	+	+	+	–	–	–	–
		H	F	H	F	H	F	F	H
		B	B	B	B	B	B	B	B
		Z	Z	Z	Z	Z	Z	Z	Z
MEAN	GROUP	+	–	–	+	+	–	+	–
29.3303	A+, H, BZ+								
30.0136	A+, F, BZ–								
31.0562	A+, H. BZ–								
32.4835	A+, F, BZ+								
36.3929	A–, H. BZ+								
40.6626	A–, F, BZ–								
41.2672	A–, F, BZ+								
46.8634	A–, H. BZ–	x	x	x	x				

Bemerkenswert ist die deutliche Trennung zwischen Gruppen mit hoher und geringer Kontrolle am Arbeitsplatz!

- Bei den Sendungen vom Typ 2 und Typ 3 gibt es keine signifikanten Unterschiede zwischen den Gruppen.

Variante A: Die Variable Qualifikation wird vernachlässigt. Die Gruppen werden nur nach „Kontrolle am Arbeitsplatz" (AP+,–) und „Betriebszugehörigkeit" (lang, kurz) getrennt. Pro Gruppe 32 Vpn.

Quantität des Fernsehkonsums: Es zeigen sich keine signifikanten Unterschiede zwischen den vier Gruppen bezüglich der Fernsehdauer.

Qualität des Fernsehkonsums: Die Gruppe mit geringer Kontrolle am Arbeitsplatz (kurz im Betrieb) sieht signifikant mehr Sendungen vom

Typ 1 als die beiden Gruppen mit hoher Kontrolle am Arbeitsplatz (siehe Tabelle 4).

Tabelle 4

		AP+ KURZ	AP+ LANG	AP- LANG	AP- KURZ
MEAN	GROUP				
30.5507	AP+, KURZ				
30.9578	AP+, LANG				
38.9087	AP-, LANG				
43.3201	AP-, KURZ	x	x		

Struktur und Inhalt fix %
Vierfelder nach AP und BZ

Wieder ist zu sehen, daß der Faktor Kontrolle die Gruppen deutlich trennt. Die Gruppe mit hoher Kontrolle am Arbeitsplatz (lange im Betrieb) sieht signifikant mehr Sendungen vom Typ 2 als die beiden Gruppen mit geringer Kontrolle am Arbeitsplatz (siehe Tabelle 5).

Tabelle 5

		AP- KURZ	AP- LANG	AP+ KURZ	AP+ LANG
MEAN	GROUP				
45.8646	AP-,KURZ				
47.3220	AP-,LANG				
54.8574	AP+,KURZ				
58.3693	AP+,LANG	x	x		

Struktur fix, Inhalt frei %
Vierfelder nach AP und BZ

Bei Sendungen vom Typ 3 gibt es keine signifikanten Unterschiede zwischen den Gruppen.

Variante B: In dieser Variante werden nur die Variablen Qualifikation und Kontrolle am Arbeitsplatz beobachtet.

Quantität des Fernsehkonsums: Kein signifikanter Unterschied zwischen den Gruppen.

Qualität des Fernsehkonsums: Hilfsarbeiter und Facharbeiter mit geringer Kontrolle am Arbeitsplatz sehen signifikant mehr Sendungen vom Typ 1 als Hilfsarbeiter und Facharbeiter mit hoher Kontrolle (siehe Tabelle 6).

Tabelle 6

	Struktur und Inhalt fix % Vierfelder nach QUAL und AP				
		H A A P +	F A A P +	F A A P −	H A A P −
MEAN	GROUP				
30.2472	HA,AP+				
31.2486	FA, AP+				
40.9649	FA, AP−		x	x	
41.0465	HA,AP−		x	x	

Hilfsarbeiter mit hoher Kontrolle am Arbeitsplatz sehen signifikant mehr Sendungen vom Typ 2 als Hilfsarbeiter und Facharbeiter mit geringer Kontrolle (siehe Tabelle 7).

Tabelle 7

	Struktur fix Inhalt frei % Vierfelder nach QUAL und AP				
		H A A P −	F A A P −	F A A P +	H A A P +
MEAN	GROUP				
45.4670	HA,AP−				
47.6119	FA, AP−				
55.5321	FA, AP+				
57.5849	HA,AP+		x	x	

- Bei Sendungen vom Typ 3 gibt es keine signifikanten Unterschiede zwischen den Gruppen.

Variante C: Der Faktor „Kontrolle am Arbeitsplatz" wird vernachlässigt. Die Gruppen werden nur hinsichtlich „Qualifikation" und „Dauer der Betriebszugehörigkeit" getrennt.

- Es gibt keine signifikanten Unterschiede zwischen den Gruppen hinsichtlich Qualität und Quantität des Fernsehkonsums.

Variante D: Die Vpn werden nur hinsichtlich der Variable „Kontrolle am Arbeitsplatz" (AP+,-) getrennt (64 Vpn pro Gruppe). Der Einfluß dieser Variable wurde mit T-Tests überprüft.

- Es gibt keinen Unterschied in der Variable Fernsehdauer.
- Arbeiter mit geringer Kontrolle sehen mehr Sendungen vom Typ 1 (fix, fix) als Arbeiter mit hoher Kontrolle ($p < 0.01$).
- Arbeiter mit geringer Kontrolle sehen weniger Sendungen vom Typ 2 (fix, fix) als Arbeiter mit hoher Kontrolle ($p < 0.01$).
- Es gibt keinen Unterschied bei Sendungen vom Typ 3 (frei, frei). Zusätzlich interessant ist:
- Arbeiter mit hoher Kontrolle halten Informationen für wichtiger als Arbeiter mit geringer Kontrolle ($p \leq 0.02$).
- Nach der ABB-KUNIN-Skala sind Arbeiter mit hoher Kontrolle mit den Arbeitsbedingungen zufriedener als Arbeiter an Arbeitsplätzen mit geringer Kontrolle ($p \leq 0.02$).

Variante E: Die Vpn werden nur hinsichtlich der Variable Qualifikation (FA, HA) getrennt.

- Es gibt keine signifikanten Unterschiede hinsichtlich Quantität und Qualität des Fernsehkonsums.
- Die mittels Fragebogen von Rotter (in der Übersetzung von Mikula) miterhobene Dimension interne/externe Kontrollüberzeugung (Locus of Control, LOC) führte erstaunlicherweise in keinem Fall zu signifikanten Zusammenhängen. Besonders bemerkenswert ist, daß es keinen Zusammenhang zwischen der operationalisierten „Kontrolle am Arbeitsplatz" und der erhobenen generalisierten Kontrollüberzeugung der Arbeiter gibt. Darauf wird in der Interpretation noch zurückzukommen sein.

4.2 Zusammenfassende Diskussion

Betrachtete man die Ergebnisse vom „traditionellen" Gesichtspunkt der Medienforschung aus, würde sich kein signifikanter Zusammenhang zeigen. Die von ihrer Qualifikation her besser Ausgebildeten (FA) sehen nicht weniger fern als die weniger gut Ausgebildeten (HA), und sie konsumieren auch keine prinzipiell anderen Programminhalte. Auch die Länge der Betriebszugehörigkeit liefert hier keine zusätzliche Information. Mittelbar gibt dieses Ergebnis auch darüber Aufschluß, daß der Faktor Intelligenz – wie Wilensky (1986) zeigte – nicht die dominierende Rolle bei der Programmwahl spielt.

Erst wenn man den Faktor „Kontrolle am Arbeitsplatz" heranzieht, kann man einen signifikanten Zusammenhang mit strukturellen Aspekten der Programmwahl aufzeigen. Definiert man sowohl inhaltliche wie formale Strukturen der Sendungen hinsichtlich ihrer stereotypen Verlaufsformen (und damit hinsichtlich ihrer Vorhersagbarkeit), zeigt alleine der Faktor „Kontrolle" eine signifikante Bedeutung.

Die Ergebnisse folgen der These, daß Arbeiter, die einen Arbeitsplatz innehaben, der wenig anregend ist und wenig autonomes Handeln ermöglicht (Kontrollverlust), dazu neigen, Sendungen zu bevorzugen, die hinsichtlich dramaturgischer Struktur und Inhalt eher klischeehaft und stereotyp sind. Wenn man eine erhebliche Zeit des Tages Kontrollverlust erlebt, wirkt sich diese Arbeitsplatzerfahrung auf die Persönlichkeit aus. Es ist anzunehmen, daß derartige Personen (so sie noch nicht im Seligmanschen Sinne vollkommen hilflos geworden sind) verstärkt nach Verhaltens- und Erlebensalternativen suchen, die eine Kompensation des Kontrollverlusts, also Vorhersagbarkeit und Kontrollierbarkeit erlauben.

Die Richtung der Kausalität ergibt sich mit einer gewissen Wahrscheinlichkeit einerseits aus der „Untersuchung Nr. 1", andererseits aus der Vermutung, daß eher die Arbeitsplatzerfahrung zu einem bestimmten Medienkonsumverhalten führt, als daß der Konsum bestimmter Fernsehsendungen auf längere Sicht die Art des Arbeitsplatzes determiniert.

Der Mangel an Übereinstimmung von „Locus of Control"-Daten und der operationalisierten Variable „Kontrolle am Arbeitsplatz" mag an der Inkonsistenz des verwendeten Rotterschen Fragebogens liegen. So kann Collins (1982) vier voneinander unterscheidbare und relativ orthogonale Subskalen klar nachweisen. Ein Beantworter kann demnach auf dem IEC-Fragebogen von Rotter einen externen Wert erzielen, weil er glaubt, daß

(a) die Welt schwierig ist; (b) die Welt ungerecht ist; (c) die Welt durch Zufall gesteuert wird oder (d) die Welt politisch unbeeinflußbar ist.

Zusätzlich haftet Fragebogenverfahren das Problem der Durchschaubarkeit und sozialen Erwünschtheit an. Man kann vermuten, daß das oben erwähnte „good guy – bad guy"-Syndrom, das Rotter zitiert hat, nicht nur Psychologen beeinflußt, sondern auch Probanden, die den Fragebogen ausfüllen. Danach wäre es wahrscheinlich, daß es – unabhängig von der eigenen Kontrollüberzeugung – eine Tendenz gibt, im sozial „erwünschten" Sinn intern zu attribuieren.

Was das Gesamtergebnis der Untersuchung betrifft, kommen Krampen, Viebig und Walter (1981) in einer in Deutschland durchgeführten Erkundungsstudie zu Daten, die sich sehr sinnvoll in unsere Ergebnisse integrieren lassen. Allerdings handelt es sich hier auch wieder um die Darstellung korrelativer Beziehungen, was die kausale Interpretation unmöglich macht. Ein Mangel, der von den Autoren selbst deutlich herausgestrichen wird.

Als Persönlichkeitsvariablen gingen drei Aspekte von Kontrollüberzeugungen (IPC-Fragebogen), Konservativismus, Machiavellismus, Rigidität, Angst u.a. in die Untersuchung ein. Diese Variablen wurden in Beziehung gesetzt zum Fernsehkonsumverhalten der 192 Probanden und einer kanonischen Korrelationsanalyse unterzogen. Einer der vier signifikanten kanonischen Faktoren ist durch die beiden Externalitätsskalen (durch subjektive Machtlosigkeit und durch Fatalismus bedingte Externalität) und durch Fernsehsendungen wie „Straßen von San Francisco", „Derrick", „Aktenzeichen XY ungelöst", „Die Sprechstunde", „ARD-Ratgeber Gesundheit", „Einer wird gewinnen (EWG)", „Der große Preis", „Alles oder Nichts" und „Ohnsorg-Theater" markiert. Externalität und der Konsum von Kriminalfilmen, Unterhaltungs- und Ratgebersendungen (in unserer Arbeit Sendungen der Kategorie „Struktur und Inhalt fix") steht demnach miteinander in Beziehung.

Ein weiterer kanonischer Faktor betrifft den Zusammenhang zwischen der Internalitätsskala des IPC-Fragebogens und Sendungen wie „ZDF-Magazin", „Heute" und „Tagesschau" (in unserer Codierung Sendungen der Kategorie „Struktur fix, Inhalt frei"). Diese Ergebnisse verweisen – nach Krampen, Viebig und Walter – darauf, daß internal orientierte Personen das Medium Fernsehen vor allem zu Informationszwecken verwenden, wogegen external orientierte Personen Information eher meiden und Kriminal- und Unterhaltungssendungen bevorzugen. Eine Erklärung, warum das so ist, wird uns nicht angeboten; statt dessen wird auf durchzuführende Longitudinalstudien verwiesen, wobei eingestanden wird, daß jene recht schwer zu realisieren sind, da Medienkonsumverhalten nur in Grenzen manipuliert und kontrolliert werden kann. Kehren wir daher zu unseren eigenen Bemühungen zurück, Aufschluß über die Zusammenhänge zu bekommen. In Verbindung mit der inhaltlichen und formalen Struktur der Fernsehsendungen sind einige Male die Begriffe „stereotyp" und „klischeehaft" gefallen. Es scheint an der Zeit, diese Termini aus psychologischer Sicht zu betrachten und einen Definitionsversuch zu beginnen.

5. Stereotyp

Die Bemühung, eine scharfe Abgrenzung von Vorurteil, Stereotyp und Klischee zu entwickeln, stößt auf erhebliche Schwierigkeiten und führt in Soziologie, Sozialphilosophie und Psychologie zu höchst unterschiedlichen Ergebnissen. Als erster hat Lippmann (1922) den aus der Buchdruckersprache stammenden terminus technicus für die Sozialwissenschaften übernommen und definiert. Was er unter Stereotypen versteht, läßt schon der Titel des Anfangskapitels seines Buches vermuten, der lautet: „The world outside and the pictures in our head". Es geht offensichtlich um die Diskrepanz zwischen den inneren Bildern, die wir uns von der Welt machen, und der realen Welt außerhalb.

Stereotype bilden ein begrenztes, unvollständiges Bild der Welt, ein Bild einer möglichen Umwelt, das Überschaubarkeit garantiert bzw. Orientierungspunkte liefert. Katz und Braly (1933) haben als erste Stereotypen dem Einstellungsbegriff untergeordnet und versucht, eine Unterscheidung zwischen Vorurteil und Stereotyp vorzunehmen. Aus ihrer Sicht beschreiben Stereotype den kognitiven, Vorurteile den affektiven Teil von Einstellungen fremden Gruppen gegenüber. Wie man später meinte, hätten sie damit erst zur oftmaligen Gleichsetzung dieser Begriffe beigetragen, wobei auch die Fixierung auf soziale Gruppierungen eine Einschränkung des Begriffes darstellt.

In der modernen Sozialpsychologie findet der Stereotypenbegriff hauptsächlich im Rahmen von kognitiven Theorien der sozialen Wahrnehmung und Urteilsbildung Verwendung. Die Grundfassung zu derartigen Gedankengängen ist schon bei Lippmann zu finden, erfuhr jedoch eine Einschränkung auf den Gruppenaspekt und Individualaspekt von Stereotypen. Der Gruppenaspekt betrifft den Grad der Übereinstimmung bei der Beurteilung der Eigenschaften von Rassen, Nationen, Minoritäten. Die Beobachtung des Individualaspektes führte einerseits zu dem Versuch, eine Neigung zur Stereotypenbildung aus Persönlichkeitsmerkmalen herzuleiten, andererseits zu der Tendenz, Stereotype als Ergebnisse defizitärer psychischer Prozesse anzusehen. So wurden Stereotype von der Psychologie als Antwort auf eigene psychische Konflikte verstanden (Sarnoff, 1960) oder explizit in die Nähe krankhafter Zustände gerückt (Mitscherlich, 1962). Damit wurde der Stereotypenbegriff in immer stärkerem Maße in Richtung Fehlanpassung gedrängt, obwohl er ursprünglich von Lippmann als normale Ordnungs- und Kategorisierungstendenz gemeint war.

5.1 Psychologische Ansätze

Theorien, die Stereotype vornehmlich als Orientierungssysteme sehen, beziehen sich auf ihre Funktion, die differenzierte und mehrdeutige Realität überschaubar zu machen, und zwar durch die Bereitstellung vereinfachender Entscheidungskategorien. Derartige Gesichtspunkte sind hinsichtlich der Selektivität der Wahrnehmung oder Reizverarbeitung in der „Hypothesentheorie der sozialen Wahrnehmung" (Allport, 1955; Lilli, 1978) angesprochen. Aber auch in Akzentuierungstheorien (Lilli, 1975) und Modellen der Eindrucksbildung und Informationsverarbeitung (Abelson, 1968; Wyer, 1974).

Sieht man Stereotype als Anpassungssysteme, wird ihr Beitrag zur Festigung von sozialen Konfigurationen in den Vordergrund gestellt. Die „Bilder in unserem Kopf" beziehen sich nicht nur auf Sachverhalte, sondern sind auch abhängig von Kultur, Gesellschaft und sozialer Gruppierung, in die das Individuum eingebettet ist. Durch eine gewisse Übereinstimmung tragen sie damit zur Kategorie einer Gruppe bei und reduzieren Konflikte und Spannungen. Dieses „Bezugsgruppenkonzept" erklärt Phänomene der Abgrenzung zu Fremdgruppen, der Änderung von Stereotypen beim Wechsel der Bezugsgruppe und macht verständlich, daß Personen Stereotype deswegen entwickeln, weil es ihnen die Anpassung an die Gruppe erleichtert (Le Vine und Campell, 1972).

Stereotype stabilisieren aber auch den Bezug zum eigenen Selbst. So garantieren sie die Selbstverankerung beim Auftreten erwartungsdiskrepanter Ereignisse und führen damit zu Dissonanzreduktion (Festinger, 1957; Irle, 1973). Für zentrale Stereotype, die für die Aufrechterhaltung des Selbstbildes von wesentlicher Bedeutung sind, kann man beim Auftreten von diskrepanten Ereignissen mit Bumerang- oder Reaktanzeffekten rechnen, die nicht nur die Beibehaltung, sondern sogar eine Verstärkung des Stereotyps bewirken können.

5.2 Stereotyp versus Vorurteil

Während das Vorurteil eindeutig eine negativ charakterisierte Kategorie der Einstellung darstellt, ist diese Bewertung beim Stereotyp – wie beschrieben – umstritten. In älteren Arbeiten über das Vorurteil wurden meist seine affektiven Komponenten als negative Bewertungen und seine Verhaltenskomponenten als Diskriminierungen in den Vordergrund gestellt. In moderneren Ansätzen zeigt sich – ähnlich wie beim Stereotypbegriff – eine stärkere Tendenz zu kognitionstheoretischen Perspektiven (Hamilton, 1979). Eine gute Zusammenfassung bezüglich der Ergebnisse der Vorurteilsforschung liefert Ulrike Six (1982). Vorurteile können demnach durch spezifische Prozesse der kognitiven Informationsverarbeitung erklärt werden:

a) die vereinfachende Kategorisierung (das Einordnen von Personen in ein Schubladensystem, z.B. hinsichtlich ihres Berufes, der ethnischen Zugehörigkeit oder des Geschlechts).
b) die an sozialen Normen orientierte Bewertung, die meist zu einer negativen Bewertung der Fremdgruppen (z.B. sozial schwächere Minoritäten) führt, wobei dadurch die Kognitions- und Verhaltensmuster in der Beziehung zwischen den Gruppen gesteuert werden.
c) die Übergeneralisierung (von einem Merkmal eines Individuums oder einer Situation auf alle anderen Objekte oder Situationen) und die Überakzentuierung (Betonung der angenommenen Homogenität innerhalb einer Kategorie).

Vorurteile setzen „Selbstbestätigungsprozesse" (self-fullfilling prophecies) in Gang, da sie durch kognitive Prozesse gesteuert werden, dabei aber ihrerseits wieder kognitive Prozesse initiieren (z.B. selektive Wahrnehmung, Umdeutung). Vorurteile können aber auch zur „Etikettierung" führen, die die Objekte veranlaßt, sich den – ihnen zugeschriebenen – Vorurteilen gemäß zu verhalten. Im Gegensatz zu Einstellungen werden Vorurteile stärker durch indirekte als durch direkte Erfahrung mit Umweltobjekten erworben, und sind selbst bei Vorliegen widersprechender

Information stark änderungsresistent. Die besondere Änderungsresistenz liegt in ihrer starken Orientierung an sozialen Normen, wodurch sie ständige Bekräftigung durch Personen der Eigengruppe erfahren. Bestimmte aufrechterhaltende Faktoren sind für Vorurteile typisch und reichen über die Funktionen, die für die Einstellungsbildung wesentlich sind, hinaus.

a) Die Abgrenzung gegenüber Fremdgruppen sowie die Aufwertung der eigenen Gruppe und Abwertung bestimmter fremder Gruppen dient der Stärkung von *Solidarität und Gleichgewicht* in der Eigengruppe. Zusätzlich werden dadurch bestehende Machtverhältnisse zementiert.
b) Vorurteile reduzieren Angst und Unsicherheit. Sie bewahren vor Selbstkritik und rechtfertigen Diskriminierung und Aggression.

Betrachtet man diese Definitionen bzw. Beschreibungen, dann zeigen sich viele Gemeinsamkeiten von Vorurteil und Stereotyp. Vielleicht kann man postulieren, daß beiden ähnliche Entstehungsursachen zugrunde liegen, das Vorurteil jedoch eine Weiterentwicklung des Stereotyps ist. Aus einem Stereotyp kann demnach unter bestimmten Umständen ein Vorurteil werden.

5.3 Die Theorie der Reizklassifikation

Für die Entstehung des Stereotyps nimmt Lilli (1979) die für die Akzentuierung von Sachverhalten wesentlichen Größen *Reizdifferenzierung* und *Reizklassifizierung* als bestimmend an.

„Um ein Reaktionspotential zu schaffen, das bei Wiederholung der gleichen (oder vermeintlich gleichen) Reizkonstellationen lediglich abgerufen werden muß, kommt es darauf an, die fraglichen Sachverhalte unverwechselbar zu kodieren, um Fehlanpassungen zu vermeiden. Dies geschieht durch die Überbetonung der Abstände zwischen den zu vergleichenden Sachverhalten auf der relevanten Urteilsdimension, um damit die Einspeicherung ins Gedächtnis zu erleichtern. Man kann dies als die Tendenz bezeichnen, Umwelttransparenz durch *Reizdifferenzierung* zu erreichen" (Lilli, 1979; S. 14).

Gerade durch das Anwachsen der Informationsmenge, die in der heutigen Zeit durch Massenmedien an den einzelnen herangetragen wird, scheint eine Differenzierung der einzelnen Sachverhalte nicht mehr möglich.

„Wenn die Zahl der zu bewältigenden Sachverhalte zu groß wird oder die Komplexität der Umwelt einer Transparenz im Wege steht, dann müssen komplexitätsreduzierende Orientierungskriterien ('labels') entwickelt werden, um überschaubare und damit auch im Gedächtnis speicherbare Kategorien zu schaffen. Man kann dies als die Tendenz bezeichnen, Umwelttransparenz durch *Reizklassifizierung* zu erreichen" (Lilli, 1979).

Aus diesem Ansatz leitet sich die Theorie der Reizklassifikation ab, aufgrund welcher Erklärungen für Urteilsverzerrungen entwickelt wurden. Urteile über einzelne Sachverhalte können demnach bei der Anwendung von Klassifikationen als Urteilskriterien auf zweifache Weise verzerrt werden:

1) Durch Generalisierung. Sachverhalte, die das gleiche Orientierungsmerkmal erhalten, rücken näher zusammen. Sie werden untereinander ähnlicher gesehen, als sie es sind.
2) Durch Dichotomisierung. Sachverhalte, die verschiedene Orientierungsmerkmale erhalten, rücken auseinander. Sie werden unterschiedlicher gesehen als sie es sind.

5.4 Aufdeckende versus verdeckende Stereotype

Es ist offensichtlich nicht möglich, die Grenze zwischen Vorurteil und Stereotyp exakt zu definieren, da sich das Vorurteil als Einstellungsgröße über Zeichen, Stereotypen, äußert. Andererseits stellen Stereotype Wahrnehmungsvereinfachungen dar, Substitutionen für Komplexitäten, die sonst nicht zügig kommuniziert werden könnten. Aus diesem Blickwinkel müssen Stereotypen nicht zwingend zu Vorurteilen entarten. Man könnte sich vorstellen, daß es Kategorien von „aufdeckenden" Stereotypen gibt. Ein bisher verborgenes Orientierungsmerkmal wird für verschiedene Sachverhalte als verbindend aufgedeckt (Generalisierung), oder die verdeckte Verschiedenartigkeit von Sachverhalten wird betont (Dichotomisierung). Das Gegenteil wären „verdeckende" Stereotypen. Unterschiede werden verwässert, Generalisierungen vordergründig an Gemeinsamkeiten aufgehängt. Damit geraten wir aber direkt zu erkenntnistheoretischen Fragen und der aufklärerischen Forderung, mit Hilfe der Vernunft Licht ins Dunkel der Vorurteile zu bringen.

5.5 Stereotype als Wissensersatz und unterschobene Objektivierung

Versteht man „Wissen" als reflektierte, geprüfte „Sicherheit", so bietet es sich an, „Stereotype als Wissensersatz im Weltbild des Individuums (zu) betrachten" (Hofstätter, 1957; S. 101). Einen interessanten Gedanken steuern Schütz und Luckmann zur Debatte bei. Sie sehen die Stereotypisierung als einen Vorgang des „Unterschiebens von Objektivierungen" zusätzlich zur Funktion der Vereinfachung und Typisierung. Eine Begleiterscheinung der Typisierung ist die Anonymisierung, die durch die Ferne, die Vermitteltheit bedingt ist. „Die wichtigste Variable ist der Grad der Anonymität. Wir können sagen, daß die Welt der Zeitgenossen nach Stufen der Anonymität gegliedert ist. Je anonymer der Typus, vermittels dessen ein Zeitgenosse erfahren wird, um so stärker ist der Sinnzusammenhang, der dem anderen unterschoben wird, objektiviert" (Schütz und Luckmann, 1975; zit. nach Handl, 1984; S. 28). Ein Ansatz, der besonders in Zusammenhang mit der Informationsübermittlung durch Massenmedien bedeutsam erscheint. Im Gegensatz zur unmittelbaren Erfahrung liefern Massenmedien nur eine mittelbare Erfahrung der Sozialwelt, wobei das Medium Fernsehen besonders glaubhaft wirkt, durch seine audiovisuelle Repräsentanz der Wirklichkeit. Dem Zuseher wird die Illusion vermittelt, ein Stück Realität aufgenommen zu haben (dies trifft auf Nachrichten ebenso wie auf fiktionale Serien zu). „Die Abstufung der Unmittelbarkeit könnte man auch anders verdeutlichen, indem man zum Beispiel typische Formen der Verständigung beschriebe, von dem Gespräch in einer Begegnung über ein Telefongespräch, zum Briefwechsel, zu Nachrichten, die über Dritte vermittelt werden usw. In allen diesen Fällen läßt sich eine Abnahme der Symptomfülle nachweisen, durch die mir das Bewußtseinsleben der anderen zugänglich ist" (Schütz und Luckmann, 1975; ebd., S. 28). Die „Abnahme der Symptomfülle" geht mit dem Prozeß der Typifizierung einher. Vielleicht schlummert hier – in Zusammenhang mit den Massenmedien gesehen – die schleichende Gefahr der Stereotypen. In dem Maße, in dem die Unmittelbarkeit der Erfahrung abnimmt, steigt die Anonymität des Typus, die den Prozeß des „Unterschiebens von Objektivierungen" verstärkt. *Das Stereotyp wird zur wahren, zur einzigen Wirklichkeit.*

Die Bedeutung des Stereotyps für die Erkenntnisgewinnung des Rezipienten beschreibt Dröge (1967) als „erkenntnisökonomische Abwehreinrichtung gegen die notwendigen Aufwendungen einer umfassenden Detailerfahrung" und subsumiert dies unter dem Gesetz des geringsten

Widerstandes „und die Minimalisierung von Erkenntnistätigkeit" (S. 134). Er weist auch auf einen weiteren Aspekt hin, der für die Funktion des Stereotyps von Bedeutung ist. „Die Stereotypen formalisieren sich zu ihren eigenen Auslösern" (S. 147). Das Stereotyp erfüllt demnach auch die Aufgabe, sein eigenes Chiffre zu sein, das zur Auslösung der entsprechenden stereotypen Empfindung und Reaktion des Rezipienten dient. „Der Formalisierungsprozeß erhöht die Erfüllbarkeit der Erwartung und die Vorhersagbarkeit durch die Stabilisierung des Kommunikationsaktes".

Hiermit hat sich der Kreis geschlossen, und wir sind letztlich zu der uns interessierenden Funktion des Stereotyps zurückgekehrt, die *Vorhersagbarkeit* von Reaktionen, sozialen Situationen und Geschehensabläufen zu erleichtern. Am Beispiel des kommerziellen amerikanischen Mediensystems, das ja immer wieder bezichtigt wird, besonders stark mit Stereotypen zu agieren, wird der Wirkungsansatz weiterdiskutiert. Besonders eingegangen wird auf die Thesen Postmans. Es soll gezeigt werden, daß – aus der Beschreibung gut beobachteter gesellschaftlicher Phänomene – falsche und zu kurz gegriffene Schlußfolgerungen gezogen werden. In Anlehnung an die bisherigen Ausführungen wird ein komplexeres Erklärungsmodell entwickelt.

6. Das Fernsehen in den Vereinigten Staaten

Nach einer anfänglichen Euphorie dem Kommunikationsmedium Fernsehen gegenüber (die sich z.B. im Ausspruch des Kommunikationstheoretikers Marshal McLuhans äußerte, der da sinngemäß lautete: „Das Fernsehen macht die Welt zum globalen Dorf"; soll heißen wir rücken alle näher zusammen), häuften sich in den letzten Jahren die kulturpessimistischen Äußerungen (wie „Schafft das Fernsehen ab", „Die Droge im Wohnzimmer", „Das Verschwinden der Kindheit", „Wir amüsieren uns zu Tode", usw.). All diese medienkritischen bis fernsehverteufelnden Ansätze haben es gemeinsam, reine Wirkungsansätze zu sein. Das heißt, sie ordnen bestimmte – an Individuen oder der Gesellschaft beobachtete – Veränderung hauptsächlich oder ausschließlich dem Einfluß des Fernsehens zu, wobei der Rezipient als mehr oder weniger willenloser Spielball dieser Einwirkungen definiert wird. Dieser undifferenzierte Wirkungsansatz scheint sich aufzudrängen, weil die Omnipotenz der amerikanischen Kommunikationsindustrie mittlerweile alle gesellschaftlichen Positionen – wie Wirtschaft, Politik, Religion und Kultur – zu durchdringen beginnt und ihnen seinen Stempel aufdrückt. Zusätzlich dazu legen die extrem hohen Einschaltzeiten des durchschnittlichen amerikanischen Erwachsenen, die bei einem Fernsehkonsum von über 4 Stunden/Tag liegen, offenbar eine Betrachtungsweise nahe, die das Schwergewicht auf die Beobachtung der vermuteten Wirkung legt.

6.1 Die Struktur des amerikanischen Fernsehens

In den USA wird der kommerzielle Fernsehprogramm-Markt von den drei großen Networks beherrscht. Die Finanzierung bzw. der ökonomische Erfolg einer kommerziellen Station hängt davon ab, den Anzeigekunden eine möglichst große Hörerschaft zu sichern. bzw. ein Programm anzubieten, das durch seine Attraktivität entsprechende Einschaltquoten verspricht. Die Möglichkeit, einen Runkfunksender zu betreiben, ist an die Erteilung einer Lizenz der FCC (Federal Communication Commission) gebunden, die eine Sendefrequenz vergibt. Die FCC hat ihr Augenmerk darauf gerichtet, vornehmlich Lizenzen für lokal verankerte Sender zu geben, wodurch eine dem jeweiligen Gebiet angemessene Programmversorgung gesichert werden soll. Die lokalen Runkfunkveranstalter erwiesen sich aber als zu klein, um die oben geschilderten Attraktivitäten zu entwickeln und auf fremdproduzierte Programmteile verzichten zu können. Derartige Programme bieten die Networks an, die Verträge mit bestimmten Stationen haben, deren Sendequalität zumindest so gut ist, daß sie in der Lage sind, ein größeres Publikum anzuziehen. Die drei großen Networks American Broadcasting Company (ABC), Columbic Broadcasting System (CBS) und National Broadcasting Company (NBC) übernehmen damit Aufgaben, die sonst auf den einzelnen Fernsehstationen lasten würden und für sie in der Mehrzahl nicht erfüllbar wären. Diese Aufgaben umfassen (1) die Erarbeitung eines mehrere Stunden pro Tag umfassenden, in einem Zeitschema geordneten Programms; (2) den Verkauf von Werbespots innerhalb dieses Programms (3) die Werbung für die Programme selbst. Das Network ist demnach sowohl Hersteller von eigenproduzierten Programmteilen als auch Ankäufer von Fremdproduktionen.

Als weitere Aufgabe kommt noch die technische Übermittlung und Weitergabe des Programms an die lokalen Sender dazu. Die Werbung für die Programme selbst ist deswegen von Bedeutung, weil die Anzeigenerlöse (der eingeblendete Werbeblock) vom Publikumserfolg (sprich: den Einschaltquoten) abhängen. Die Anwerbung der Anzeigenkunden und die Annahme der Anzeigen gehören ebenfalls zum Aufgabenbereich.

Auf der Grundlage der mit dem Network abgeschlossenen Verträge sind die Stationen verpflichtet, einen Grundstock von etwa zwanzig Stunden Abendprogramm (prime time) monatlich kostenlos zu übernehmen. Für die Übernahme weiterer Programmteile werden die Rundfunkstationen vom Network bezahlt, wobei diese Sendungen noch nicht vollständig mit Werbung belegt sind und von den Stationen eigenständig die freie Werbezeit verkauft werden kann.

Große Produktionsgesellschaften sorgen für die von den Networks angekauften Programmteile. Selbst produziert werden von den Networks hauptsächlich die regelmäßigen Nachrichtensendungen (die als Flaggschiffe der jeweiligen Gesellschaft gelten) und „public affairs"-Sendungen.

Neben den Networks gibt es noch Gesellschaften, die sich mit Programmvermittlung an die unabhängigen Stationen beschäftigen, die sogenannten „Syndicators".

Die ökonomische Grundlage des Systems beruht auf dem Verkauf von Werbezeiten an bestimmten Programmplätzen. Im Network-Fernsehen werden bis zu 16 Minuten pro Stunde – in sieben Unterbrechungen – Werbesendungen ausgestrahlt. Die Fernsehzuschauer selbst zahlen – außer für den Kabelrundfunkanschluß – keinerlei Gebühren. Neben der geschalteten Werbung können auch ganze Sendeblöcke „gekauft" werden, in denen dann ein Programm gesendet wird, das der Käufer bestimmt.

Die aufzuwendende Summe für den Kauf von Sendezeit hängt direkt von der Einschaltquote der Sendung ab, die mit Werbung „gespickt" wird; d.h. pro Zuschauer werden von den Werbetreibenden bestimmte Cent-Beträge bezahlt. Die Seherbeteiligung der Programmteile wird regelmäßig erhoben und bestimmt die Werbeeinnahmen. Es ist daher die vordringlichste Aufgabe von Sendungsgestaltern, die Einschaltquote zu erhöhen oder zumindest gleichzuhalten.

Dieser Finanzierungsmodus führt notwendigerweise zu einem Programmangebot, das nahezu ausschließlich auf Massenattraktivität ausgerichtet ist.

6.2 Pay-TV

Eine Möglichkeit der Abkehr von der Werbefinanzierung bietet das sogenannte Pay-TV. Es wird meist über Kabelsysteme verbreitet, und die Benutzer zahlen Anschlußgebühr und eine monatliche Miete. Die Attraktivität des Pay-TV ist bisher sehr hoch und wurde zu einem guten Teil auf das Fehlen von Werbeeinschaltungen zurückgeführt. Ironischerweise entstand diese Situation dadurch, daß die FCC zum Schutz der herkömmlichen Rundfunkveranstalter eine Finanzierung durch Werbung untersagte. Dieses Verbot wird neuerdings stark diskutiert, in der Hoffnung, durch die Aufhebung die Kosten des Pay-TV reduzieren zu können.

6.3 Das öffentliche Rundfunksystem

Nach dem 2. Weltkrieg begann die FCC mit den Bemühungen, Kanäle für Bildungszwecke freizuhalten. Erst in den sechziger Jahren beteiligte sich der Bund an der Finanzierung, die dann 1975 besser abgesichert wurde. Die Träger der Stationen lassen sich in vier Gruppen teilen: 1) Staatliche Behörden und Einrichtungen; 2) Einrichtungen örtlicher Gemeinden (insbesondere des Schulsystems); 3) Universitäten und andere Bildungseinrichtungen; 4) Gemeinnützige private Institutionen.

Die Heterogenität dieser Institutionen ist groß, die Finanzierung bescheiden, die Konkurrenz des kommerziellen TV's übermäßig.

6.4 Das Programm

In vielen Publikationen ist immer wieder die Klage über die Einförmigkeit des amerikanischen Fernsehprogramms angestimmt worden. Die große Zahl der Fernsehstationen führte auf Grund der zentralisierenden Networks nicht zu der Programmvielfalt, die man erhofft hatte. In immer stärkerem Maße wird der Einfluß der Werbung beklagt, die – abgesehen von der brutalen Zerstückelung des Programms – auch Einfluß auf die Dramaturgie nimmt. Ein auf ein Massenpublikum abzielendes Programm wird tunlichst versuchen, den kleinsten gemeinsamen Nenner des Geschmackes und der Unterhaltungswünsche des Publikums aufzufinden. Daraus entsteht eine äußerst simple Welt der Fernsehprogramme, die George Gerbner folgendermaßen beschreibt:

„Im Gegensatz zur Realität, in der die Persönlichkeiten komplex, die Motive unscharf und die Folgewirkungen problematisch sind, bietet das Fernsehen eine klare und simple Welt an. In den meisten Sendungen sind Belohnung oder Strafe die rasche und logische Folge einer Handlung; Krisen werden überwunden, Probleme gelöst, und immer triumphiert die Gerechtigkeit oder zumindest die Autorität. Die Hauptdarsteller in diesen Dramen sind klar umrissen: sie sind pflichtbewußt oder korrupt, selbstlos oder ehrgeizig, tüchtig oder untüchtig. Um möglichst weitgehende Zustimmung (bzw. größtmögliche Rentabilität) zu erzielen, sind die Handlungen an den am meisten akzeptierten Vorstellungen von Moral und Gerechtigkeit ausgerichtet – unabhängig davon, ob diese Vorstellungen der Wirklichkeit entsprechen oder nicht" (Gerbner, 1976b; S. 18).

Schon wieder begegnet es uns, das Klischee bzw. die stereotypen Anschauungs- und Verhaltensmuster. Daß die „geballte" Medienmacht als verderblich angesehen wird, nimmt nicht Wunder. Daß daraus Schlußfolgerungen wie jene von Neil Postman entstehen, erstaunt dennoch.

6.5 Die Thesen von Neil Postman

Der amerikanische Soziologe Neil Postman hat ein amüsantes Buch vorgelegt, dessen kulturpessimistischer Titel lautet „Wir amüsieren uns zu Tode". Postman beschreibt und beklagt in dieser Publikation den Niedergang der amerikanischen Kultur, sei es auf religiösem, wissenschaftlichem oder sozialem Gebiet.

Die Ursache für diesen bedauerlichen Prozeß sieht er einzig und allein im Fernsehen. In durchaus farbiger und origineller Weise stellt er die aktuelle Situation der amerikanischen Medienszene dar, zieht jedoch aus dieser Darstellung Schlüsse, die in dieser Form nicht beweisbar und vermutlich eine grobe Vereinfachung einer komplexen Situation sind. Er begibt sich damit auf das gleiche Niveau, das er dem Fernsehen ankreidet; Inhalte werden nur mehr in amüsanter Verpackung und die Welt extrem vereinfachend dargestellt, weil nur so die Botschaft bis zum Rezipienten vordringt. Diese Entwicklung sei die Schuld des Fernsehens, das aufgrund seiner Dominanz der bildlichen Darstellung nur eines besonders gut könne, nämlich unterhalten. Auf diese Weise habe der unterhaltende Stil in alle Bereiche der amerikanischen Gesellschaft Eingang gefunden und ihre Ernsthaftigkeit zerstört. Deshalb amüsiert sich Amerika zu Tode.

Konzentrieren wir uns nun vorerst auf die Frage, welchen Einfluß die Darstellungsweisen des Fernsehens haben können bzw. welche Ansätze es gibt, diese wissenschaftlich exakt zu untersuchen.

6.5.1 Die formalen Angebotsweisen

Die deutsche Medienforscherin Hertha Sturm hat schon sehr früh auf die Bedeutung der formalen Angebotsweisen des Fernsehens hingewiesen (Sturm, 1975, 1977). Sie hat aber auch immer wieder betont, daß die Wirkung dieser Angebotsweisen nur durch exakte empirische Untersuchungen ausgewiesen werden können, die überdies theoriengestützt sein müssen. Daraus hat sie den „Rezipientenorientierten Medienforschungsansatz" entwickelt, den sie folgendermaßen beschreibt: „der rezipientenorientierte Ansatz könnte formuliert werden als ein Versuch, Medienwirkungen als Veränderungen von personalen Befindlichkeiten zu verstehen (wozu auch soziale Befindlichkeiten gehören mit ihren vorgeschalteten kognitiven und emotionalen Komponenten), wie umgekehrt personale und soziale Befindlichkeiten als Steuerungsgrößen anzusehen sind im Hinblick auf den Umgang mit den Medienangeboten" (Sturm, 1981; S. 140).

Folgt man diesem Ansatz, sieht man – nach Sturm – sehr rasch, daß das eigentlich medienspezifische nicht die vermittelten Inhalte sind, sondern die Art, wie diese Inhalte transportiert werden. „Damit ist der rezipientenorientierte Ansatz sehr direkt verbunden mit einem zweiten, dem Ansatz der formalen medienspezifischen Angebotsweisen" (Sturm, 1975, 1979).

Die Untersuchung dieser formalen Angebotsweisen ist nun *ein* wesentlicher Ansatzpunkt, um Medienwirkung operationalisieren zu können. Wie erwähnt, muß darauf geachtet werden, Aussagen nicht auf der Basis von Vermutungen, sondern untermauert durch theoriengestützte empirische Untersuchungen und Experimente vorzunehmen.

Daß geringfügige formale Unterschiede zu wesentlichen Reaktionsunterschieden bei den Rezipienten führen können, zeigt eine Untersuchung über die Auswirkung von Wort-Bild-Beziehungen auf die emotionalen Reaktionen von neunjährigen Kindern (Sturm, Vitouch, Bauer und Grewe-Partsch, 1982). Schon geringfügige Veränderungen der Text/Bild-Konfiguration führte bei den Kindern zu signifikanten – mit psychophysiologischen Methoden gemessenen – Unterschieden hinsichtlich kognitiver und emotionaler Medienwirkungen.

In einer umfangreichen Arbeit konnte damit nachgewiesen werden, daß formale medienspezifische Angebotsweisen sehr wohl operationalisiert und ihre Wirkungen experimentell überprüft werden können. Ein ähnlicher Nachweis gelang mit einer Nachfolgearbeit, die den Effekt medienvermittelter Pausengestaltungen auf die Lerneffekte von Rezipienten untersuchte (Sturm, Vitouch und Grewe-Partsch, 1986). Auch diese Arbeit untermauert den experimentell empirischen Ansatz zur Überprüfung der formalen medienspezifischen Angebotsweisen. Die Untersuchung des Einflusses filmsprachlicher Darstellungsformen – wie Film-Musik, Schnitte, Zooms, Personen- und Standortwechsel – auf die kognitive Verarbeitung durch den Rezipienten unter Einbeziehung psycholinguistischer Methoden erschließt eine weitere Methode, in diesem Bereich exakte empirische Ergebnisse zu erlangen (Vitouch und Nunez, 1987).

Postman hält sich mit derartigen Vorgangsweisen nicht auf, und verläßt sich eher auf seinen amüsanten Schreibstil, anstatt seine Thesen zu beweisen.

6.5.2 Wie beschreibt Postman die Wirkung des Fernsehens?

Die grundlegende Theorie Postmans bezieht sich auf den Transport von Information durch verschiedene Übermittlungsmedien. Er versucht anhand der Schilderung der amerikanischen „Fernsehkultur" nachzuweisen, daß der öffentliche Diskurs unter der Vorherrschaft des Fernsehens verkümmert und unsinnig geworden ist. Dem entgegen stellt er die Zeit, in der der öffentliche Diskurs unter der Vorherrschaft der Druckpresse stand, was er als Grundlage dafür sieht, daß dieser öffentliche Diskurs „im all gemeinen kohärent, ernsthaft und rational geführt wurde".

In der Folge versucht er, anhand konkreter Beispiele darzustellen, „daß zwischen der Art, wie das Fernsehen mit Wissen umgeht, und der Art, wie der Buchdruck dies tut, eine unversöhnliche Gegnerschaft besteht; daß die Kommunikationsformen des Fernsehens der Inkohärenz und Trivialität Vorschub leisten; daß der Ausdruck 'seriöses Fernsehen' ein Widerspruch in sich ist; und daß das Fernsehen immer im gleichen Tonfall spricht – im Tonfall der Unterhaltung" (Postman, 1985; S. 102).

In der Folge dehnt er diese Behauptung noch aus, und versucht zu zeigen, daß in Amerika eine kulturelle Institution nach der anderen (z.B. Religion, Politik usw.) die Sprache der großen Fernsehkommunikation annimmt, um sich am öffentlichen Leben beteiligen zu können. Die These lautet damit kurzgefaßt: die formalen Darstellungsweisen des Fernsehens erlauben keine seriöse Information, sondern nur Unterhaltung. Nochmals genauer: diese Entwicklung rührt nicht von den Inhalten her, die formalen Möglichkeiten des Fernsehens erlauben es nicht anders.

Also nicht – wie wir eben aufgezeigt haben – eine spezifische ökonomische Struktur (die Finanzierung durch Werbung) oder die Vorlieben des Publikums (deren Wurzeln man ergründen muß) sind mit verantwortlich, nein, das Medium an sich ist die einzige Ursache für diese Entwicklung.

Mit der gleichen Berechtigung hätte man vor dem Fernsehzeitalter zu der Schlußfolgerung kommen können, daß die Erfindung des Buchdruckes – allein aufgrund seiner formalen Strukturen – notwendigerweise zur Dominanz des Trivialromanes und der Boulevardpresse führen mußte.

Eine umfassende Darstellung dieser Problematik liefert Langenbucher in seinem Buch „Der aktuelle Unterhaltungsroman". In differenzierter Weise geht er auf die gesellschaftlichen und kommunikativen Funktionen dieser oft als Trivialliteratur geschmähten Gattung ein und sagt:

„Wenn sie (die Kritik; Anm. d. Verf.) im Verlaufe dieser Arbeit eher gemieden als gesucht wurde, so geschah dies nicht aus kultureller Naivität, sondern in der Überzeugung, daß es zu diesem ganzen Phänomen noch zahlreicher Forschungen vieler Disziplinen bedarf, und daß die üblichen – meist ästhetisch orientierten – Verdammungsurteile an der Sache vorbeigehen. Was ästhetisch gesehen indiskutabel scheint, kann höchst bedeutsame kommunikative Funktionen haben" (Langenbucher, 1974; S. 245).

Postmans Standpunkt hingegen läßt völlig außer acht, auf welchen ökonomischen, sozialen und psychologischen Grundlagen der Erfolg der Trivialsendungen des Fernsehens beruht. Wie wir gesehen haben, bestimmen die Einschaltziffern in direkter Weise die Entscheidung, ob eine Sendung weitergeführt oder eingestellt wird, bzw. welche Inhalte und welche dramaturgischen Mitteln eingesetzt werden.

Man muß demnach mit größerer Folgerichtigkeit vermuten, daß das amerikanische Fernsehen so ist, weil die Mehrzahl der amerikanischen Bürger so sind. In gleicher Weise muß man sich natürlich auch fragen, wie das Fernsehnutzungsverhalten der Rezipienten von den Angebotsformen und Inhalten des Fernsehens beeinflußt wird. Diese Form der Wechselwirkung ist es, der man auf die Spur kommen muß.

Einige Grundlagen zur Erklärung dieser Phänomene wurden in dieser Publikation schon angesprochen. Als Stichworte seien nochmals angeführt: Kontrollverlust, Verlust der Vorhersagbarkeit, Entfremdung, gelernte Hilflosigkeit. Als Symptome dieser Gegebenheiten wurden angeführt: Apathie, mangelnde Motivation, Ängstlichkeit, Lerndefizite und negative Geisteshaltungen. Als mögliche Kompensationsstrategien ergaben sich: Hinwendung zu stereotypen und klischeehaften Inhalten, Vermeidung konflikterzeugender Information.

Betrachten wir nun die Postmansche Analyse der amerikanischen Mediensituation anhand einiger seiner Beispiele, und versuchen wir abzuklären, ob diese Aspekte unserem etwas differenzierteren, interaktiven Erklärungsansatz zuwiderlaufen würden.

6.5.3 Kontextlose Information

In einem treffend formulierten Kapitel untersucht Postman die Entwicklung der amerikanischen Kommunikationsindustrie und greift zu diesem Zweck bis auf die Erfindung des Telegraphen zurück.

Er weist darauf hin, daß diese Erfindung von Samuel Finley Breese Morse nicht den Effekt hatte, den Morse erhoffte, nämlich: „das ganze Land in eine einzige Nachbarschaft zu verwandeln". Mit der Möglichkeit, Nachrichten telegraphisch zu übermitteln, wurde jedenfalls ein wesentlicher Aspekt verändert: Zeit und Raum spielten nicht mehr die gleiche einschränkende Rolle wie bis dahin. Einer, der die Folgewirkung skeptisch betrachtete, war Henry David Thoreau, der in seinem Buch „Walden" schrieb: „Wir beeilen uns sehr, einen magnetischen Telegraphen zwischen Maine und Texas zu konstruieren, aber Maine und Texas haben möglicherweise gar nichts Wichtiges miteinander zu besprechen" (Thoreau, 1971; zit. nach Postman, 1985). Mit dieser Überwindung von Zeit und Raum blieb die alte Definition der Nachricht als zweckbestimmte Information nicht mehr bestehen. Oft genügt es, darauf hinzuweisen, daß die Nachricht neu und aktuell ist, um sie bedeutsam zu machen. In der damaligen Zeit (als der Telegraph zur Nachrichtenübermittlung neu eingesetzt wurde) berichteten die Zeitungen stolz, welche enorme Anzahl von Worten pro Jahr an telegraphischer Information gebracht wurde. Worin die Relevanz dieser Inhalte bestand, war ob dieser neuen Möglichkeit in den Hintergrund gerückt. Eine Entwicklung, die sich durch das elektronische Medium Fernsehen noch verstärkt hat. Wir sollten deshalb aufmerksam dafür bleiben, worin die Relevanz bestimmter Nachrichten liegt (vielleicht nur in ihrer Neuheit?) und in welcher Weise die Flut von *kontextloser* Information, die täglich über uns hereinbricht, unsere „Sicht der Welt" beeinflußt.

Auf diese kontextlose Information bezieht sich Postman, wenn er die provokante Frage stellt: „Wie oft kommt es vor, daß die Informationen,

106

die ich morgens dem Radio, dem Fernsehen oder der Zeitung entnehme, mich dazu veranlassen, meine Pläne für den Tag zu ändern oder etwas zu tun, was sich sonst nicht getan hätte, und wie oft verhelfen mir diese Informationen zu Einsichten in Probleme, die ich lösen soll?" (S. 88).

In den meisten Fällen stehen wir den Entwicklungen in der Welt in der Tat relativ hilflos gegenüber. Egal was wir tun, wir können die Abläufe nicht beeinflussen (z.B. die weltpolitischen Ereignisse, die Zerstörung der Umwelt, ob und wann das nächste Atomkraftwerk explodiert usw.). Es ist – glaube ich – evident, daß dieser Zustand etwas mit Kontrollverlust zu tun hat. Vor der Umformung von Information zur Ware und vor der unerschöpflichen und rasanten Übermittlung durch elektronische Medien war die Verbindung zwischen Information und Handlungsfähigkeit sicherlich enger.

Postman drückt das so aus: „In der Informationswelt, die die Telegraphie hervorgebracht hat, ist das Gefühl, handlungsfähig zu sein, gerade deshalb verlorengegangen, weil die ganze Welt zum Kontext für die Nachrichten geworden ist. Von nun an ging jeden alles an" (S. 89).

Die von den Massenmedien verbreitete Information trägt in unserer sogenannten „Informationsgesellschaft" ohne Zweifel in gewissem Maße zur Verunsicherung – in unserer Terminologie – zum Bewußtsein des Kontrollverlustes, vielleicht sogar zur Entstehung von Hilflosigkeitsgefühlen bei. Es nimmt daher nicht wunder, daß Menschen mit externer Kontrollüberzeugung Nachrichtensendungen eher fliehen, weil sie nicht weiteren Kontrollverlust erleiden wollen. (Wie Interne diesen Konflikt bewältigen, werden wir im Kapitel „Die just-world Theorie" aufzeigen.)

Für amerikanische TV-Anstalten sind niedrige Einschaltziffern jedoch existenzgefährdend. Man mußte sich ein Konzept ausdenken, das diese Abwanderung aufhielt. Die Lösung hieß „news-show".

In diesen „news-shows" fand jenes Prinzip wieder Anwendung, das Postman anprangert; es wird „amüsiert". Aber nicht, weil das Medium nicht anders kann, sondern weil der Rezipient es nötig hat, die Ernsthaftigkeit der – Kontrollverlust induzierenden – Information relativieren zu können.

Postman sagt dazu: „Die Zuschauer wissen auch, daß jedem Nachrichtenbruchstück, und mag es noch so bedeutungsschwer sein (an dem Tag beispielsweise, da ich dies zu Papier bringe, hat ein General des Marine Corps erklärt, ein Atomkrieg zwischen den Vereinigten Staaten und Rußland sei unvermeidbar), schon bald eine Reihe von Werbespots folgen wird, die die Bedeutung der Nachrichtenmeldung augenblicklich entschärfen, sie gar belanglos machen werden" (S. 129).

Hier ist natürlich auch die „unterhaltende" Form der Informationsübertragung des Nachrichtenkanals CNN zu erwähnen. Die „videospielartige" Darstellung der Einsätze im Golfkrieg, die Dramaturgie des Einsatzes der Korrespondenten genügen den Anforderungen des „Info-tainment". Es stellt sich jedenfalls letztlich die Frage: Was bleibt dem Rezipienten übrig, um mit dem täglichen Schrecken fertigzuwerden?

Versuchen wir zu vereinfachen: Manche Menschen leiden aufgrund ihrer Lebensumstände (zu denen auch die Wirkung der Massenmedien zählt) unter Entfremdung, Kontrollverlust, gelernter Hilflosigkeit. Dieses Erleben versuchen sie zu kompensieren (oder jedenfalls nicht zu verschlimmern), indem sie Inhalte und Strukturen der Massenmedien bevorzugen, die Kontrollierbarkeit und Sicherheit vermitteln. Ökonomisch orientierte Fernsehstationen werden (um der Einschaltquote willen) versuchen, dieses Bedürfnis der Rezipienten sogar in den Nachrichtensendungen zu befriedigen, obwohl das ein Widerspruch in sich zu sein scheint. Die Lösung sind „news-shows", Info-tainment, und als Ergebnis eine Situation, die Postman folgendermaßen beschreibt: „So kommt es, daß die Amerikaner, die am besten unterhaltenen und zugleich wahrscheinlich die am schlechtesten informierten Leute der westlichen Welt sind" (S. 132).

Die Ursache dafür ist jedoch sicherlich nicht in der Böswilligkeit der Fernsehmacher zu suchen, sondern entsteht aus der gesellschaftlichen und sozialen Situation des einzelnen, aus der Auswirkung auf seine psychische Verfassung und den daraus resultierenden Bedürfnissen, die das US-Fernsehen rückhaltlos befriedigt oder befriedigen muß.

Anzumerken ist, daß es hier nicht primär um Kritik, sondern um die Aufdeckung von Prozessen geht, deren Analyse es erst möglich macht, negative Auswüchse zu unterbinden. Der Anwurf Postmans ist demnach deutlich zu kurz gegriffen, und die Aufforderung „schafft das Fernsehen ab" löst die grundlegenden Probleme nicht.

Interessant für uns ist jedoch jedenfalls sein Hinweis auf die in immer stärkerem Maße feststellbare Apathie innerhalb der amerikanischen Gesellschaft. Postman schreibt auch diese Entwicklung den Einflüssen der Massenmedien zu und meint, daß sich „die Öffentlichkeit an die Inkohärenz (der Darstellungen in den Massenmedien; Anm. d. Verf.) gewöhnt und in die Teilnahmslosigkeit hineinamüsiert hat". In dieser Teilnahmslosigkeit sieht er die große Gefahr für unsere Gesellschaft und verweist auf die Prognose Huxleys, daß nicht die Unterdrückung der freien Information, sondern das Desinteresse an ihr sowie die Hinwendung zur Zerstreuung für unsere Knechtschaft sorgen könnte.

Diesem Gedankengang kann man durchaus zustimmen. Aber gerade im Lichte derartiger Prophezeiungen wäre es besonders wichtig, die Ursachen für diesen Prozeß festzustellen. Die Massenmedien sind nur Transportmittel für eine Entwicklung, die sie nicht hervorgerufen, wohl aber beschleunigt haben.

7. Zur Wirkung und Verarbeitung von Nachrichtensendungen

Es ist eine Tatsache, daß Nachrichtensendungen bzw. Informationsmagazine geringe Einschaltziffern haben, wenn Unterhaltungssendungen mit ihnen konkurrieren. Andererseits gibt es ein deutliches Informationsbedürfnis (aus dem immerhin die Kommunikationsindustrie entstanden ist), das jedoch in immer stärkerem Maße weltweit in den Boulevardjournalismus abzurutschen droht. Ein weiterer Trend ist die Entstehung der „news-shows" in den USA, die unterhaltende und amüsierende Elemente mit Information kombinieren. Die Einbeziehung der Werbeblöcke (ca. alle 10 Minuten) in diese Sendungen verstärkt noch die Vermischung von Fiktion und Realität. Eine Tendenz zu derartigen Programmstrukturen ist auch in Europa (vor allem bei den Privat-Sendern) in immer stärkerem Maße festzustellen.

7.1 Das „origin-pawn" Konzept

Von motivationspsychologischen Überlegungen ausgehend postuliert DeCharms, daß es für den Menschen eine primäre Motivation sei, Veränderungen in seiner Umwelt hervorzurufen. Das Individuum strebt danach, der Urheber von kausalen Abläufen zu sein, persönliche Verursachung (personal causation) zu erleben (DeCharms, 1968). In einer anderen Terminologie ausgedrückt, der Mensch strebt danach, etwas bewirken zu können. Das „origin-pawn-Modell" ist demnach ein spezifischer Anwendungsfall von Attribuierung interner Kausalität auf die eigene Person. Nach DeCharms ist das Individuum Ort der Kausalität für sein Verhalten. Es verschafft ihm Befriedigung, sich selbst als Verursachender zu sehen, es sieht sich als „Täter" oder vielleicht besser als „Macher"

(„Origin"). Sieht das Individuum sein Verhalten durch externe Kontrolle verursacht, so wertet es dieses Verhalten ab. Es fühlt sich als „Opfer", als Bauer in einem Schachspiel („pawn"). Während das „Locus of Control"-Konzept eher die Wahrnehmung von *Kontingenz* zwischen Handlungen und Effekten betont, stellt DeCharms das Gefühl des Individuums in den Vordergrund, eigenes Handeln bestimmt zu haben. Das Gefühl „origin" oder „pawn" zu sein, führt zu unterschiedlichem emotionalem Erleben und in der Folge zu unterschiedlichen Verhaltenskonsequenzen.

Das starke Gefühl der persönlichen Verursachung des „origin" führt zu weiterem Verhalten, motiviert ihn, erhöht die Risikobereitschaft und gibt die Gelegenheit, Kraft und Kompetenz zu erleben.

Ein „pawn" sieht die Ursache für sein Verhalten von kausalen Kräften jenseits seiner Kontrolle bestimmt. Daraus resultiert ein starkes Gefühl der Unwirksamkeit und Hilflosigkeit, er ist unentschlossen und defensiv und sieht sich als Spielball unbeeinflußbarer Ereignisse.

Obwohl das „origin-pawn"- und das „Locus of Control"-Konzept einander sehr ähnlich sind, gibt es doch einige Unterschiede. Vermutlich mit bedingt durch den wahrnehmungspsychologischen Hintergrund der Attributionstheorien wird im „Locus of Control"-Konzept Kontrolle überlicherweise als wahrgenommene Kontrolle, d.h. visuelle Wahrnehmung der Kontrolle definiert. Im „origin-pawn"-Konzept steht jedoch das Gefühl, das Erleben der Kontrolle im Vordergrund. Anders als im „Locus of Control"-Konzept werden auch die beiden Begriffe (origin-pawn) nicht als Endpole einer einzigen Dimension kausaler Wahrnehmung angenommen. Und schließlich sieht DeCharms sein Konzept nicht als eine generalisierte Erwartung an, die über alle Situationen hinweg stabil bleibt (eine Annahme, die ja auch Rotter entschärft hat). Ein Individuum kann sich unter bestimmten Umständen als „origin" fühlen und unter anderen als „pawn".

Wie man an sich selbst beobachten kann, bewirken Fernsehnachrichten nicht unbedingt, sich als „origin" fühlen zu können. Die oben beschriebene – und von Postman gegeißelte – Tendenz, Tagesinformation amüsant, locker und mit wenig Tiefgang zu präsentieren, mag ein Versuch sein, das „pawn"-Gefühl nicht aufkommen zu lassen.

Von der Verhaltensbeschreibung und ihrer sozialen Kompetenz ausgehend, wird man Vielseher den „pawns" zuordnen können. Es überrascht nicht, daß ihre Programmpräferenz Unterhaltung und nicht Information ist. Dennoch ist nicht zu übersehen, daß es eine Hinwendung des Publikums zu spezifischen Nachrichteninhalten gibt. Die „Schocker", die Sensationsnachrichten der Boulevardpresse (oder jener US-Kanäle, die mit mobilen Teams oft vor Polizei, Feuerwehr oder Rettung am Katastrophen- oder Tatort eintreffen und rund um die Uhr direkt senden), stoßen auf großes Publikumsinteresse. Ein Grund dafür mag die leichte Durchschaubarkeit der – solchen Vorkommnissen zugrundeliegenden – Ursache-Wirkungsbeziehung sein. Ein Aspekt, der bei politischen oder sozialen Geschehnissen nicht so transparent ist, oder – wie Medienkritiker monieren – nicht genug transparent gemacht wird (siehe Findahl und Hoijer, 1979). Neben der „Durchschaubarkeit" mag „der Glaube an eine gerechte Welt" eine weitere Erklärungsmöglichkeit für den großen Publikumszuspruch bieten.

7.2 Die „just-world"-Theorie

Um eine kognitive Kontrolle der Umwelt zu gewährleisten, ist es offenbar nötig, bei vielen Problemen im sozialen Interaktionsgeschehen über eine bloße Ursachenzuschreibung hinaus auch eine Verantwortlichkeitszuschreibung vorzunehmen. Wie durch Alltagsbeobachtungen und Experimente gezeigt werden kann, werden oft unschuldige Opfer von Unglücksfällen durch Beobachter für ihr Pech persönlich verantwortlich gemacht und/oder darüber hinaus abgewertet, obwohl es keine objektive Verantwortlichkeit gibt (vgl. Lerner, 1970). Einen Erklärungsansatz dafür bietet die Theorie der „gerechten Welt", die in einer Monographie von Lerner (1980) zusammengefaßt wurde. Der Grundgedanke lautet: „A just world is one in which people get what they deserve" (Lerner, 1980; S. 11) und entspricht in seiner Formelhaftigkeit und Aussage dem, was wir als Stereotyp bezeichnet haben.

Dieses „Gerechtigkeitsprinzip" befriedigt offenbar ein grundlegendes menschliches Bedürfnis nach Stabilisierung der Umwelt und ist vermutlich auf drei Faktoren zurückzuführen:

1) Sozialisationsprozesse durch die Verarbeitung persönlicher Beobachtungen und Internalisierung kultureller Standards (z.B. Religionen, Märchen).
2) Kognitive Prozesse im Sinne von Balanceprozessen (siehe Heider, 1981).
3) Emotionale Prozesse bei der Destabilisierung des Gerechtigkeitsprinzips.

Die Vorstellung von einer gerechten Welt, gibt einer Person die Möglichkeit, sich innerhalb eines stabilen Beurteilungs- und Wertmaßstabes zu bewegen und längerfristige Ziele zu verfolgen. Die Aufgabe dieser Vorstellung würde jedenfalls die „Vorhersagbarkeit" von Verhaltenskonsequenzen langfristig unmöglich machen. Lerner weist darauf hin, daß eine „gerechte Welt" nicht mit einer „kontrollierbaren Welt" gleichzusetzen ist. Dieser Aspekt ruft uns wieder die Bedeutung der „Vorhersagbarkeit" unabhängig vom Faktor „Kontrollierbarkeit" in Erinnerung. Nun kann in unserer Welt die Realität der Ungerechtigkeit nicht übergangen werden (die Massenmedien haben sich ja geradezu darauf spezialisiert, uns die Sonderfälle der Ungerechtigkeit vor Augen zu führen!). Wenn aber das Prinzip der gerechten Welt nicht mehr funktionieren sollte, ist dem Beobachter eines Unglücks bewußt, daß ihm ohne weiteres ähnliches widerfahren kann. Er muß deshalb dafür Sorge tragen, die Ungerechtigkeit wieder aufzuheben, indem er *eingreift* oder *verleugnet*. Die gerechte Welt kann wiederhergestellt werden, indem (1) Aktivitäten gesetzt werden, die das Unglück kompensieren helfen (Altruismus), (2) die beteiligten Kognitionen verändert werden. Da die Welt gerecht ist, kann das Opfer nicht ganz unschuldig sein. Es „geschieht ihm recht".
Die Herabsetzung des Opfers kann jedoch erschwert oder unmöglich gemacht werden, wenn z.B.

a) das Opfer recht attraktiv ist oder hohen Status besitzt.
b) der Beobachter schon in einer ähnlichen Opfersituation war oder stark erwartet, in eine solche zu geraten und damit Empathie vorliegt.
c) wenn das Opfer noch eine „Chance" hat, sich aus eigener Kraft gegen das Unglück zu behaupten.

Einen weiteren Punkt stellen interindividuelle Differenzen im Glauben an das Ausmaß „der gerechten Welt" dar. Zur Messung dieser Differenzen wurde von Rubin und Peplau (1973, 1975) eine Skala zur Messung des „Glaubens an eine gerechte Welt" erstellt (BJW-Skala). Interessant sind die Zusammenhänge zwischen dem „Belief in a just world" und „Locus of Control"-Konzept. Interne aus der Mittelschicht zeigen die meisten negativen Gefühle gegenüber deprivierten sozialen Gruppen (Lerner, 1978). Es konnte auch gezeigt werden, daß die BJW-Skala negativ mit der I/E-Skala von Rotter korreliert (Rubin und Peplau, 1973). Interne wiesen höhere „Just-World"-Werte auf! (Zuckermann und Gerbasi, 1977). Das entspricht unserer Hypothese, daß Interne eher Informationen suchen (können), weil ihnen das „Just World"-Konzept die Stabilisierung der Welt erlaubt (obwohl ihnen ständig ihre Hilflosigkeit vorgeführt wird).

Es wäre lohnenswert, Fernsehnachrichten und ihre Präsentationsformen hinsichtlich dieses Konzeptes zu untersuchen. Die (unbewußte) Aufrechterhaltung des Glaubens an eine gerechte Welt (bei Journalisten und Rezipienten) mag für die Trivialisierung der Vorgänge und den Mangel an Betroffenheit des Publikums verantwortlich sein. Wie wir dargestellt haben, bezieht sich das BJW-Konzept darauf, die Welt zu stabilisieren und Vorhersagbarkeit zu ermöglichen (auch für die Welt der Fernsehnachrichten). Daß Kontrollverlust, der Hilflosigkeit und Entfremdung hervorruft, zum Konsum bestimmter Programminhalte führt, haben wir gezeigt. Aber könnten bestimmte Programminhalte ebenso zu Kontrollverlust führen?

7.3 Kontrollverlust durch stellvertretende Erfahrung

Umfangreiche empirische Nachweise dafür, daß Kontrollverlust auch durch stellvertretende Erfahrung erworben wird, hat Irvin Brown – ein Mitarbeiter von Bandura – geliefert. Grundannahme für seine Experimente war die Vermutung, daß soziale Vergleichsprozesse für die Wirkung und Intensität der stellvertretenden Erfahrung verantwortlich sind. Eine wesentliche Rolle bei diesen Vergleichsprozessen spielt die wahrgenommene Ähnlichkeit zwischen Modellpersonen und den beobachtenden Personen. In einem Experiment von Brown und Inouye, 1978, wurde diese Ähnlichkeitsbedingung im Rahmen eines „Hilflosigkeitsexperimentes" variiert. Die Ergebnisse zeigten eindeutig, daß die theoretische Annahme, „Hilflosigkeit" könne auch durch stellvertretende Erfahrung erworben werden, richtig ist. Dies kann als weiterer Hinweis auf die Bedeutsamkeit kognitiver Prozesse für die Entstehung dieses Phänomens angesehen werden. Nicht die Wahrnehmung der Unkontrollierbarkeit allein, sondern ihre kognitive Bewertung gibt den Ausschlag für die motivationalen und emotionalen Beeinträchtigungen.

Weitere Informationen lieferte der Vergleich der Kompetenzerwartungen der Versuchspersonen. Es zeigte sich, daß jene Versuchspersonen, die geglaubt hatten, sie seien ebenso kompetent wie das Modell, unter der Hilflosigkeitsbedingung die geringste Ausdauer zeigten, also schnell aufgaben. Die höchste Ausdauer hatten jene Personen, die sich dem Modell überlegen glaubten. Wer glaubt, er sei kompetenter als die versagende Person, investiert mehr Anstrengung. Der soziale Vergleich erweist sich als wesentlicher Faktor für das eigene Handeln. Es sind demnach zwei Bedingungen für die stellvertretende Erfahrung von Hilflosigkeit wesentlich: der Mißerfolg einer anderen Person (oder Personengruppe) muß beobachtet werden und die Modellperson (Personen) muß der eigenen Person ähnlich erscheinen.

In diesem Experiment deutete sich schon ein weiterer Aspekt als bestimmend an, der von Brown (1979) in einer gesonderten Arbeit untersucht wurde. Es geht um den Einfluß bisheriger Kontrollerfahrungen bezüglich ähnlicher Anforderungssituationen. Wer über längere Zeiträume positive Kontrollerfahrungen gesammelt hat, sozusagen gegen „Unkontrollierbarkeit" geimpft ist, wird durch das Modell nicht so stark und schnell beeinflußt, ist also resistenter gegen Hilflosigkeit. Brown konnte zeigen, daß Schüler, die zuvor viele Aufgaben gelöst und anschließend das scheiternde Modell beobachtet hatten, ausdauernder waren als Schüler, die zuvor wenig Aufgaben gelöst und dann das versagende Modell beobachtet hatten. Dies unterstützt die Erkenntnisse von Bandura, daß direkte Erfahrung stärkere Wirkung hat als stellvertretende Erfahrung (Bandura, 1979, 1980). Betrachtet man diese Ergebnisse im Lichte unserer bisherigen Überlegungen, so erscheinen sie extrem bedeutsam. Sie stimmen vollkommen mit unserer These überein, daß Interne bzw. Personen mit größerer Kompetenz und Kontrolle über ihre Umwelt resistenter gegen Hilflosigkeit sind und deswegen hilflosigkeitsinduzierende Situationen (im Fernsehen) besser bewältigen. Personen, die unter Kontrollverlust leiden, meiden derartige Inhalte (siehe Untersuchung Nr. 2) und suchen dramaturgische Formen und Inhalte, die ihnen Vorhersagbarkeit und Kontrollmodelle liefern. Diese Bedingung ist für „hard-news" schwer zu erfüllen, weswegen man Information und Unterhaltung kombiniert, will man hohe Einschaltziffern erreichen. Im fiktionalen Bereich hat dieses Modell ebensolchen Erklärungswert. Es kann damit der extreme Publikumserfolg von Filmen stereotyper und klischeebefrachteter Machart erklärt werden.

Filme wie Rocky I, II, III stellen gezielt die Verbindung zu sozial benachteiligten Schichten her, liefern ein (zwar fiktives) Modell zur Überwindung von Kontrollverlust und mangelnder Kompetenz. Das gleiche leistet „Rambo" für eine ganze Nation, die das Hilflosigkeitstrauma des Vietnamkrieges noch immer nicht bewältigt hat und in den Terroranschlägen auf amerikanische Staatsbürger eine gleichermaßen unkontrollierbare Bedrohung sieht. Dem „just-world"-Konzept entsprechend wurde der Golfkrieg abgehandelt. Der Einsatz der Alliierten Truppen stellte sicher, daß Saddam Hussein „got what he deserved". Der Glaube an eine gerechte Welt und die Handlungsfähigkeit der USA waren wiederhergestellt. Die Bürger dankten es mit hohen Einschaltziffern.

Dem gleichen Modell folgend können die Filme vom Typus „Terminator" analysiert werden. Durch die Einwirkung übermächtig erscheinender Gegner erleidet der Held Kontrollverlust, wird hilflos. Er zeigt jedoch Reaktanz, tritt zum Kampf an und setzt sich durch. Ein Modell für den Rezipienten, die eigene Entfremdung zumindest für kurze Zeit zu überwinden. Der Publikumserfolg derartiger Streifen spricht dafür, daß es ein starkes Bedürfnis innerhalb weiter Teile der Gesellschaft gibt, offenbar bestehende Defizite zu kompensieren. Auch in diesem Bereich liefert das „Locus of Control"-Modell – im Sinne eines „Kompensationskonzeptes" – einen theoriengestützten Ansatz, den etwas verwaschenen Identifikationsbegriff exakter zu fassen und experimentell zu überprüfen.

Ein Beispiel für den Stellenwert von medialen Darbietungen für Kompetenz- und Kontrollerwartungen liefert Rolf Schwarzer bei der Besprechung stellvertretender Hilflosigkeitserfahrungen. Interessant ist, daß er dieses Beispiel nur zur Erläuterung der stellvertretenden Erfahrung benützt und seine Bedeutsamkeit bezüglich des Einflusses von Massenmedien übersieht. Dieses Faktum ist auch bei vielen sozialpsychologischen Experimenten zu beobachten, die mit Videomaterial als Versuchsmaterial arbeiten. In einem Aufsatz mit dem Titel „Die zweiseitige Fragestellung in der Medienpsychologie" (1984) habe ich auf diese – für die Medienforschung nutzbare – Situation hingewiesen. Schwarzer (1981) entwirft die fiktive Situation einer Präsentation des „Zauberwürfels" im Fernsehen. (Das ist ein Würfel, der aus 27 kleinen Würfeln so zusammengesetzt ist, daß sie sich bewegen lassen, wobei das Ziel darin besteht, den großen Würfelflächen einheitliche Farben zu geben.) Den Fernsehzuschauern wird mitgeteilt, es handle sich um eine sehr komplizierte kombinatorische Aufgabe, an der oft gute Mathematiker wochenlang vergeblich knobeln. Der Zuschauer kauft womöglich einen derartigen Würfel, probiert kurze Zeit daran herum und gibt dann schnell auf. Er hat ja von einer Autoritätsinstanz (Fernsehen) vermittelt bekommen, daß er über den Würfel sehr wahrscheinlich keine Kontrolle ausüben kann. Ein anderer Käufer, der die Fernsehsendung nicht gesehen hat, probiert vielleicht wochenlang herum, bis er die Aufgabe schweren Herzens aufgibt. Die direkte Erfahrung der Unkontrollierbarkeit führt demnach weniger schnell zur Aufgabe, als die Fremdbeeinflussung der Kontrollüberzeugung.

Kommt es nun zum Erlebnis der Hilflosigkeit? Nicht unbedingt, denn der Rezipient hat erfahren, daß die meisten Menschen ebenso unfähig sind, die Lösung zu finden, wie er. Er hat demnach Konsensinformation. Unfähigkeit aufgrund von Konsensinformation ist gleichbedeutend mit Attribution auf Schwierigkeit. Nicht der Mangel an persönlicher Fähigkeit ist verantwortlich für das Versagen, sondern der Schwierigkeitsgrad der Aufgabe. Diese Konsensinformation ist für das Beispiel einer zweiten Fernsehsendung über den Zauberwürfel noch bedeutsamer. Ein Schüler einer 7. Klasse eines Gymnasiums sieht diese Sendung, in der „Würfel-klubs", bestehend aus Schülern seiner Altersklasse präsentiert werden. Die Mitglieder dieser Klubs sind in der Lage, jeden beliebigen Würfel innerhalb einer Minute in die richtige Lage zu bringen. Aufgrund der guten Vergleichbarkeit der Modellperson erlebt der Schüler Kontrollier-barkeit („was die können, kann ich auch"). Unterspielt wird bei dieser Fernsehinformation jedoch der Grad der Anstrengung und die Zeit des Übens, die für die präsentierte Leistung vonnöten war. Der Schüler wird sich nun einen Würfel kaufen, sich einige Zeit zuversichtlich damit aus-einandersetzen, aber möglicherweise scheitern. Die Konsensinformation erlaubt ihm in jenem Fall, nur auf mangelnde Ausdauer oder schlimmer auf mangelnde Fähigkeit zu attribuieren.

Hier eröffnet sich für die Medienpsychologie ein weites Forschungs-feld. In theoriengestützter Weise sollten Wirkungen von Fernsehinhalten auf differenzierte Gruppierungen von Rezipienten untersucht werden. Gerade im Bereich der Nachrichtenforschung scheint mir das Erleben von Kontrollverlust durch stellvertretende Erfahrung beachtenswert. Aber auch der gegenteilige Effekt der Kompensation von erlebtem Kon-trollverlust durch Beobachtung einer kompetenten Modellperson ist in-teressant. Hier wird vor allem zu untersuchen sein, welche Rezipienten-gruppen besonders stark derartigen fiktiven Inhalten zugeneigt sind (sie-he Untersuchung Nr. 2).

8. Die Macht der Werbung

Spricht man von Typisierung, Klischee und der Vereinfachung von Wahr-nehmungsinhalten, wird man sich früher oder später mit Werbung be-schäftigen müssen. Wie man sich leicht vorstellen kann, gehört Neil Post-man auch zu den vehementen Kritikern der Fernsehwerbung. Er meint, es ließe sich unschwer nachweisen, „daß sie zu einem wichtigen Modell für die Struktur von öffentlichen Diskursen jeder Art geworden ist" (Postman, 1985; S. 156).

Jedenfalls beeindrucken Zahlen, die aufzeigen, daß ein durchschnittlicher Amerikaner mit vierzig Jahren in der Regel weit mehr als eine Million Werbespots im Fernsehen gesehen hat. Für den unvorbereiteten Europäer ist neben der Menge auch noch die alles verdrängende Dominanz der Spots vorerst unerträglich. Im allgemeinen ist die Botschaft all dieser „Commercials", daß Glück durch Konsum erreichbar ist; äußerlich z.B. durch die Verwendung von Hautcremes und Lotions und innerlich durch Nahrungsmittel oder Medikamente.

Die Frage, die sich daraus ergibt, stellt Stephen Hearst sehr vehement: „Wie kann man die Menschen davon überzeugen, daß sich im Leben viele Probleme stellen, für die es keine schnelle Lösung gibt, wenn ihnen für mehr als die Hälfte des Tages eine Abfolge von schnellen und vor allem schmerzlosen Lösungen gezeigt wird?" (Hearst, 1985; S. 133). Es wird hier die Befürchtung ausgedrückt, daß Stereotypen zu vereinfachenden, ja trivialisierenden kognitiven Haltungen erziehen können, die dann auf die Lösung allgemeiner Lebensprobleme generalisiert werden. Andererseits haben wir in den vorangegangenen Kapiteln, die sich mit der Funktion von Stereotyp und Klischee beschäftigten, problematisiert, inwieweit diese Vereinfachungsfunktion zu verurteilen oder zu akzeptieren ist.

Es muß auch vermerkt werden, daß – von der Struktur der Fernsehwerbung her – die Spots mit einer Sendezeit von 15 bis maximal 30 Sekunden begrenzt sind. Die Botschaft muß demnach sehr komprimiert werden. Eine verstehbare Botschaft in wenigen Sekunden eindringlich und ästhetisch anspruchsvoll über den Schirm zu bekommen, ist eine schwierige Aufgabe. Allzuoft mißlingt sie. Die Werbeindustrie ist deshalb dazu übergegangen, mit hohem finanziellen Einsatz und unter Einbeziehung der professionellen Fertigkeiten namhafter Filmregisseure, Werbespots zu produzieren (dies gilt jedenfalls für multinationale Konzerne). Es kann daher nicht verwundern, daß es vielen dieser Spots gelingt, ein hohes Zuschauerinteresse zu halten und vor allem Kinder anzuziehen. Oft liefern nämlich gerade diese Werbefilme das, was gutes Kinderprogramm ausmachen sollte: Die Einheiten sind kurz und überschaubar. Die Sache wird bunt und fröhlich dargestellt. Es wird über die Dinge gesprochen, die gezeigt werden (keine Bild-Text-Schere). Es gibt Wiederholungen. Die dargestellten Menschen sind freundlich und nett.

Die Sorge, die die Werbekritiker bewegt, ist die generalisierende Wirkung dieser Werbewelt, wie auch die massive und „hypnotisierende" Wirkung des Mediums Fernsehen auf den Rezipienten. Erstaunlicherweise gibt es wenige gute experimentelle Arbeiten, die den Effekt der Fernsehwerbung (vergleichend mit anderen Informationsträgern) untersuchen. Ein Beispiel für einen experimentellen Ansatz soll mit der folgenden Arbeit geliefert werden.

8.1 Inferenzprozesse in der Werbung – Untersuchung Nr. 3 von Vitouch und Jaeger (1986)

Die Übernahme von stereotypen Anschauungsformen läßt sich experimentell am besten durch die Beobachtung von Inferenzprozessen überprüfen. Unter Inferenz versteht man die Tendenz – über die tatsächlich gegebene Information hinausgehend – Schlüsse auf weitere, nicht beobachtete Eigenschaften des Wahrnehmungsobjektes zu ziehen. Hier zeigt sich die Nähe von Inferenz und Stereotyp, wenn man sich die Definition von Waldemar Lilli in Erinnerung ruft. Als einen wesentlichen Aspekt der Stereotypisierung sah er die Reizklassifizierung an, die eine „Überbetonung von Ähnlichkeiten zwischen den Sachverhalten" darstellt. Die „inferential beliefs" (gefolgerten Meinungen) gehen hier noch einen Schritt weiter, indem sie bisherige Erfahrungen (und auch Stereotypen) in den Wahrnehmungsprozeß miteinbeziehen. (Wenn ich z.B. eine witzige Person kennenlerne und dabei annehme, daß sie auch großzügig sei; oder Brillenträger vorerst als intelligent angesehen werden; oder noch allgemeiner ausgedrückt, wenn die Person A die Eigenschaft X hat, dann hat sie auch die Eigenschaft Y.)

Genau diese Prozesse versucht die Werbung für die Wahrnehmung ihrer Produkte in Gang zu setzen. Es wird versucht, einer Person oder einem Produkt ein „image" zu geben. Das heißt, von bestimmten wahrnehmbaren Eigenschaften ausgehend (z.B. Personen, die dieses Produkt verwenden) soll auf Eigenschaften des Objektes generalisiert bzw. „inferential beliefs" provoziert werden. Inwieweit dies durch einen Fernsehwerbespot erreichbar ist, wird durch das in der Folge dargestellte Experiment untersucht werden.

8.1.1 Versuchsplan

Im dargestellten Experiment sollte das Ausmaß des Einflusses einer filmischen Werbebotschaft auf die Inferenzschlüsse der Beobachter festgestellt werden. Wesentlich für den Versuch war, einen Werbespot zu finden, der eine Person darstellt, die sich durch beobachtbare Eigenschaften auszeichnet und eine Verbindung zum Produkt herstellt. Die Inferenzprozesse wurden mittels der klassischen Methode von Warr (1973) untersucht, indem die Vpn angeben mußten, für wie wahrscheinlich sie es halten, daß eine Person neben den beobachteten Eigenschaften noch andere Eigenschaften aufweise. Diese zusätzlichen Eigenschaften wurden den Vpn auf einer Liste vorgegeben.

Variablen

Die unabhängige Variable stellte die Darbietungsform der zu beurteilenden Person dar. Eine Versuchsgruppe erlebte die Figur in einem Ovomaltine-Werbespot. Der anderen Gruppe wurde lediglich eine fiktive Personenbeschreibung geboten, anhand der sie ihre Urteile abgeben mußten. Weitere unabhängige Variablen waren Persönlichkeitsstruktur (gemessen mit dem 16 PF) und Intelligenzleistung (gemessen mit dem LPS von Horn) der Versuchspersonen. Die interessierende abhängige Variable war das Ausmaß der Inferenzschlüsse, die aufgrund der Darbietungsform vorgenommen wurden.

Personen und Parallelisierung

Für das Experiment wurde eine Zufallsstichprobe von 128 Vpn herangezogen, die in zwei Gruppen (VG1 + 2 mit 77 Vpn und VG3 mit 51 Vpn) geteilt wurde. Diese Aufteilung erfolgte nach einem Vortest, in dem die Intelligenzleistung und die Einstellung der Vpn zu Werbung im allgemeinen und zum Produkt Ovomaltine im speziellen erhoben wurde. Nach diesen Kriterien wurden einigermaßen parallelisierte Versuchsgruppen erstellt.

Versuchsaufbau

Drei Versuchsgruppen wurden miteinander verglichen.
Versuchsgruppe 1 wurde Werbung über Ovomaltine vorerst schriftlich (ein Inserat) und dann mittels eines 20 Sekunden langen Fernsehspots

vorgegeben. Im Verlauf dieses Filmes konnte ein männlicher Darsteller beim Konsum einer Tasse Ovomaltine beobachtet werden. Die nächste Szene zeigte diese Person bei einem Skirennen und in Interaktion mit anderen Sportlern. Anhand dieser Szenen konnte man der Person aufgrund ihres Verhaltens Eigenschaften zuschreiben.

Um bei jeder Versuchsperson Inferenzschlüsse beobachten zu können, mußten die objektiv wahrgenommenen Eigenschaften der Person im präsentierten Werbespot abgegrenzt werden. Zu diesem Zweck wurden 30 Adjektiva ausgewählt, die sich alle auf einer ähnlich sozial positiven Ebene befanden (da anzunehmen war, daß eine das Produkt konsumierende Person in einem Werbespot überwiegend positiv gezeichnet ist). Einer kleinen Gruppe wurde nach Darbietung des Filmes die Aufgabe gestellt, im Rating-Verfahren die Adjektiva danach zu beurteilen, wie gut sie die beobachtete Person beschreiben. Mit Hilfe dieser Urteile konnten 10 Adjektiva ermittelt werden, die am zutreffendsten empfunden wurden.

Die Person stellte sich als: aktiv, tatkräftig, wagemutig, geschickt, exakt, fröhlich, selbstsicher, vorsichtig, fähig und entschlossen dar.

Aus der schriftlichen Werbung und der TV-Werbung wurden 6 Eigenschaften ausgewählt, die das Produkt offensichtlich vermitteln soll. Der Konsum von Ovomaltine „macht": ausgeglichen, konzentrationsfähig, antriebsfähig, lernbewußt, lebensfreudig und zielstrebig. Diesen 6 Eigenschaften wurde noch das Adjektiv „intelligent" hinzugefügt.

Die Inferenzschlüsse wurden nach der Methode von Warr (1973) überprüft. Nach der Präsentation der schriftlichen Werbung und des Fernsehspots wurde den Vpn die beschreibende Adjektivliste vorgelegt und sie sollten für jede der – durch die Werbebotschaft angesprochenen – sechs Eigenschaften auf einer fünfstufigen Skala angeben, für wie wahrscheinlich sie es halten, daß die beobachtete Person diese Eigenschaften ebenso aufweist. Zusätzlich wurde noch die Sicherheit der gefolgerten Meinung auf einer fünfstufigen Skala erhoben.

Versuchsgruppe 2 (bzw. Versuchsdurchgang 2) ist von den Vpn her identisch mit Versuchsgruppe 1 (77 Vpn). Vor der zweiten Präsentation des Filmes wurde den Vpn – ausgehend von der Geschichte der Werbung, über Gestaltungsmittel, Methoden der Darstellung (z.B. Baldrian im Katzenfutter; Motoröl mit Seifenschaum als Bier usw.) – Informationen anhand eines genormten, kleinen Vortrages gegeben. Diese Versuchsbedingung sollte überprüfen, inwieweit zusätzliche Information und eine vorhergehende gedankliche Auseinandersetzung mit dem Medium der Informationsübermittlung die Inferenzschlüsse beeinflußt.

Versuchsgruppe 3 (Kontrollgruppe mit 51 Vpn) wurden keine Werbemittel vorgegeben. Die Versuchspersonen gaben daher ihre Urteile – wie bei den meisten sozialpsychologischen Untersuchungen dieser Art – nur auf Grund einer fiktiven Personenbeschreibung mittels der Eigenschaftsliste ab und nicht gestützt auf die Beobachtung eines Werbespots. Hier wurde nur überprüft, inwieweit semantische Beziehungen zwischen Eigenschaften hergestellt werden.

Fragestellungen

Die Hauptfragestellungen, die durch das geschilderte Versuchsdesign experimentell geklärt werden sollten, waren:

1. Werden Inferenzschlüsse durch Werbeinhalte beeinflußt?
2. Beeinflußt die kognitive Beschäftigung (durch Vorinformation) mit Werbung die Inferenzschlüsse?
3. Gibt es Zusammenhänge zwischen Intelligenz und Persönlichkeit der Vpn und dem Ausmaß ihrer Inferenzschlüsse?

Es ist ganz offensichtlich, daß aus den Ergebnissen dieses Experimentes keine absoluten und allgemeingültigen Schlüsse auf die Wirkung von Werbung gezogen werden können. Erstens unterscheiden sich Werbespots oftmals sehr stark voneinander (und können gut oder schlecht gemacht sein). Zweitens handelt es sich beim vorliegenden Experiment um eine Momentaufnahme. Das heißt, es wird nur eine einmalige Einwirkung des Spots gemessen, während Werbestrategen im allgemeinen auf Wiederholungswirkung setzen. Wenn man jedoch die bisherigen Ausführungen rekapituliert und sich ins Gedächtnis ruft, welche Macht der Fernsehwerbung bezüglich einer Stereotypisierung unserer Umwelt nachgesagt wurde, ist doch in Betracht zu ziehen, daß ein professionell gemachter Werbefilm Inferenzprozesse stärker beeinflussen sollte als eine dürre fiktive Personenbeschreibung.

8.1.2 Ergebnisse

Grundsätzlich ist anzumerken, daß in allen drei Durchgängen Inferenzprozesse festgestellt werden konnten; die Skalenwerte waren signifikant vom Skalenmittelpunkt entfernt in Richtung zu den „eher" bis „sehr wahrscheinlich"-Urteilen bezüglich der zusätzlichen Eigenschaften. (Tabellen der Mittelwertsvergleiche im Anhang; siehe Tabelle 1-6.)

- Überraschenderweise unterschieden sich die durchschnittlichen Inferenzschlüsse der VG1 (Film + Inserat) nicht signifikant von jenen der VG3 (fiktive Personenbeschreibung) (siehe Tabelle 7-9).
  Das bedeutet, daß trotz Einfluß des Werbefilmes nahezu gleich starke Inferenzschlüsse gezogen wurden.
- Die Versuchsgruppe 1 hatte bei der zweiten Inferenzmessung nach dem Vortrag (als Versuchsgruppe 2) signifikant geringere Inferenzwerte als bei der ersten Schätzung. Die „aufklärende" kognitive Einflußnahme hatte demnach die erwartete Wirkung. Es scheint, als würde dadurch der spontane Ablauf der Inferenzprozesse unterbunden. Dieses Ergebnis folgt der Annahme, daß die Einschätzung und Beurteilung von Situationen, Objekten und Menschen ein derartig stetig fortschreitender Prozeß sei, daß er gelegentlich fast automatisch vor sich geht und auf nahezu unbewußter Ebene abläuft. Wird dieser automatisierte Ablauf unterbunden, verringert sich die internalisierte Bereitschaft zu Inferenzschlüssen. Auch die „script-Theorie" von Abelson (1976) weist in diese Richtung. Abelson sieht Inferenzprozesse als „vorprogrammierte Drehbücher", die durch Schlüsselreize ausgelöst werden. Man muß darauf hinweisen, daß die Erstellung des jeweiligen „scripts" sicherlich durch interindividuelle Entwicklungs- und Lerngeschichten beeinflußt wird.
- Beim Vergleich der Inferenzschlüsse in den drei Versuchsgruppen stechen zwei Ergebnisse ins Auge:
  a) Die einmalige Darbietung eines professionellen Werbefilmes + Inserat führte nicht zu stärkeren Inferenzschlüssen, als die Darbietung einer fiktiven Personenbeschreibung mittels Adjektivliste. Die automatisierten „scripts" führten demnach bei unterschiedlich formalen Auslösern (Film-Eigenschaftsliste) zu Inferenzschlüssen ähnlicher Stärke.
  b) Wird – wie bei VG2 – das automatisierte „script" unterbrochen, kommt es durch diesen kognitiven Einfluß zu Änderungen der Intensität der Inferenzschlüsse.

8.1.3 Der Einfluß von Intelligenz und Persönlichkeit

Zur Überprüfung des Einflusses von Intelligenz und Persönlichkeit auf die untersuchten Inferenzprozesse wurde ein varianzanalytischer Auswertungsplan herangezogen.

Es wurden zweifaktorielle Varianzanalysen berechnet, wobei jeweils der erste Faktor der IQ (Intelligenzquotient) der Vpn in der jeweiligen Versuchsgruppe und der zweite Faktor jeweils einer der 19 Faktoren des 16PF war. Für jeden der beiden Faktoren wurde eine dreistufige Einteilung vorgenommen. Aus Mangel an unterdurchschnittlich intelligenten Vpn lautete die Einteilung für Intelligenz:

Ausprägung 1:   – 110   durchschnittlich
          2: 110 – 120   leicht überdurchschnittlich
          3: über 120   stark überdurchschnittlich

Für die Faktoren des 16PF wurden folgende Abstufungen getroffen:

Ausprägung 1: 1 – 4   STEM-Scores   unterdurchschnittlich
          2: 5 – 6   – " –   durchschnittlich
          3: 7 – 10   – " –   überdurchschnittlich

Versuchsgruppe 1

Die abhängige Variable ist bei allen angeführten Analysen der Inferenzwert a1 (VG1).
In der Folge sind die signifikanten Ergebnisse verbal dargestellt. Die Tabellen mit den Zahlenwerten befinden sich im Anhang.

a) Unabhängige Variablen: Intelligenz (A)
                            Faktor L des 16PF (B)
Hier zeigte sich ein signifikanter Haupteffekt im Faktor B (siehe Tabelle 10).
Personen mit großem Vertrauen zeigen *geringe* Inferenzwerte.
Personen mit starkem Mißtrauen zeigen *hohe* Inferenzwerte.
Unabhängig von der Intelligenz ziehen mißtrauische Personen signifikant höhere Inferenzschlüsse.

b) Unabhängige Variablen: Intelligenz (A)
                            Faktor O des 16PF (B)
Signifikanter Haupteffekt im Faktor (B) (siehe Tabelle 11).
Selbstsichere Personen zeigen geringere Inferenzwerte.

Selbstunsichere Personen zeigen hohe Inferenzwerte.
Unabhängig von der Intelligenz geben selbstunsichere Personen (Personen mit geringerem Selbstwertgefühl) höhere Inferenzschätzungen ab.

c) Unabhängige Variablen: Intelligenz (A)
Faktor Ä des 16PF (B)
Signifikanter Haupteffekt im Faktor (B) (siehe Tabelle 11).
Personen mit niedriger Ängstlichkeit zeigen *geringe* Inferenzwerte.
Personen mit hoher Ängstlichkeit zeigen hohe Inferenzwerte.
Unabhängig von der Intelligenz sind die Inferenzwerte der ängstlichen Personen höher.

d) Unabhängige Variablen: Intelligenz (A)
Faktor GEF des 16PF (B)
Signifikanter Haupteffekt im Faktor (B) (siehe Tabelle 12).
Gefühlsbetonte Personen zeigen hohe Inferenzwerte.
Ausgeglichene Personen zeigen geringe Inferenzwerte.
Unabhängig von der Intelligenz neigen emotional instabile Personen zu höheren Inferenzschlüssen.

Faßt man nun zusammen, so zeichnen sich Personen, die zu *hohen* Inferenzwerten neigen, durch folgende Merkmale aus: (nach 16PF)

L: Sie sind mißtrauisch und voll Zweifel und interessieren sich nicht für ihre Mitmenschen.

O: Sie sind bei der Lösung und Bewältigung von Aufgaben im Leben beeinträchtigt und mit sich selbst deswegen unzufrieden.

Ä: Sie sind Stimmungen unterworfen, ängstlich, voll Skrupel und brüten oft über ihren Problemen. Sie haben die Tendenz bei Belastung mit Angst zu reagieren.

GEF: Sie sind leicht zu frustrieren, leicht zu entmutigen und neigen dazu, zu brüten, anstatt zu handeln.

Die Charakterisierung dieser Personen weist eine ganz offensichtliche Parallelität zu Beschreibungen von Menschen auf, die Vielseher sind, externe Kontrollüberzeugung haben oder unter Hilflosigkeit leiden. Bei all diesen Personen sind die Faktoren Mißtrauen, Ängstlichkeit, Selbstunsicherheit und emotionale Labilität als wesentliche Charakteristika anzusehen. Auf die enge Verbindung von Inferenzprozessen und Stereotypisierung wurde schon hingewiesen. Inferenzprozesse entwickeln sich auf der Grundlage „naiver, impliziter Persönlichkeitstheorien", die von

Cronbach (1955) mit „sozialen Stereotypen" praktisch gleichgesetzt wurden.

Die impliziten Persönlichkeitstheorien betreffen die (meist relativ einheitlichen) Meinungen in einem Kulturkreis darüber, welche Persönlichkeitsmerkmale gemeinsam auftreten. Es handelt sich also tatsächlich um stereotype Einstellungen, wobei man die Stärke der „inferential beliefs" (gefolgerten Meinungen) durchaus als Gradmesser der interindividuellen Neigung zur Stereotypenbildung gelten lassen könnte. Zieht man all diese Überlegungen in Betracht, so scheint die Aussage, daß es einen Zusammenhang zwischen Kontrollverlust (Externe Kontrollüberzeugung) und der Tendenz zur Bildung von Stereotypen gibt, durch die zitierten empirischen Daten durchaus gerechtfertigt (siehe Untersuchung Nr. 2).

Versuchsgruppe 2

ist personell identisch mit Versuchsgruppe 1.

Versuchsgruppe 3 (Kontrollgruppe)

Wie bei Versuchsgruppe 1 wurden die unabhängigen Variablen Intelligenz (IQ) und die 19 Faktoren des 16PF in einem varianzanalytischen Plan verrechnet. Die abhängige Variable war bei allen Analysen der Inferenzwert a3 (VG3).

In der Folge sind die signifikanten Ergebnisse verbal dargestellt. Die Tabellen mit den Zahlenwerten befinden sich im Anhang.

a) Unabhängige Variablen: Intelligenz (A)
                             Faktor Q2 des 16PF (B)
Signifikanter Haupteffekt im Faktor (B)
Faktor Q2 – Selbständigkeit
(siehe Tabelle 13).
Unabhängig von der Intelligenz zeigen unselbständige Personen eher hohe Inferenzwerte.
Selbständige Personen zeigen geringe Inferenzwerte.

b) Unabhängige Variablen: Intelligenz (A)
                             Faktor L des 16PF (B)
Signifikante Wechselwirkung A x B
Intelligenz x Vertrauen – Mißtrauen
(siehe Tabelle 14).

Mit zunehmender Ausprägung des Faktor L (Mißtrauen) und mit gleichzeitiger Zunahme des Intelligenzniveaus wird der Inferenzwert höher.

c) Unabhängige Variablen: Intelligenz (A)
                             Faktor Q1 des 16PF (B)
Signifikante Wechselwirkung A x B
Intelligenz x Konservativismus – Radikalismus
(siehe Tabelle 15).
Bei stark überdurchschnittlichen Personen ist ein Abfallen der Inferenzwerte bei zunehmender Ausprägung in Richtung Radikalismus zu erkennen.

d) Unabhängige Variablen: Intelligenz (A)
                             Faktor Ä des 16PF (B)
Signifikante Wechselwirkung A x B
Intelligenz x Ängstlichkeit
(siehe Tabelle 16).
Bei durchschnittlich begabten Personen wird mit zunehmender Ängstlichkeit der Inferenzwert höher.
Bei überdurchschnittlich begabten Personen hat die Ausprägung der Ängstlichkeit keinen Einfluß auf den Inferenzwert.

Zusammenfassend kann man sagen, daß auch in der Kontrollgruppe signifikante persönlichkeitsbedingte Einflüsse hinsichtlich der Inferenzschlüsse feststellbar waren.

Personen, die in dieser Gruppe hohe Inferenzwerte zeigten, sind:
Q2: unselbständig, arbeiten gern mit anderen zusammen und fassen mit diesen Beschlüsse, bei persönlichen Entscheidungen neigen sie dazu, zu versagen.

Personen, die geringe Inferenzwerte aufweisen, sind:
gefühlsmäßig unabhängig, gehen ihre eigenen Wege, fassen ihre Entschlüsse selbst und führen sie eigenständig durch.

Auch hier liegt die Zuordnung externe versus interne Kontrollüberzeugung nahe. Den Erwartungen entsprechend zeigen die als „Externe" angesprochenen eine deutliche Tendenz zu höheren Inferenzwerten.

Bei den weiteren Faktoren, die für eine Interpretation in Frage kommen, ist die Wechselwirkung zum Faktor Intelligenz hoch interessant.

Auch diese Faktoren – Vertrauen versus Mißtrauen, Konservativismus versus Radikalismus, Ängstlichkeit – passen gut zum bisher Gesagten und stehen in enger Verbindung zu den Ergebnissen der Vielseherforschung und der bisher entwickelten Hypothesen (siehe Kapitel Entfremdung, Stereotyp).

Im Faktor L (Vertrauen – Mißtrauen) kann eine eindeutige Wechselwirkung zur Intelligenz festgestellt werden. Mit Zunahme des Intelligenzniveaus und zunehmender Ausprägung des Faktors L in Richtung Mißtrauen wird der Inferenzwert höher.

Beim Faktor A1 (Konservativismus versus Radikalismus) ist die Wechselwirkung weniger eindeutig. Bei stark überdurchschnittlich intelligenten Personen kann man ein Abfallen der Inferenzwerte mit zunehmender Ausprägung in Richtung Radikalismus erkennen. In den übrigen Intelligenzstufen sind die Wechselwirkungen höchst unterschiedlich.

8.1.4 Zusammenfassung

Wie schon erwähnt, kann und soll dieses Experiment keine verallgemeinerbare Aussage über die Wirkung von Fernsehwerbespots liefern. Dennoch sollte man den Informationsgehalt dieser Untersuchung nicht unterschätzen und die Ergebnisse näher betrachten.

Was zeigt dieses Experiment?

a) Die einmalige Einwirkung eines Werbefilmes erhöht die Inferenzschlüsse im Vergleich zu einer Kontrollgruppe nicht überzufällig.

b) Die kognitive Beeinflussung vor einer weiteren Darbietung senkt die Inferenzwerte signifikant (das „automatisierte Script" wird revidiert). Das Ausmaß dieser Senkung hängt nicht mit der Intelligenz oder der Persönlichkeit der Vpn zusammen.

c) Es gibt – unabhängig von der Versuchsbedingung – intelligenz- und persönlichkeitsabhängige Tendenzen bezüglich des individuellen Ausmaßes von Inferenzschlüssen. Diese Tendenzen hängen vermutlich von der Lerngeschichte des Individuums ab.

d) Die Neigung zu höheren Inferenzschlüssen geht einher mit signifikanten Werten in Richtung: Ängstlichkeit, Mißtrauen, Selbstunsicherheit, emotionale Labilität und Unselbständigkeit.

Wie wir vorher schon angeführt haben, kann man die Tendenz, stärkere „inferential beliefs" zu entwickeln, mit der Bildung von globaleren sozialen Stereotypen in Verbindung bringen. Das Ergebnis besagt demnach, daß Menschen mit den oben dargestellten Persönlichkeitseigenschaften in stärkerem Maße zur Stereotypenbildung neigen. Evident ist ebenfalls, daß die erhobenen Eigenschaften eine bemerkenswerte Affinität zu der beschriebenen Persönlichkeit des „amerikanischen Vielsehers" aufweisen.

Der Faktor „Ängstlichkeit" drängt sich als die zentrale, alle Ergebnisse verbindende Größe wiederum in den Vordergrund.

Je ängstlicher jemand ist, desto mehr neigt er zur Bildung sozialer Stereotypen (Untersuchung Nr. 3).

Je stärker jemand Kontrollverlust erlebt, desto mehr konsumiert er Fernsehsendungen, die formal und inhaltlich stereotyp aufgebaut sind (Untersuchung Nr. 2).

Vielseher sind ängstlicher als Wenigseher und bevorzugen stereotype Unterhaltungsformen und Wiederholungen (Gerbner et al.).

Die folgenden Kapitel beschäftigen sich mit der Rolle der Angst im Zusammenhang mit spezifischem Fernsehkonsumverhalten. Die Auswahl des Programms scheint mit den jeweiligen Angstverarbeitungsstrategien in Verbindung zu stehen, wobei ein paradoxer Zusammenhang aufzufinden ist. Gerade diejenigen Personen, die mit der Angstverarbeitung Probleme haben, zeigen eine starke Affinität zu angsterregenden Programmen.

9. Fernsehen und Angst

Schon im – am Beginn stehenden – „Vielseherkapitel" wurde der enge Zusammenhang zwischen aggressiven und gewaltsamen Fernsehinhalten und der Angst der Rezipienten aufgezeigt. Wir wollen darauf verzichten, hier einen Exkurs durch die zahlreichen Aggressionstheorien der Medienforschungsszene zu machen (siehe Kunczik, 1975). Sie reichen von der Annahme, die Betrachtung medial dargestellter Aggressionsakte führe: zum Abbau von Aggression, zur Gewöhnung an Aggression, zur emotionalen Sensibilisierung für Aggression, zur Nachahmung von Aggression, bis hin zur These, daß dargestellte Aggression wirkungslos sei. Die einander zum Teil diametral widersprechenden Thesen sind auf extrem heterogenes Forschungsinstrumentarium, unvergleichbare Fragestellungen und Forschungsstrategien zurückzuführen, die sich mit Momentaufnahmen begnügen. Relativ unangezweifelt ist das Ergebnis, daß viel Fernsehen mit erhöhter Ängstlichkeit einhergeht. Wie schon erwähnt, sind die meisten gefundenen Zusammenhänge korrelativer Natur, das heißt, sie können seriöserweise nicht kausal interpretiert werden.

Erstaunlich ist, daß bisher so wenig danach gefragt wurde, wo für den Rezipienten der Nutzen liegt, sich als ängstlicher Mensch immer noch mehr aggressive Inhalte anzusehen. So lautet doch die „Kultivierungshypothese" von Gerbner – salopp formuliert –, das Fernsehen mache mit der Darstellung der „erbärmlichen Welt" die Menschen zunehmend ängstlicher. Da das kein angenehmer Zustand ist, würde man doch annehmen, daß Programme mit Gewaltinhalten vermieden werden. Kriminalfilme und Action-storys stehen in der Sehergunst jedoch an vorderster Stelle.

Um dieses Interpretationsdilemma zu beenden, ist es unbedingt nötig, (zumindest vorsichtig) kausal interpretierbare Untersuchungsansätze zu entwickeln. Jo Groebel (1981) sagt dazu: „Die Geschichte der Fernsehgewalt-Diskussion hat gezeigt, daß die Anhäufung nicht integrierter Einzelergebnisse – für die jeweils Allgemeingültigkeit reklamiert wird – letztlich eher Unlust zur weiteren Beschäftigung mit dem Thema erzeugt und zudem eine gewisse Beliebigkeit in der Argumentation" (S. 114). In einer Längsschnittuntersuchung an insgesamt 405 Jugendlichen im Alter von 11-15 Jahren versuchte Groebel der multifaktoriellen Beziehungen zwischen Angst und Vielsehen auf die Spur zu kommen (Groebel, 1981). Einer repräsentativen Zufallsstichprobe von 405 Schülern aus ganz Nordrhein-Westfalen wurde ein sorgfältig entwickelter Fragebogen (mit ca. 10 Hauptvariablen) dreimal mit jeweils einem Jahr Abstand zwischen den Befragungen vorgelegt. Ursprünglich nahmen bedeutend mehr Schüler an der Untersuchung teil (ca. 2500). In dieser Zahl waren jedoch auch Kontrollgruppen enthalten, die zur Überprüfung von reinen Meßeffekten (z.B. Antworttendenzen) jeweils nur einmal befragt wurden. Eine gewisse „Stichprobenmortalität" reduzierte zusätzlich die Gesamtmenge der Befragten über die drei Jahre hinweg. (Diese Beschreibung soll die Mühseligkeit und Schwierigkeiten methodisch exakt durchgeführter Untersuchungen ins Bewußtsein rücken.) Die Querschnittsergebnisse zum jeweiligen Meßzeitpunkt wurden über Varianz- und Kovarianzanalysen gewonnen. Die längsschnittlichen Kausalzusammenhänge wurden mittels Pfadanalysen untersucht. Folgende Ergebnisse seien in Kürze dargestellt:

– Das Vielsehen ist neben dem Faktor „Neurotizismus" die zeitlich stabilste Eigenschaft.
Da die Untersuchung erst bei 11jährigen ansetzte, ist dies, wie Groebel

bemerkt, ein Hinweis auf eine bereits abgeschlossene Mediensozialisation. In diesem Zusammenhang sind sicherlich die verschiedenen Funktionen des Fernsehens in Abhängigkeit vom sozialen Hintergrund von Interesse. (Auch in dieser Publikation wird im Kapitel „Entwicklung von Kontrollüberzeugungen" darauf Bezug genommen.)
- Vielseher haben durchgängig höhere Angst als Wenigseher. Eine Bestätigung von oftmals in der Literatur vorzufindenden Ergebnissen.

Nun kommen wir zur Frage der Kausalbeziehungen.

- Höhere Angst führt zu Vielsehen.
  Über den gesamten Untersuchungszeitraum hinweg beeinflußt eindeutig sehr viel stärker die Höhe der Angst die Fernsehmenge (max. längsschnittlicher Pfadkoeffizient = .20) als die Fernsehmenge die Angst bedingt (max. längsschnittlicher Pfadkoeffizient = .04). Dennoch muß auf eine Wechselwirkung hingewiesen werden.
- Querschnittlich zeigt sich eine Rückwirkung der Fernsehmenge auf Angst (max. querschnittlicher Pfadkoeffizient = .18 für physische Angst). Zusätzlich ergibt sich ein interessanter Zusammenhang mit dispositionalen Faktoren.
- Geringe Selbsteinschätzung und „Neurotizismus" hängen in hohem Maße mit physischer und sozialer Angst zusammen ($p \leq .01$).
  (Alle diese Ergebnisse stammen von Jo Groebel, 1981).
  Abschließend zieht der Autor dieser Längsschnittuntersuchung den Schluß: „Persönlichkeitsmerkmale und situationale Faktoren haben zwar einen größeren Einfluß auf die Angst als der Fernsehkonsum; für die Verarbeitung – und Verstärkung – der Angst aber spielt die Menge der fernsehvermittelten Information eine zentrale Rolle" (Groebel, 1981; S. 128).

Diese Aussage entspricht vollkommen unseren Ergebnissen und Thesen. Die gesellschaftlichen, sozialen und psychologischen Grundlagen für eine bestimmte Lebenssituation sind hauptverantwortlich für die Art und Weise, wie der Rezipient mit dem Massenmedium umgeht. Die Sozialisation für diesen Benützungsstil erfolgt offenbar früh, wobei der Einfluß des Mediums wieder zurückwirkt auf dispositionale Faktoren des Rezipienten (siehe die Kapitel: Kontrollverlust; Entfremdung; Wirkung und Verarbeitung von Nachrichtensendungen).

Auch in der oben beschriebenen Arbeit findet sich jedoch kein Hinweis auf die Motive der ängstlichen Rezipienten, sich durch das Medium Fernsehen noch zusätzlich ängstigen zu lassen. Der Medienforscher Gerbner argumentiert in diesem Zusammenhang mit der Einförmigkeit des amerikanischen Fernsehprogramms, das keine gewaltlose Alternative mehr zulasse. Diese Vermutung ist für die europäische Medienszene (noch?) nicht zutreffend. Das heißt, Rezipienten haben hierzulande durchaus die Möglichkeit, der Gewalt im Programm auszuweichen. Dennoch tun das gerade die Vielseher nicht, die – wie wir wissen – besonders ängstlich sind. In der folgenden Untersuchung sollte versucht werden, ein weiteres Mosaiksteinchen zur Klärung dieser Frage beizusteuern, wobei neben der Angst auch der Faktor „Neurotizismus" einen Bezugspunkt darstellt.

9.1 Die Angst der Kinder und das Fernsehen – Untersuchung Nr. 4 von Vitouch und Mikosz (1987)

Das Hauptaugenmerk der im folgenden dargestellten Arbeit war auf die Untersuchung des Phänomens Angst gerichtet. Es ging dabei um eine Differenzierung des Angsterlebens bzw. der Angstsymptomatik, durch die Testung unterschiedlich vorbelasteter Kinder. Neben dieser grundlegenden Fragestellung wurde zusätzlich noch das Fernsehkonsumverhalten qualitativer und quantitativer Art erhoben. Während die bisher besprochenen medienpsychologischen Arbeiten darauf ausgerichtet waren, Extremgruppen des Medienkonsums zu identifizieren (Vielseher-Wenigseher), wurde in dieser Arbeit der umgekehrte Weg gegangen. Zwei Extremgruppen hinsichtlich des diagnostizierten Phänomens Angst wurden miteinander und mit einer Kontrollgruppe verglichen, bezüglich des Konsums und ihrer Affinität zum Medium Fernsehen.

9.1.1 Versuchsplan

Variablen

Die Bedeutung der Variable Angst und ihr Zusammenhang mit einem definierten Variablenset wurde anhand von zwei Extremgruppen und einer Kontrollgruppe untersucht.

1. Kinder mit diagnostizierten Angstneurosen (VG1)
2. Kinder mit Todeserfahrung in ihrer Familie (VG2)
3. Unauffällige Kinder aus einem Wiener Kinderhort (VG3)

Die Kinder der beiden klinischen Gruppen rekrutierten sich ausschließlich aus Patienten der Wiener Universitätsklinik für Neuropsychiatrie des Kindes- und Jugendalters.

Angstneurotische Gruppe

Sämtliche angstneurotischen Kinder wurden aufgrund psychiatrischer und psychologischer Begutachtung und Diagnosestellung in die Versuchsgruppe aufgenommen. Die Kriterien für die Klassifikation der Neurose der Kinder folgten dabei einem Diagnosemodell der Wiener kinderneuropsychiatrischen Arbeitsgruppe unter Walter Spiel, das zwischen Erlebnisreaktion, Neurose und Persönlichkeitsentwicklungsstörungen unterscheidet.

Erlebnisreaktionen werden als traumatische Ereignisse, die das psychophysiologische System eines Individuums erschüttern, definiert. Im Gegensatz zur Neurose und Persönlichkeitsentwicklungsstörung werden diese Ereignisse vom Kind bewußt erlebt und je nach Alter und Möglichkeiten auch kausal verstanden. Charakteristisch für die Erlebnisreaktionen ist, daß nach einer Phase der Irritation und Verarbeitung wieder der Normalzustand hergestellt wird.

Unter dem Begriff der *Persönlichkeitsentwicklungsstörung* werden alle jene Störungen subsumiert, bei denen die Behinderung der Entwicklungsmöglichkeiten glaubhaft angenommen und die Genese der Symptome verstanden werden kann. Im Unterschied zur Neurose kann bei den Entwicklungsstörungen auf die gesunden Kräfte der Abwehr, der Homöostase und des Vergessens bei der Behandlung solcher Patienten vertraut werden.

Für die *Neurose* wurden nach Spiel (1981) die folgenden Kriterien festgesetzt:

1. „Das verursachende Geschehen, das auf das psychische und psychophysische System im Flusse des Lebens einwirkt, ist der direkten Erkenntnis- und Erlebniserfahrung entzogen, wirkt im Unbewußten.
2. Der psychodynamische Abwehrprozeß gegenüber den intrapsychischen irritierenden Vorgängen führt:
   a) zum Energieverlust der freien Auseinandersetzungskraft mit den Lebensproblemen; auch Bremsung, ebenso wie Fixierung des Entwicklungsprozesses psychischer Funktionen, Fähigkeiten und Fertigkeiten sind im Sinne einer Entwicklungsretardation in den Kinder- und Jugendjahren häufig zu beobachten;

b) zum repetitiven Auftreten neurotischer Symptome, oft im Zusammenhang mit lebenshistorischen Vorkommnissen und

c) zur Symptombildung, verstehbar und deutbar als ein Maskierungsprozeß, der eine Kompromißlösung der widerstreitenden Kräfte darstellt" (Spiel, 1981; S. 9 ff.).

Aufgrund dieser Kriterien wurde die Angstneurose diagnostiziert und die Kinder in die Versuchsgruppe aufgenommen.

Gruppe mit Todeserfahrung in der Familie

Bei den Kindern mit Todeserfahrung in ihrer Herkunftsfamilie wird allgemein anerkannt, daß der Grad der Ängstlichkeit davon abhängt, ob sie den Verlust durch Tod auf eine natürliche Weise miterleben konnten oder aufgrund des traumatischen Ereignisses mit einem psychogenen Schocksyndrom reagierten. Alle Kinder dieser Gruppe wurden ebenfalls (wie die Kinder der Angstneurosengruppe) infolge Verhaltensauffälligkeiten an der Universitätsklinik vorgestellt. Aufgrund der klinischen Anamneseerhebung konnte festgestellt werden, daß die Verhaltensschwierigkeiten der Kinder entweder kurz nach dem Verlusterlebnis oder nach einem längeren Intervall scheinbarer Gleichgültigkeit aufgetreten waren.

Kontrollgruppe

Diese Gruppe rekrutierte sich aus einer Zufallsstichprobe von Kindern aus einem Wiener Kinderhort.

Versuchspersonen

Jede der drei Versuchsgruppen bestand aus 20 Kindern im Alter von 8 bis 12 Jahren. Bei der Auswahl der Vpn wurde die Geschlechtszugehörigkeit zwar erhoben, für die Zuweisung zu einer Versuchsgruppe war sie jedoch nicht bestimmend. In der Kontrollgruppe scheinen gleich viele Mädchen wie Jungen auf, während in den beiden klinischen Gruppen der Anteil der Jungen größer ist (Angstneurotiker 80 %, Kinder mit Todeserfahrung 60 %). Diese Verteilung stimmt mit den in der Literatur zitierten Statistiken überein, die ausweisen, daß mehr Jungen als Mädchen klinisch auffällig werden (Berger und Friedrich, 1977). Um zu vermeiden, daß es zu Unterschieden zwischen den Gruppen aufgrund von Schwierigkeiten beim Verständnis der Aufgaben kommt, wurden nur

Kinder ausgewählt, die bei der HAWIK-Kurzform einen IQ von mindestens 95 erreichten. Die Zuweisungsgründe bei der angstneurotischen Gruppe waren Angst, Verhaltensstörung, Lern- und Leistungsschwierigkeiten, depressives Verhalten, Schlafstörungen. Bei der Gruppe mit Verlusterleben waren die Symptome: Angst, Verhaltensstörung, Leistungsstörungen, Aggressivität, psychosomatische Beschwerden, Rückzugsverhalten.

Die Testbatterie

Die im Vordergrund stehende Fragestellung in dieser Untersuchung bezog sich auf die vermuteten Unterschiede zwischen den Gruppen in der Ausprägung der Ängstlichkeit sowie der Intensität der Angstabwehr. Zur umfangreichen Datenerhebung bezüglich dieses Faktors diente ein psychodiagnostisches Gespräch, eine Befindlichkeitsskala, die Hamburger Neurotizismus- und Extraversionsskala (HANES) von Buggle und Baumgärtl (1975), ein Angstfragebogen, ein Satzergänzungstest, eine sogenannte Wunschprobe von Wilde (1950), Geschichtenvollenden von Düss (1964), der Rorschachtest und zusätzlich der HAWIK zur Intelligenzmessung.

9.1.2 Ergebnisse

Ein – für die Interpretation der Daten – wesentliches Ergebnis resultierte aus der Überprüfung des Intelligenzquotienten der Kinder. Die drei Versuchsgruppen unterschieden sich *nicht* hinsichtlich der Intelligenz der jeweiligen Vpn.

Neurotizismus

Versuchsgruppe 1 unterschied sich nicht signifikant von Versuchsgruppe 2.
Die VG3 (Kontrollgruppe) unterscheidet sich von beiden klinischen Versuchsgruppen mit einem signifikant niedrigeren Wert (siehe Tabelle 1 und 2 im Anhang).

Ängstlichkeit

Aufgrund der Mittelwertsvergleiche der Variable „Ängstlichkeit" im Rorschachtest ergaben sich signifikante Unterschiede zwischen den drei Versuchsgruppen. Versuchsgruppe 1 ist signifikant ängstlicher als Versuchsgruppe 2. Versuchsgruppe 3 weist die geringste Ängstlichkeit auf (siehe Tabelle 3). Neurotische Kinder weisen damit die größte Ängstlichkeit auf, zeigen aber eine deutlich gesteigerte Angstabwehr. Bei direkter Befragung gaben 70 % der Neurotiker an, keine Angst zu haben (Angstfragebogen). Ihre Angstabwehr konnte nur mit Hilfe projektiver Verfahren durchbrochen werden, in denen sie im Vergleich zu den beiden anderen Versuchsgruppen die meisten Angstzeichen aufwiesen (Rorschach-Test). Dieser Aspekt ist vor allem für jene Art von Medienforschung interessant, die sich mit der Befragung der Rezipienten begnügt. Das Ergebnis der vorliegenden Arbeit zeigt eindeutig, daß gerade jene Personen, die am stärksten unter neurotischer Angst leiden, diese Angst vor sich selbst und anderen leugnen.

Fernsehkonsumverhalten

Beim Fernsehkonsumverhalten ergaben sich bei 4 Items des Fragebogens signifikant unterschiedliche Antworten zwischen den drei Gruppen. Bei der Menge des Fernsehkonsums zeigten sich keine signifikanten Unterschiede. Die Prozentangaben lassen jedoch eine tendenzielle Interpretation zu. Auffällig ist vor allem der hohe Anteil von angstneurotischen Kindern (90 %), der täglich fernsieht. Von diesen Kindern konsumieren auch 80 % Teile des Abendprogramms. Dabei ist anzumerken, daß die Kinder dieser Versuchsgruppe signifikant öfter alleine vor dem Fernsehschirm sitzen. Sie sehen auch signifikant öfter Krimis als die Kinder der Kontrollgruppe und haben deutlich stärker den Wunsch, mehr fernzusehen, wenn sie dürften (siehe Tabelle 4 und 5). Nochmals mit anderen Worten: Gerade jene Kinder, die die stärkste Ängstlichkeit aufweisen, diese Angst jedoch abwehren und leugnen, sehen am meisten fern, bevorzugen Krimis und würden gerne noch mehr fernsehen. Auch die Kinder mit Verlusterlebnissen in der Herkunftsfamilie (VG2), die in der Ausprägung der Ängstlichkeit am zweiten Platz stehen, sehen in größerer Menge Krimis und Abendprogramm als die Kinder der Kontrollgruppe (60 % versus 25 %), wiewohl es keinen signifikanten Unterschied gibt. Ihr Wunsch nach mehr Fernsehkonsum ist jedoch ebenfalls signifikant stärker ausgeprägt, als jener der Kontrollgruppe, aber deutlich geringer als bei den Angstneurotikern. Bei den Kindern der VG2 (Todeserlebnis) ist der kausale Ursprung der Angst – auch vom Zeitpunkt der Entstehung her – klar definiert. Man kann also nicht annehmen, daß der erhöhte Konsum von Krimis (im Vergleich zur Kontrollgruppe) zu ihrer Angst geführt hat, sondern daß eher ihre Angst (und die Strategie zu ihrer Bewältigung) kausal mit dem Fernsehkonsum zu tun hat.

Der gleiche Schluß kann für die Gruppe der Angstneurotiker aus dieser Untersuchung nicht exakt abgeleitet werden. Dennoch darf man vermuten, daß nicht alle Kinder dieser Gruppe ausschließlich durch das Fernsehen angstneurotisch wurden. Es liegt eher der Schluß nahe (siehe Ergebnisse von Groebel), daß der Konsum von angsterregenden TV-Inhalten für diese Kinder eine Möglichkeit des kontrollierten Umganges mit ihren abgewehrten Ängsten darstellt.

9.1.3 Diskussion

Die beiden wichtigsten Aspekte dieser Untersuchung sind demnach:

1. Es gibt besonders ängstliche Rezipienten, die wohl hinsichtlich ihres Neurotizismuswertes und hinsichtlich ihres Verhaltens auffällig sind, bei direkter Befragung ihre Angst jedoch leugnen (Angstabwehr).
2. Gerade diese angstneurotischen Rezipienten neigen besonders stark zu angsterregenden Inhalten im Medium Fernsehen.

Einen weiteren interessanten Aspekt stellt die Reihung jener Situationen dar, die für alle Kinder besonders angsterregend wirken und aus dem Angstfragebogen rekonstruierbar sind. Es handelt sich dabei um (a) die Angst vor dem Tod eines nahen Verwandten; (b) die Angst vor Dieben und Einbrechern sowie (c) die Angst vor Feuer.

Es scheint sich dabei um sehr allgemeine und archaische Ängste zu handeln, die nicht nur Kinder betreffen. Wie wäre es sonst zu erklären, daß zu einem sehr hohen prozentuellen Anteil stereotype „Action-Dramaturgie" von Spiel mit diesen Ängsten lebt?

Wenn wir nun die Spur konsequent weiterverfolgen, führt dies zur Vermutung, daß ängstliche Menschen offenbar Nutzen aus der Betrachtung angsterregender Fernsehinhalte ziehen. Man könnte meinen, daß es eine vorsichtige Bewältigungsstrategie ist, sich in kontrollierter Form an fiktive Fernsehinhalte versuchsweise anzunähern, unter der Bedingung, den Angstreiz jederzeit beherrschen zu können. Ein Vorteil, der im täglichen Leben nicht gegeben ist, weil man hier die belastende Situation nicht „abschalten" kann. (Besonders schön wurde dieser Aspekt im Film „Willkommen Mr. Chance" mit Peter Sellers in der Hauptrolle gezeigt. Sellers spielt einen bis dahin behütet aufgewachsenen, etwas beschränkten Diener eines alten, reichen Mannes. Sein einziger Kontakt zur Außenwelt ist der Fernsehapparat, in den er in jeder freien Sekunde – durch die Kanäle „switchend" – starrt. Nach dem Tod des alten Mannes wird Sellers auf die Straße gesetzt und auf seiner verwirrenden Wanderschaft durch die Stadt prompt von einer Jugendbande überfallen und mit dem Messer bedroht. Eine Situation, die Mr. Chance – höchst irritiert – zu lösen versucht, indem er mit seiner Fernbedienung auf die Jugendlichen zielend den TV-Kanal wechseln möchte. Die unangenehme Situation wird weg-„geswitched". Immerhin verwirrt das seltsame Gehabe von Mr. Chance die Jugendbande so sehr, daß sie sich ein anderes Opfer sucht.)

Eine weitere Frage entsteht durch die Tatsache, daß vor allem stereotype und klischeehafte Inhalte bevorzugt werden (dies zeigt das Verhalten der Vielseher ebenso, wie ganz allgemein die Einschaltziffern oder die Entwicklung des amerikanischen Privatfernsehens). Eine unserer Thesen betraf die „Vorhersagbarkeit" derartiger Strukturen und Inhalte. Die Welt wird dadurch überblickbarer und kontrollierbarer. Die Tendenz zur Identifizierung von – unter Entfremdung bzw. Hilflosigkeit leidenden – Rezipienten mit kompetenten und handlungsfähigen Helden ist ein weiterer Aspekt.

In der Untersuchung Nr. 3 (Vitouch und Jaeger) ist uns der Zusammenhang zwischen Ängstlichkeit und mangelndem Selbstbewußtsein mit stärkerer Inferenzneigung aufgefallen. Ängstliche Menschen scheinen in ihrer Wahrnehmung eine Tendenz zur Vereinfachung, zur sozialen Stereotypenbildung aufzuweisen. Bezüglich dieser Frage scheint ein spezifisches psychologisches Konzept, das sich mit Angstbewältigungsstrategien beschäftigt, von Interesse.

III. Zur Typologie des Zuschauerverhaltens

1. Der Einfluß von Angstabwehr und Umweltkomplexität auf die Informationsverarbeitung

In den vorhergehenden Kapiteln haben wir uns mit der Informationsübermittlung durch Massenmedien, ihren formalen Darstellungsweisen und den Verarbeitungsstrategien der Rezipienten beschäftigt. In diesem Zusammenhang (basierend auf den zitierten Untersuchungen Nr. 1 bis Nr. 4) sind immer wieder Begriffe aufgetaucht (Stereotyp, Klischee, Inferenz), die mit der Reduktion unserer komplexen Wirklichkeit zu tun haben. Zuletzt wurde noch deutlich (Untersuchung Nr. 4), daß Angstabwehr mit spezifischen Formen des Medienkonsumverhaltens in Beziehung steht. Ein Aspekt, der auch durch die Vielseherforschung deutlich hervorgehoben wird.

Betrachten wir nun eine psychologische Theorie, die sich mit komplexer Informationsverarbeitung auseinandersetzt und die Informationsverarbeitungsfähigkeit als Persönlichkeitsvariable postuliert. Eine Kritik und Ergänzung zu diesem Modell wird uns schließlich wieder mit dem Phänomen Angst konfrontieren, das als wesentlicher Faktor in den Prozeß der Informationsaufnahme eingreift, wie zu zeigen sein wird.

Wieder treffen wir auf die zentralen Größen Angst und Informationsverarbeitungsfähigkeit, die in zahlreichen Medienforschungsarbeiten als miteinander in Beziehung stehend identifiziert wurden. Die Einbeziehung dieser beiden Faktoren – eingebettet in eine psychologische Theorie – in die empirische Medienforschung soll ein weiteres Beispiel für theoriengeleitete Untersuchungsansätze liefern.

1.1 Die Informationsverarbeitungsfähigkeit als Persönlichkeitsvariable

Ausgangspunkt der folgenden Ausführungen ist Schroders Modell der komplexen Informationsverarbeitung (siehe Schroder, Driver und Streufert, 1967; Schroder, 1975). Schroder postuliert, daß sich Individuen nicht nur hinsichtlich Art und Menge ihres Wissens unterscheiden, sondern daß es auch individuelle Unterschiede bezüglich der Adaptatierung und Verarbeitungsstrategien der wahrgenommenen Informationseinheiten gibt. Zwei Komponenten des Informationsverarbeitungsprozesses stehen im Blickpunkt des Interesses: die *Informationsaufnahme* und die nachfolgende *Organisation* der aufgenommenen Informationsinhalte.

Die Komponente der Informationsaufnahme wird als ein Vorgang betrachtet, im Rahmen dessen einlaufende Reize in bestimmter Weise kategorisiert (nach bestimmten Attributen und Dimensionen geordnet) werden und ihnen auf diesen Dimensionen bestimmte Werte zugewiesen (sie demnach skaliert) werden. Diese beiden Bereiche werden als *Differenzierung* und *Diskriminierung* bezeichnet.

Die Organisationskomponente ist durch ein System von Regeln definiert, die es ermöglichen, auf der Grundlage ein und desselben Reizes unterschiedliche Sichtweisen (Konzepte) über diesen Reiz zu erzeugen. Diese Regeln gewichten die zur Kategorisierung herangezogenen Dimensionen in jeweils unterschiedlicher Weise und integrieren die gewonnenen Werte zur verschiedenen Sichtweisen bzw. Konzepten. Dieser Teil der Informationsverarbeitung wird als *Integration* bezeichnet.

Die persönlichkeitsspezifischen, interindividuellen Unterschiede der Informationsaufnahme beziehen sich nun (a) auf die Anzahl der Dimensionen oder Skalen, auf denen ein objektiver Reiz erfaßt werden kann *(Differenzierung)*, und (b) auf die Anzahl der Skalenwerte, die einem Reiz auf jeweils einer dieser Dimensionen zugeordnet werden kann *(Diskriminierung)*.

Bei der Informationsorganisation ergeben sich diese interindividuellen Unterschiede hinsichtlich der (a) Anzahl und (b) Strukturiertheit der kombinierenden Regeln, nach denen diese einzelnen Skalenwerte zu einem oder mehreren Konzepten eines Reizes verbunden werden *(Integration)* (Krohne, 1971).

Durch die Leistungsfähigkeit dieser drei Komponenten wird das Niveau der Informationsverarbeitungsfähigkeit eines Individuums bestimmt.

Wie wir gehört haben, wird nach Schroder die jeweilige Informationsaufnahme durch die subjektive Differenzierung und Diskriminierung des
Individuums bestimmt. Die inhaltliche Nähe dieser Größen zu Konzepten
wie Stereotyp und Klischee muß nicht besonders betont werden. Sie ergibt sich aus dem Vergleich der Definitionen, die in dieser Arbeit zitiert
wurden (siehe Kapitel Stereotyp).

Das Integrationsniveau wird durch die Organisation der Informationseinheiten bestimmt. Eine Person mit *geringem* Integrationsniveau wäre
demnach gekennzeichnet durch ein festes Kombinationsschema bzw.
einen einfachen Algorithmus, mittels dessen diese Einheiten zu übergeordneten Konzepten integriert werden. Eine derartige Person würde ihre
Umwelt anhand von wenigen Dimensionen differenzieren und diese Informationsinhalte immer in derselben Weise integrieren.

Eine Person mit *hohem* Integrationsniveau hingegen wird Objekte der
Umwelt oder Mitmenschen durch eine Auswahl unabhängiger Dimensionen beurteilen können (Differenzierung). Die erhaltenen Dimensionen
wird sie in jeweils unterschiedlicher Weise gewichten (Diskriminierung)
und so zu verschiedenen Konzepten verarbeiten. Ein übergeordnetes System von Vergleichsregeln wird nun seinerseits die jeweils erhaltenen
Konzepte hinsichtlich bestimmter Entscheidungskriterien unterschiedlich
verbinden (Integration).

Ein „mittelhohes" Integrationsniveau wird von Schroder als jenes bezeichnet, das im wesentlichen *„empirisch orientiert"* ist und Vergleichsregeln benützt, die im Sinne von „Wenn-Dann"-Beziehungen zu denken
sind.

Die darüber hinausgehende komplexeste Stufe der Informationsverarbeitung ist durch eine *theoretische* Orientierung des Individuums gekennzeichnet. Eine Person mit einem derartigen Informationsverarbeitungsniveau wird verschiedene Konzepte zu integrieren versuchen, wodurch die vielfältigen Informationen über Umwelt oder Personen zu einer
übergeordneten Theorie verarbeitet werden können. Aus dieser Theorie
werden Hypothesen entwickelt, die in verschiedenen Situationen überprüft werden.

Der Strukturiertheitsgrad des Systems zur Verarbeitung von Information bestimmt demnach das individuelle Informationsverarbeitungsniveau. Die Variablen, die für die individuellen Unterschiede bei der Wahrnehmung und Organisation von Information verantwortlich sind, be-

zeichnet Schroder als „Strukturvariablen", die den Inhaltsvariablen gegenüberstehen. Diese Strukturvariablen bestimmen das *konzeptuelle Niveau* des Individuums, das sich zwischen den Polen „konkretes bzw. simples Niveau" und „abstraktes bzw. komplexes Niveau" bewegen kann. Wenn wir uns nun auf die bisherigen Überlegungen zum Stereotyp besinnen und die persönlichkeitsspezifische Inferenzneigung (siehe Untersuchung Nr. 3 von Vitouch und Jaeger) mit einbeziehen, kann man vermuten, daß Personen mit *„simplem konzeptuellem Niveau"* jene sind, die eher eine *Stereotypisierungstendenz* und/oder *Inferenzneigung* aufweisen (siehe Differenzierung und Diskriminierung).

In diesem Zusammenhang vermutete Schroder, daß Menschen mit simplem konzeptuellem Niveau „kognitive Konflikte, wie auch stärkere Komplexität und Mehrdeutigkeit (z.B. hoher Informationsgehalt von Reizmustern) unangenehm erleben. Zusammengefaßt könnte man dieses Verhalten sogar als Intoleranz gegenüber Mehrdeutigkeit bezeichnen". Im Bereich der sozialen Wahrnehmung werden „andere Individuen und ihre Ansichten entweder als völlig gleich oder aber als ganz – jedoch unverständlich – anders erlebt". „Ausgehend von der Unstrukturiertheit der eigenen Konzepte und der ausgeprägten subjektiven Sicherheit im Hinblick auf die Richtigkeit eigener Auffassungen und Entscheidungen sollte sich autoritäres und dogmatisches Verhalten als eine weitere Implikation 'simpler' Integrationssysteme erweisen" (zit. nach Krohne, 1971).

Zur Messung des konzeptuellen Niveaus wurden von Schroder und seinen Mitarbeitern einige semi-projektive Verfahren entwickelt. Auf diese Methoden und ihre Problematik kann hier nicht näher eingegangen werden (siehe Schroder et al., 1967; Krohne, 1971; Krohne und Schroder, 1971).

Im Lichte der bisherigen Überlegungen scheinen uns jedoch die Zusammenhänge zwischen konzeptuellem Niveau und aktuellem Informationsverarbeitungsverhalten beachtenswert. Es ist anzunehmen, daß unterschiedliche Verarbeitungsstrategien z.B. zu unterschiedlichen Wirkungen von Medieninhalten führen bzw. Rezipienten dazu veranlassen, unterschiedliche Programminhalte zu bevorzugen. Die Beobachtung der Interaktion zwischen individuellem konzeptuellem Niveau und Medienrezeption stellt damit einen weiteren Ansatzpunkt dar, theoriegeleitete Medienforschung zu betreiben. In der Folge werden uns noch Zusammenhänge des konzeptuellen Niveaus mit der Verarbeitung von Umweltkomplexität sowie mit Angstabwehr interessieren. Schließlich werden wir uns mit einem lerntheoretischen Ansatz zur Entwicklung individueller Niveauunterschiede bei der Informationsverarbeitung beschäftigen.

1.3 Umweltkomplexität

Wenn man der bisherigen Modellentwicklung folgt und einem simplen (konkreten) Niveau der Informationsverarbeitung ein komplexes (abstraktes) Niveau gegenüberstellt, so ist es ohne Zweifel von Interesse, wie Personen mit unterschiedlichem „konzeptuellem Niveau" auf komplexe Reizkonfigurationen der Umwelt reagieren. In der Sprache der Medienforschung könnte man sagen, es wäre interessant, wie Menschen mit unterschiedlichen Informationsverarbeitungssystemen auf die Reizüberflutung unserer „Informationsgesellschaft" reagieren (Stichworte dazu sind die „kontextlose Information" und der Ausspruch von Postman: „Von jetzt an geht alle alles an".)

Wir erinnern uns, daß in Schroders Modell der Grad der konzeptuellen Kapazität einer Person jenes Niveau bestimmt, das sie in einer aktuellen Informationsverarbeitungssituation erreichen kann. Er nennt dieses Niveau auch *Informationsverarbeitungskapazität*, während die zugrundeliegende Disposition *Informationsverarbeitungsfähigkeit* genannt wird. Führt man in diese Modellvorstellung die Umweltkomplexität mit aufsteigender Intensität ein, ergibt sich nach Schroder et al. (1967) ein kurvilinearer Zusammenhang, der der verkehrt U-förmigen Beziehung des „Yerkes-Dodson-Gesetzes" entspricht (Yerkes und Dodson, 1908). Mit steigender Umweltkomplexität wird die Kapazität zunächst ansteigen, dann ein Maximum erreichen, um bei weiterer Erhöhung der Komplexität weiter abzusinken. Die interindividuelle Informationsverarbeitungsfähigkeit wird – nach Schroder – den kurvilinearen Verlauf der Funktion unterschiedlich beeinflussen. Mit steigender Umweltkomplexität werden konzeptuell komplexe Personen ihre Kapazität steiler steigern als „simple", des weiteren ein absolut höheres Kapazitätsniveau erreichen und erst in einem Bereich stärkerer Umweltkomplexität den charakteristischen Leistungsabfall infolge von Stress zeigen.

Ein Ansatz, dessen empirische Überprüfung für die Medienforschung höchst interessant sein muß. Exakte Ergebnisse in diesem Bereich könnten z.B. Voraussagen erleichtern, welche Rezipienten bei welchem Ausmaß von Medieninformation überfordert sind und mit einem Abfall ihrer Informationsverarbeitungskapazität reagieren. Daß dieser Zusammenhang doch nicht so einfach darzustellen ist, haben Krohne und Schroder (1972) in einer umfangreichen Arbeit (auf die wir noch zurückkommen werden) selbst aufgezeigt. Krohne hat 1971 das Informationsverarbeitungsmodell erweitert und zu diesem Zweck das Konstrukt „Repression-Sensitization" von Byrne (1961, 1964) einbezogen.

1.4 Das „R-S-Konstrukt"

Grundsätzlich kann man – nach Epstein (1967) – dann von einer „normalen Angstkontrolle" sprechen, wenn Personen in einer nicht-defensiven Weise mit Angstreizen umgehen. Bei einer ersten Konfrontation mit Gefahrenreizen in einer bestimmten Situation (z.B. beim Fallschirmspringen, siehe Epstein und Fenz, 1962) reagiert das Individuum noch mit einem „Alles-oder-Nichts"-Abwehrsystem. Die Angst steigt entlang eines Gradienten der Annäherung kontinuierlich bis zum Entscheidungsprozeß (zu springen oder sitzen zubleiben) an. Erst nach der Entscheidung, sich der Angstquelle noch weiter zu nähern, setzen Kontrollmechanismen zur Hemmung der Angst ein. Das Aufgeben eines Hemmsystems nach dem Alles-oder-Nichts-Prinzip impliziert eine zunehmend modulierte Kontrolle von Angst. Das heißt, es entwickeln sich Strategien, Angst zu einem immer früheren Zeitpunkt auf der zeitlichen Sequenz zielrelevanter, also für die Annäherung an die Quelle der Angst bedeutsamer Hinweisreize zu hemmen. Angst und Erregung werden damit aufgrund immer früherer Warnsysteme auf zunehmend geringerem Niveau gehemmt. Dieses System funktioniert als eine Art gestaffeltes Angstkontrollsystem, das auf mehreren Niveaus der Angststärke moduliert funktioniert.

Abnorme Angstkontrolle ist durch die Beibehaltung des unmodulierten Alles-oder-Nichts-Systems gekennzeichnet und führt zu defensiver Bewältigungsreaktion. Der Entwicklung eines derartigen Angstbewältigungssystems liegt vermutlich die massierte Erfahrung exzessiver Erregungsanstiege zugrunde. Dies führt zu den erwähnten Alles-oder-Nichts-Reaktionen zum frühestmöglichen Zeitpunkt des Auftauchens gefahrenrelevanter Signale. Im „abnormalen" System ist demnach der normale, modulierte Prozeß der ansteigenden Kontrolle mit Hilfe adäquater Reaktionen kurzgeschlossen. Damit vermeidet das Individuum die Konfrontation mit der Angst, jedoch zu dem Preis, keine Verhaltenssequenzen zum effektiven Umgang mit der Realität in Gefahrensituationen aufbauen zu können.

Byrne differenziert nun in seiner Theorie der Angstabwehr zwischen „repressers" und „sensitizers". Diese Unterscheidung führte dazu, für „Defensive" eine eindimensionale, bipolare Persönlichkeitsdimension „Repression-Sensitization" vorzuschlagen (Byrne, 1964; Krohne, 1978). Represser suchen in geringerem Ausmaß nach Information oder jedenfalls nur nach Informationsinhalten, welche unvereinbar mit ihren Ängsten sind. Sensitizer hingegen unterdrücken die gefahrenrelevanten Hinweisreize nicht, sondern zeigen im Gegensatz dazu eine extrem hohe Vigilanz für angstbesetzte Reize. Eine Erklärung für dieses Verhalten basiert auf aktivierungstheoretischen Überlegungen. Durch die ständige Aufmerksamkeit entwickelt der Sensitizer ein chronisch erhöhtes Aktivierungsniveau, wodurch es unmöglich wird, daß durch Angstreize ein plötzlicher, unerwarteter und extremer Aktivierungsanstieg ausgelöst werden kann, der aversiv erlebt würde. Der Represser schützt sich von vornherein gegen diesen plötzlichen Anstieg durch die Hemmung von Wahrnehmungsinhalten, die mit Angst assoziiert sind.

Schon in den fünfziger Jahren führte die Forschung über „perceptual-defense" Phänomene (zu dem auch dieses Konzept zu zählen ist) zu heftigen Kontroversen darüber, ob es sich hier wirklich um unterschwellige, vorbewußte Abwehrprozesse handelt oder um bewußte Reaktionsverfälschungen und Methodenartefakte. Einige Forschungsansätze zum „perceptual-defense" Phänomen scheinen unterschwellige, vorbewußte Informationsverarbeitungsprozesse, welche die Wahrnehmung beeinflussen, zu bestätigen (Lazarus-Mainka und Rose, 1980; Dixon, 1971).

Die Brauchbarkeit dieser Ansätze zur empirischen Untersuchung der Tendenz von Rezipienten, angsterregende Nachrichten („bad news") anzustreben oder zu vermeiden (Sensitizer-Represser), braucht nicht näher ausgeführt zu werden. Für die Medienforschung von ganz wesentlichem Interesse ist jedenfalls der Zusammenhang zwischen abnormer Angstabwehr und Informationsverarbeitungsprozessen (siehe Untersuchung Nr. 4 von Vitouch und Mikosz). Diese Interaktion haben Krohne und Schroder (1972) auf der Basis des Schroderschen Informationsverarbeitungsmodells in Kombination mit dem Represser-Sensitizer-Konstrukt von Byrne experimentell untersucht.

1.5 Das R-S-Konstrukt und Informationsverarbeitungsprozesse

Wie schon dargestellt wurde, wird – nach Schroder – das Informationsverarbeitungsniveau durch zwei Variablen bestimmt: (a) die Differenzierung, die die Menge der aufgenommenen Kategorien und Dimensionen darstellt, welche auf verschiedenen Skalen abgebildet werden und (b) die Integration, welche in ihrer komplexesten Ausformung als ein System von Kombinationsregeln und Theorien anzusehen ist. Die Ausprägung dieser beiden Aspekte bestimmt das konzeptuelle Niveau der Informationsverarbeitungsfähigkeit des jeweiligen Individuums. Wie schon erwähnt, erweiterte Krohne (1971) das Informationsverarbeitungsmodell von Schroder durch die Einbeziehung der Größe „Angstabwehrbereitschaft". Während Schroder nur das konzeptuelle Niveau als Persönlichkeitsdisposition definiert, welche die Informationsverarbeitungsfähigkeit bestimmt, bezieht Krohne die verschiedenen Formen der Angstabwehr mit ein. In einer empirischen Arbeit, in der er vorerst nur das Represser-Konstrukt (als *eine* spezifische Form der defensiven Angstbewältigung) nicht defensiven Angstbewältigungsstrategien gegenüberstellt, überprüft er – neben anderen – die beiden nachfolgend dargestellten Hypothesen:

1) Mit zunehmender Reizmehrdeutigkeit steigt (wie im Kapitel Umweltkomplexität beschrieben; Anm. d. Verf.), jedenfalls bis zu einem gewissen Optimum, das aktuelle Niveau der Informationsverarbeitung an.

2) Vermeider (Represser) erleben mit steigender Reizmehrdeutigkeit zunehmend mehr Gefahrensignale und aktivieren deshalb ihr Angstabwehrsystem in stärkerem Maße als bei geringer Mehrdeutigkeit. Die Interferenz der abnormen Angstkontrolle mit dem normalen Prozeß der Informationsverarbeitung und – daraus resultierend – die Niveauunterschiede zwischen Nichtdefensiven und Vermeidern (Repressern) sollten bei hoher Mehrdeutigkeit ausgeprägter sein als bei geringer Reizunsicherheit.

Der weitaus größte Teil seiner Ergebnisse stützte die entwickelte Interaktion. Neben anderen Ergebnissen konnte Krohne zeigen:

a) Vermeider (Represser) zeigen über die Mehrzahl aller verwendeten mehrdeutigen Reize eine geringere Informationsverarbeitungskapazität als Nichtdefensive.

b) Vermeider und Nichtdefensive sind in ihrem konzeptuellen Niveau (bei Umweltbedingungen geringer Komplexität und damit implizit bei geringerer Belastung) nahezu vollkommen gleich.

c) Bei hoher Reizkomplexität fallen Vermeider im Niveau aller Informationsverarbeitungsparameter deutlich hinter Nichtdefensive zurück.

d) Während Nichtdefensive ihre Informationsverarbeitungskapazität mit zunehmender Reizmehrdeutigkeit steigern, zeigen Vermeider ein konstantes Niveau, das auch zwischen konzeptuell „simplen" und konzeptuell „komplexen" Personen dieser Gruppe wenig Unterscheidung aufweist (Verhaltenshomogenisierung).

e) Vermeider senken bei größerer Reizkomplexität jedoch das Ausmaß ihrer Informationssuche und verstärken im Gegensatz zu den Nichtdefensiven den Grad der subjektiven Sicherheit, den sie hinsichtlich der Richtigkeit ihrer Reizidentifikation angeben.

Zu diesem letzten Punkt meint Krohne ergänzend:

„Zwar suchen Vermeider weniger Information als Nichtdefensive, vielleicht suchen sie aber auch nach anderen Informationsinhalten. Die Feststellung derartiger inhaltlicher Unterschiede bei der Informationssuche zwischen Vermeidern (Repressern) und Nichtdefensiven müßte Gegenstand weiterer Untersuchungen sein" (Krohne, 1971; S. 111).

In einer unmittelbar darauffolgenden Untersuchung bezogen Krohne und Schroder (1972) das gesamte R-S-Konzept in ein Experiment zur Informationsverarbeitungsfähigkeit mit ein. Im Rahmen dieser Arbeit wurde der Einfluß von Angsterregung auf das aktuelle Informationsverarbeitungsniveau bei defensiven und nichtdefensiven Personen untersucht. Bei der Beobachtung der defensiven Personen wurde der Frage nachgegangen, wie verschiedene Formen der Angstabwehr (Vermeidung versus Sensitivierung oder Repression versus Sensitization) in unterschiedlicher Weise den Ablauf der Informationsverarbeitung stören. Das aktuelle Informationsverarbeitungsniveau wurde durch die (in diesem Kapitel schon beschriebenen) Parameter „Anzahl der Informationssuchreaktionen, Differenzierung und Integration" bestimmt. Generell konnte beobachtet werden, daß Represser (mit der vermeidenden Form der Angstabwehr) unter der Bedingung der angstinduzierenden Instruktion eine Reduzierung der Informationsaufnahmeaktivität zeigen. Die Angstabwehr der Sensibilisierer führte zu einer Senkung ihres Integrationsniveaus (d.h. sie verwendeten eine geringere Anzahl von verbundenen

Konzepten). Wie zu erwarten war, beschränkten sich diese Reaktionen auf Situationen, in denen Angst erzeugt wurde.

Durch diese Ergebnisse konnte eindeutig nachgewiesen werden, daß der jeweilige *Angstbewältigungsstil* (defensive versus nichtdefensive Angstabwehr) sowie das konzeptuelle Niveau der Informationsverarbeitung – im Sinne von dispositionellen Persönlichkeitskonstrukten – in Abhängigkeit von der Umweltkomplexität das Informationsverarbeitungsniveau bestimmen. In zahlreichen weiteren Untersuchungen (Byrne, 1961; Lomont, 1964; Krohne, 1974; Krischbaumer und Karoly, 1977; zit. nach Krohne und Hudson, 1979) konnte gezeigt werden, daß die dispositionelle Bevorzugung bestimmter Abwehrstrategien nicht mit Fähigkeitsunterschieden verbunden sind. Represser, Nichtdefensive und Sensitizer unterscheiden sich nicht signifikant auf Maßen der verbalen und quantitativen Fähigkeit.

Die nachfolgend dargestellte Untersuchung stellt ein Beispiel für eine praxisorientierte Anwendung der oben entwickelten theoretischen Grundlagen dar. Die im Vordergrund stehende Frage bezieht sich auf die individuelle Verarbeitung von angstbesetzten – über das Medium Fernsehen transportierten – Inhalten.

Aus gutem Grund wird in der Konsumwerbung auf angsterregende Inhalte weitgehend verzichtet. Im Bereich des „social advertising" ist das oftmals grundsätzlich nicht möglich, weil die Inhalte der Kampagnen letztlich die unangenehmen und manchmal letalen Konsequenzen von Fehlverhaltensweisen ansprechen müssen. Damit ergibt sich auch hier die Frage, wie diese angstbesetzte Information vom Zuschauer aufgenommen und verarbeitet wird.

1.6 Die Akzeptanz von „social advertising" – Untersuchung Nr. 5 von Vitouch (1991)

Diese Arbeit wurde vom Forschungsfond der österreichischen Handelskammer finanziell gefördert. Die Untersuchung wurde an einer Zufallstichprobe von 130 studentischen Versuchspersonen durchgeführt, von denen letztlich 97 Vpn der Auswertung zugeführt werden konnten. Es handelte sich dabei um Studenten und Studentinnen des ersten Studienabschnittes im Alter von 19-23 Jahren.

Im ersten Teil der Untersuchung wurde der Angstbewältigungsstil der Probanden erhoben. Dazu wurde der Fragebogen von Byrne und

Krohne zur Messung der Dimensionen Repression-Sensitization verwendet, sowie zur Messung der Ängstlichkeit der STAI-Trait und STAI-State Angstfragebogen. Zusätzlich wurde die soziale Angepaßtheit mit der SDS-Skala (social desirability scale) gemessen. Dieser Durchgang dauerte etwa 45 Minuten.

Der zweite Teil wurde mit dem Befindlichkeitsfragebogen von Zerssen eingeleitet. Anschließend sahen die Probanden eine Videoaufzeichnung von etwa 35 Minuten Länge. In die Aufzeichnung einer „Alf"-Folge wurden vier Blöcke zu je vier Werbespots montiert. Acht der sechzehn Spots waren sogenannte „social advertising spots", die im weitesten Sinn mit Angst assoziierbar waren (Anti-Alkohol Kampagnen, Anti-Rauch Kampagnen, Gewalt gegen Kinder, AIDS-Vorsorge). Nach der Vorführung wurde wiederum die Befindlichkeit (Zerssen) und das Angstniveau (STAI) erhoben. Anschließend wurde der Fragebogen zur Erhebung der individuellen Reproduktionsleistung bezüglich der Werbespots bearbeitet, eine Rangreihung erstellt und das konzeptuelle Niveau der Informationsverarbeitung überprüft. Dieser zweite Teil, der ein bis zwei Wochen nach dem ersten Teil durchgeführt wurde, dauerte etwa eine Stunde und 15 Minuten.

Unabhängige Variablen

Als unabhängige Variablen wurden jene kontrollierten Variablen bezeichnet, die im experimentellen Design durch das Versuchsmaterial nicht beeinflußt wurden. Sie sind von der Beeinflussung unabhängig. Im vorliegenden Fall waren dies

- die Dimension Represser-Sensitizer,
- der nichtdefensive Angstverarbeitungsstil,
- die manifeste Angst.

Alle diese Daten wurden im ersten Durchgang – unbeeinflußt von der experimentellen Situation – erhoben.

Abhängige Variablen

Als abhängig werden jene Variablen bezeichnet, die aufgrund der experimentellen Einwirkung eine beobachtbare Veränderung erfahren. Im vorliegenden Fall waren dies

- die Befindlichkeit
- die Menge der reproduzierten Spots
- das konzeptuelle Niveau der Verarbeitung der Inhalte der Werbespots.

Die Gruppierungen der Versuchspersonen gemäß der theoretischen Voraussetzungen:

Im Einklang mit den vorne dargestellten theoretischen Grundlagen wurden die Versuchspersonen in drei Gruppen geteilt:

a) Represser: Niedriger Wert auf der RS-Skala, hoher Wert auf der SDS-Skala (social desirability scale), geringer Angst-Wert (STAI).
b) Sensitizer: Hoher Wert auf der RS-Skala, niedriger Wert auf der SDS-Skala, hoher Angst-Wert.
c) Nichtdefensive: Mittlerer Wert auf der RS-Skala, mittlerer Wert auf der SDS-Skala, mittlerer Angst-Wert.

1.6.1 Ergebnisse

1) Reproduktionsleistung
a) Betrachtet man die *Gesamtmenge* der reproduzierten Spots hinsichtlich der Gruppenleistung von Repressern, Sensitizern und Nichtdefensiven, so ergeben sich folgende Werte:

MEAN RANK	VERSUCHSGRUPPE
39.96	Represser
46.25	Sensitizer
52.47	Nichtdefensive

Die Unterschiede zwischen den Gruppen sind nicht signifikant. Es läßt sich jedoch ein deutlicher Trend in Richtung auf die Hypothese feststellen, daß Nichtdefensive eine bessere Reproduktionsleistung zeigen als Sensitizer und jene wiederum eine bessere als Represser.

b) Bei Analyse der Reproduktionsleistung für *Produktwerbung* ergaben sich folgende Werte:

MEAN RANK	VERSUCHSGRUPPE
37.58	Represser
48.72	Sensitizer
52.62	Nichtdefensive

Die Gruppen unterscheiden sich mit einer Irrtumswahrscheinlichkeit von 7 %, das ist nicht signifikant, zeigt aber in deutlicher Weise einen hypothesenkonformen Trend.

c) Die Unterschiede in der Reproduktionsleistung für *„social advertising"*-*Spots* repräsentieren sich in folgenden Werten:

MEAN RANK	VERSUCHSGRUPPE
43.42	Represser
49.02	Sensitizer
49.75	Nichtdefensive

Hier überrascht der geringe Wert der Nichtdefensiven und die geringen Unterschiede zwischen Sensitizern und Nichtdefensiven.

d) Prüfung der Unterschiede der Erinnerungsleistungen zwischen den einzelnen Spots durch die Friedmann-Varianzanalyse für Rangdaten. Hier geht es darum, zu zeigen, ob die Spots der jeweiligen Kategorie homogen oder heterogen waren. Das heißt, ob die Spots gleich gut oder gleich schlecht behalten wurden, oder ob es bei der Reproduktionsleistung zu deutlichen Unterschieden kam.

Beim Einsatz dieses trennscharfen statistischen Verfahrens ergaben sich folgende Ergebnisse: Betrachtet man alle Spots zusammen, so ergeben sich sehr signifikante Unterschiede in der Reproduktionsleistung für alle drei Gruppen (Sensitizer, Represser, Nichtdefensive). Die Merkleistung ist demnach inhomogen. Manche Spots werden besser gemerkt als andere.

Teilt man nun die Spots hinsichtlich Produktwerbung und „social advertising", so zeigen sich folgende Ergebnisse:

– Bei der Produktwerbung gibt es signifikante Unterschiede. Die Spots sind inhomogen.
– Bei den „social advertising"-Spots gibt es keine Unterschiede. Die Spots sind homogen. Sie werden alle gleich gut (oder gleich schlecht) gemerkt.

2) Einzelanalyse
Zur paarweisen Überprüfung der einzelnen Spots wurde ein Signifikanztest, der im Anschluß an parameterfreie Verfahren eingesetzt werden kann, verwendet (Dunn-Franklin-Test; Dj-Test). Bei den inhomogenen Produktwerbungsspots zeigten sich folgende Ergebnisse:

- Der Spot „Golden Wonder" (30 Sekunden) und „Cinzano" (30 Sekunden) wurden am schlechtesten gemerkt.
- Die Spots „Benson & Hedges" (60 Sekunden), „Obsession" (30 Sekunden) und „Inega-Jeans" (30 Sekunden) lagen im mittleren Bereich; wobei Benson & Hedges schon ganz nahe an die beste Kategorie kam.
- Leicht gemerkt wurden „Lee Cooper-Jeans" (60 Sekunden), „Heineken" (60 Sekunden) und „K-Shoes" (60 Sekunden).

Auffällig ist hier, daß es eindeutige Zusammenhänge zwischen der Reproduktionsleistung und der Länge der Spots gibt. Bei der Produktwerbung werden die längeren Spots deutlich besser gemerkt. Bei den „social advertising"-Spots gibt es nur Unterschiede im konzeptuellen Niveau der Verarbeitung zwischen den Spots.

3) Unterschied zwischen defensiver Angstbewältigung und nichtdefensiver Angstbewältigung

a) Faßt man die Represser und Sensitizer zusammen, so ergeben sich für die *Gesamtreproduktionsleistung* aller Spots folgende Werte:

MEAN RANK	VERSUCHSGRUPPE
52.47	Nichtdefensive
42.82	Defensive

Der Unterschied zwischen den Gruppen ist auf dem 5 %-Niveau signifikant (p = 0.04). Nichtdefensive können mehr Werbespots reproduzieren als Defensive.

b) Betrachtet man die Werbespots getrennt nach Produkt- und „social advertising"-Werbung, zeigen sich bei den *Produktwerbungsspots* folgende Reproduktionsleistungen:

MEAN RANK	VERSUCHSGRUPPE
52.62	Nichtdefensive
42.65	Defensive

Der Unterschied zwischen den Gruppen ist auf dem 5 %-Niveau signifikant (p = 0.03).

c) Betrachtet man nun die Leistung bei der Untergruppe „social advertising"-Spots, so ergeben sich folgende Werte:

MEAN RANK	VERSUCHSGRUPPE
49.75	Nichtdefensive
45.98	Defensive

Der Unterschied zwischen den Gruppen ist nicht signifikant. Es ist zu bemerken, daß die Nichtdefensiven absolut gesehen eine schlechtere Reproduktionsleistung als bei den Produktspots liefern, die Defensiven jedoch bessere Werte zeigen, wobei dieses Ergebnis auf die gestiegene Reproduktionsleistung der Sensibilisierer zurückzuführen ist. Auf diese zum Teil überraschenden Ergebnisse wird in der Zusammenfassung genauer eingegangen werden.

1.6.2 Zusammenfassung und Interpretation

Als Hauptergebnis kann ohne Zweifel die schlechtere Gesamtreproduktionsleistung der Defensiven im Vergleich zu den Nicht-Defensiven gesehen werden. Bei näherer Betrachtung erstaunt jedoch, daß dieser Unterschied in der Gesamtleistung ganz offensichtlich auf die deutlichen Differenzen bei den Produktwerbungsspots und nicht auf die Social Advertising-Spots zurückzuführen sind. Dies bedeutet vordergründig, daß das Modell der „unterschiedlichen Informationsaufnahme in Abhängigkeit vom Angstbewältigungsstil" auch für Inhalte gilt, die nicht unmittelbar mit Angstreizen gekoppelt sind (Produktwerbung), während sich bei angstbesetzten Inhalten die Effekte weniger als erwartet zeigen. Ein offensichtlicher Grund dafür ist die hohe Reproduktionsleistung der Sensitizer bei angstbesetzten Inhalten (Social Advertising Spots) und das Nachgeben in der Leistung durch Nicht-Defensive. Man könnte daraus den Schluß ziehen, daß die angstbesetzten, ungewohnten Inhalte auch bei Rezipienten mit adäquatem Angstbewältigungsstil zu einer abwehrenden Informationsaufnahme führten.

Die Sensitizer reagierten grundsätzlich nicht unerwartet auf die Angststimuli, da man annehmen konnte, daß sie Angstreize sozusagen „sammeln". Bemerkenswert ist jedenfalls, daß die Social Advertising Spots schlechter behalten wurden.

Betrachtet man die Homogenität der einzelnen Spots, ist auffällig, daß die Produktwerbungsspots erheblich inhomogener (also unterschiedlich gut) reproduziert wurden. Bei den Social Advertising Spots gab es keine grundsätzlichen Unterschiede in der Reproduktionsleistung. Sie wurden gleich gut (oder gleich schwer) gemerkt. Dies ist möglicherweise auf die Neuheit und Ungewohntheit (und dem spezifischen formalen Stil) der englischsprachigen Spots zurückzuführen, die damit die Aufmerksamkeit stärker gebunden haben. Mit dieser Vermutung soll ein

Kritikpunkt am Versuchsmaterial verbunden werden. Es wäre vermutlich diese Fehlervariable eliminierbar, wenn man österreichisches (oder deutsches) Material eingesetzt hätte, wobei Social Advertising Spots im deutschen Sprachraum noch eher selten aufzufinden sind.

Bemerkenswert ist ein eindeutiges Ergebnis bei den Produktwerbungsspots im Zusammenhang mit der Erfassung des konzeptuellen Niveaus. Längere Spots werden eindeutig auf einem höheren konzeptuellen Niveau verarbeitet (d.h. besser verstanden) als kürzere. Bei den Social Advertising Spots ist dieser Zusammenhang nur für die lediglich 20 Sekunden dauernden Spots auffindbar. „In der Kürze liegt demnach nicht immer die Würze".

Auch dieses Ergebnis müßte bei einem weiteren Experiment als Fehlervariable eliminiert werden. Das heißt, es sollten nur gleich lange Spots eingesetzt werden. Zusammenfassend ist zu sagen, daß die Abhängigkeit der Informationsverarbeitungskapazität vom jeweiligen Angstbewältigungsstil eindeutig nachgewiesen werden konnte. Diese Abhängigkeit stellte sich sogar für Fernsehwerbespots als relevant heraus, die nicht vordergründig mit Angstreizen operieren.

Eine Weiterverfolgung dieses Forschungsansatzes zur Überprüfung der Informationsaufnahme aus Werbespots für beschreibbare Rezipientengruppen läßt informationsreiche und anwendbare Ergebnisse erwarten. Vor allem beim Einsatz deutschsprachiger Spots könnten einige Fehlervariablen vermieden werden.

Für die Medienforschung ist es ohne Zweifel von Interesse zu ergründen, wie Menschen ihren individuellen Angstverarbeitungsstil erwerben. Erst aufgrund dieser theoretischen Basis kann über die (Mit-) Verantwortung der Massenmedien bei diesem Sozialisationsprozeß diskutiert werden. Das in der Folge dargestellte Konzept befindet sich in unmittelbarer Nähe der Begriffe „Kontrollverlust" und „gelernte Hilflosigkeit" und schließt damit den Kreis der Argumentation.

2. Ein lerntheoretischer Ansatz zur Erklärung interindividueller Niveauunterschiede bei der Informationsverarbeitung

Schroder et al. (1967) gehen von der Annahme aus, daß das Informationsverarbeitungsniveau einer Person in bestimmter Weise von den Lernbedingungen und der Komplexität der Umweltbedingungen abhängt, denen das Individuum im Laufe seiner Entwicklung ausgesetzt war. Als bedeutsam für die Entwicklung der konzeptuellen Komplexität eines Individuums werden zwei Faktoren angenommen:

a) der Grad der *externen Kontrolle,* welcher der Lernende in bezug auf die Lerninhalte, den Lernprozeß und das Feedback unterworfen ist und

b) der Grad der *allgemeinen Komplexität* der Umwelt, welche die Entwicklungsbasis für den Lernenden darstellt.

Entsprechend der Polarität des Niveaus für die Informationsverarbeitung von „konzeptuell simpel" zu „konzeptuell komplex" wird der Grad der externen Kontrolle durch die Polarität *unilaterale versus interdependente Erziehungshaltung* bestimmt.

Eine unilaterale Erziehungshaltung sieht Schroder als generell interessiert am Inhaltslernen und der Ausübung externer Kontrolle auf die Art der Organisation dieser Inhalte. Die Personen und Institutionen, welche den Lernenden supervidieren, bestimmen den Inhalt fester Regelschemata und Konzepte, die gelernt werden. Sie legen auch die Kriterien fest, nach denen als „richtig" oder „falsch" entschieden wird und kontrollieren das Feedback.

Die interdependente Erziehungshaltung hingegen ermutigt den Lernenden zu exploratorischem Verhalten. Es werden keine „absoluten" Schemata vorgegeben, sondern die Entwicklung der Selbsterzeugung kombinatorischer Regeln gefördert. Sie ermöglicht es dem Individuum durch Bereitstellung einer komplexen Umwelt, Feedback über die Anwendungen seiner eigenen Informationsverarbeitungsschemata zu erlangen (Schroder et al., 1967).

Die Umweltkomplexität koinzidiert mit dieser Darstellung dahingehend, daß extern bestimmte, feste Regelsysteme für die Verarbeitung von Information auch die Strukturen der Umwelt vereinfachen.

Erinnern wir uns nun und wiederholen wir kurz, was Schneewind bezüglich eines Erziehungsstiles sagt, der für die Entwicklung von Selbstverantwortlichkeit (die er als Synonym für interne Kontrollüberzeugung ansieht) förderlich ist:

„... in bezug auf die Selbstverantwortlichkeitsentwicklung kann vermutet werden, daß ein familiäres Sozialisationsmilieu (a) in dem das Kind eigenen Verhaltenszielen nachgehen kann, (b) in dem es Anregungen für den Erwerb kompetitiver Handlungsmuster erhält, (c) in dem es Möglichkeiten der Erprobung eigener Handlungspotentiale hat, (d) in dem es (vornehmlich positive) Rückmeldungen über sein Verhalten erhält, und (e) in dem es diese Erfahrungen einigermaßen konsistent und vorhersagbar machen kann, für die Entwicklung einer positiven Selbstverantwortlichkeitsüberzeugung förderlich ist" (Schneewind und Pfeiffer, 1978).

In diesem Zusammenhang scheint es offensichtlich, daß Schroders *unilaterale* bzw. *interdependente* Erziehungshaltung mit Erziehungsstilen korreliert, welche den Erwerb von *externer* bzw. *interner* Kontrollüberzeugung fördern.

Miteinander vergleichbare Erziehungshaltungen sind demnach einerseits für die Entwicklung des konzeptuellen Niveaus der Informationsverarbeitung und andererseits für die Entstehung externer bzw. interner Kontrollüberzeugung verantwortlich. Damit schließt sich der Kreis, und es erscheinen aus dieser Sicht Ergebnisse besonders konsistent, die – wie berichtet – aufzeigen, daß Externe weniger aufmerksam und weniger an Information interessiert sind als Interne (Davis und Phakes, 1967). Wie erwähnt, hat Krohne, als weitere dispositionelle Komponente der Informationsverarbeitung, den Stil der Angstbewältigung (R-S-Konzept) als mit verantwortlich eingeführt.

2.1 Das Zweiprozeß-Modell elterlicher Erziehungswirkung

Krohne hat 1982 ein „Zweiprozeß-Modell" für die Entwicklungsbedingungen von Ängstlichkeit und Angstbewältigung vorgestellt. Wie schon dargestellt wurde, haben Krohne und Schroder (1971) sowohl das konzeptuelle Niveau, wie auch den defensiven und nicht-defensiven Angstbewältigungsstil als dispositionelle Faktoren definiert, die mit den Parametern „Anzahl der Informationssuchreaktionen, Differenzierung und Integration" das Maß für das Informationsverarbeitungsniveau darstellen.

Wie erklärt Krohne die Entstehung eines defensiven bzw. nicht-defensiven Musters der Angstbewältigung? In welcher Art eine Person gehäuft reagiert, d.h. welche Verhaltenstendenz bei ihr vorliegt, wird von ihrer Lerngeschichte, insbesondere von bestimmten Merkmalskombinationen innerhalb ihrer Familie abhängen. „Ein erhöhter Angstzustand wird häufig bei solchen Personen auftreten, denen es in der Vergangenheit nicht gelungen ist, Bedrohungen zu bewältigen" (Krohne, 1982; S. 31). Und weiter sagt er: „Ausgangspunkt für die Bestimmung derjenigen Erziehungsstilmuster, die die Genese von Verhaltenstendenzen in Bedrohungssituationen erklären sollen, ist die Hypothese, daß sich die Dispositionen Ängstlichkeit und repressiver versus sensitiver Coping-Stil auf der Basis einer länger erstreckten Konfrontation mit denselben Ereignissen entwickeln, die auch als kurzfristig auftretende zur Auslösung von Angst- bzw. repressiven oder sensitiven Coping-Reaktionen führen". Nach einer Vielzahl von Untersuchungen (vgl. Epstein, 1972; Lazarus, 1966) sind besonders zwei Typen von Ereignissen für diese Auslösung verantwortlich. *Mehrdeutige Gefahrenreize* und *Reaktionsblockierung in einer Gefahrensituation* (Krohne, 1982; S. 32).

In der Folge geht Krohne weiter darauf ein, daß der noxische Aspekt der Mehrdeutigkeit darin liegt, daß „in einer derartigen Situation die betreffende Person kaum Vorhersagen und damit Kontrollen hinsichtlich der weiteren Entwicklung ausbilden (kann) oder eventuell vorhandene Reaktionsmöglichkeiten angemessen realisieren (kann)" (ebenda, S. 32). Die Situation ist im Sinne der Definition der „gelernten Hilflosigkeit" nicht „prädizierbar", merkt Krohne an, sich explizit auf das Modell von Seligman beziehend. Eine *Reaktionsblockierung* liegt dann vor, wenn in einer Gefahrensituation die Ausführung von Coping-Reaktionen (z.B. Flucht) nicht möglich ist. Es gibt dadurch keine Verhaltenskontrolle, die Situation ist „unkontrollierbar". Negative Lernprozesse liegen dann vor, wenn *häufige Bestrafung* (negative Rückmeldung) mit Mehrdeutigkeit durch *Inkonsistenz* im Erziehungsverhalten und Einschränkung der Erprobung kindlicher Verhaltensweisen sowie keiner Unterstützung beim Aufbau entsprechender Kompetenzen gekoppelt sind. Die postulierten Zusammenhänge zwischen nicht-defensiver Angstverarbeitung, erhöhter Ängstlichkeit sowie repressiver bzw. sensitiver Angstabwehr mit den spezifischen Kombinationen elterlicher Erziehungsvariablen (Unterstützung, Einschränkung, Lob, Tadel mit den Aspekten Frequenz, Intensität und Konsistenz) sind in der folgenden Tabelle in übersichtlicher Form dargestellt (aus Krohne und Schaffner, 1979, S. 9).

Auch die Ausprägung spezifischer Angstbewältigungsformen wird mit Merkmalen elterlichen Erziehungsverhaltens in Verbindung gebracht, die in gleicher Weise bei der kindlichen Entwicklung interner-externer Kontrollüberzeugung für bedeutsam gehalten werden.

Nochmals systematisch zusammengefaßt hat das beschriebene Modell der Angstverarbeitungsstrategie für die Medienforschung folgenden Erklärungswert:

Das Schrodersche Modell der Informationsverarbeitung postuliert drei wesentliche Parameter, die für die Entwicklung des „konzeptuellen Niveaus" bedeutsam sind: Anzahl der Informationssuchreaktionen, Differenzierung und Integration. Diese Größen sind bestimmend dafür, ob ein Individuum Informationsverarbeitung entweder auf einem konzeptuell „simplen" oder konzeptuell „komplexen" Niveau betreibt.

Krohne konnte zeigen, daß Angstabwehr einen zusätzlichen Faktor darstellt, der den Prozeß der Informationsaufnahme interferieren kann und deshalb dessen Niveau senkt. Das von Byrne entwickelte R-S-Konzept (Represser-Sensitizer) der defensiven Angstbewältigung konnte in Verbindung mit dem Schroderschen Modell in differenzierter Weise Aufschluß darüber geben, welche Parameter der Informationsverarbeitung durch welche Strategien der defensiven Angstbewältigung (Repression versus Sensibilisierung) gestört bzw. reduziert werden. Sowohl Schroder wie auch Krohne sehen Informationsverarbeitungsfähigkeit und Angstbewältigungsstil als dispositionelle Persönlichkeitsfaktoren, die im Laufe der Entwicklung ausgeformt werden.

Für die Entstehung der individuellen Informationsverarbeitungsfähigkeit macht Schroder die „unilaterale versus interdependente" Erziehungshaltung sowie den Grad der Umweltkomplexität verantwortlich. Ein „unilateraler" Erziehungsstil führt – nach Schroder (1967) – eher zu einem „simplen" konzeptuellen Niveau, ein interdependenter Erziehungsstil eher zu einem „komplexen" konzeptuellen Niveau der Informationsverarbeitung. Die Beschreibung der interdependenten Erzie-

Postulierte Zusammenhänge zwischen den Ausprägungen bestimmter Merkmale elterlichen Erziehungsverhaltens und spezifischen Angstbewältigungsformen beim Kind

Elterliche Erziehungsstilmerkmale

Angstbewältigungsformen	Belohnungsfrequenz	Straffrequenz	Konsistenz	Unterstützung	Einschränkung	Intensität
Nicht-defensiv	?	1	4	4	1	1
Repression	1	4	2	2	4	3
Sensitisation	2	4	3	3	2	2
Ängstlichkeit	?	4	1	1	4	4

1 = niedrige, 4 = hohe Ausprägung

hungshaltung entspricht im Wesentlichen der Definition von Schneewind (1978) für ein Familienklima, das Kindern die optimale Entwicklung von „Selbstverantwortlichkeit" (interne Kontrollüberzeugung) gestattet. Die unilaterale Erziehungshaltung, welche zu eher komplexer Informationsverarbeitungsfähigkeit führt, scheint damit jene Haltung zu sein, die die Entwicklung interner Kontrollüberzeugung fördert. In dieses Bild passen Ergebnisse, die dokumentieren, daß Interne aufmerksamer und stärker an Information interessiert sind als Externe.

Die Entstehung der – von Krohne für die Qualität der Informationsverarbeitung mitverantwortlich gemachten – Ängstlichkeit und Angstbewältigung erklärt jener durch sein „Zweiprozeß-Modell" elterlicher Erziehungswirkung. Auch dieses Modell stellt den Erwerb von *Kontrollkompetenz* und die „*Vorhersagbarkeit*" von elterlichem Feedback als wesentliche Größen für die Entwicklung einer „*nicht-defensiven*" Angstbewältigung in den Vordergrund. Ein Defizit hinsichtlich dieser Faktoren in der Lerngeschichte eines Individuums – das, wie an anderer Stelle bewiesen, zu externer Kontrollüberzeugung oder im Extrem zu „gelernter Hilflosigkeit" führt – fördert die Entwicklung defensiver Angstbewältigungsmechanismen (Repression-Sensibilisierung), die wiederum mitverantwortlich für die Entstehung eines eher „simplen" konzeptuellen Niveaus der Informationsverarbeitung sind.

Die in den vorhergehenden Kapiteln beschriebenen und auch experimentell nachgewiesenen Zusammenhänge zwischen Vielsehern, externer Kontrollüberzeugung und Programmpräferenzen – bzw. die Verbindung Kontrollverlust und Tendenz zu eher „simplen" Programm-Einheiten (siehe Untersuchung Nr. 2) – fügt sich nahtlos in diese Ergebnisse der Grundlagenforschung zur Informationsverarbeitung. Die These, daß Menschen mit externer Kontrollüberzeugung (oder gelernter Hilflosigkeit) eher stereotype Medieninhalte bevorzugen, läßt sich mit dem – ihnen zugeschriebenen – „simplen" konzeptuellen Niveau der Informationsverarbeitung, das durch ihren defensiven Angstbewältigungsstil noch verstärkt wird, sinnvoll unterstützen. Weitere Hinweise liefern empirische Ergebnisse, die dokumentieren, daß Vielseher ängstlicher als andere Rezipientengruppen sind und Programmstrukturen und Inhalte bevorzugen, die klischeehaft und stereotyp aufgebaut sind. Der Kreis schließt sich durch die Beobachtung (die in diesem Band aufgearbeitet wurde), daß das „Vielsehersyndrom" mit Persönlichkeitsdimensionen und Verhaltensweisen einhergeht, die jenen von Individuen mit externer

Kontrollüberzeugung bzw. dem Syndrom der gelernten Hilflosigkeit entsprechen.

Die nachfolgend dargestellte Untersuchung zielt darauf ab, den Zusammenhang zwischen Familienstil, spezifischer Angstbewältigungsstrategie und medienvermittelter Informationsaufnahme empirisch nachzuweisen. Es sollte damit gezeigt werden, daß – gemäß dem postulierten Modell von Krohne – Sozialisationsfaktoren für die Entwicklung einer defensiven Angstverarbeitungsstils (mit)verantwortlich sind. Anlaß für diese Arbeit war ein Forschungsprojekt zur Überprüfung der Effizienz politischer Bildung an österreichischen „Allgemein bildenden höheren Schulen (AHS)". Die Arbeit wurde vom Forschungsfond der österreichischen Nationalbank finanziell unterstützt.

2.2 Vom Umgang mit konfliktbesetzten Medieninhalten – Untersuchung Nr. 6 von Vitouch (1989)

Der sich zum fünfzigsten Male wiederholende Jahrestag der Okkupation Österreichs durch das nationalsozialistische Deutschland war ein wichtiges Datum, um sich über die Effizienz politischer Bildung in diesem Lande Rechenschaft zu geben. Das damalige „Bedenkjahr" 1988 hat ohne Zweifel einige Phänomene hervorgerufen, die nähere Betrachtung verdienen. Es gab große mediale Anstrengungen (die oft eher beschwichtigend ausfielen), das Thema „Vergangenheitsaufarbeitung" ins Bewußtsein der Bürger und der Öffentlichkeit dieses Landes zu rufen. Dennoch zeigte es sich, daß das Interesse und auch der Informationsstand der Bevölkerung bezüglich der Verwicklung Österreichs in die Geschehnisse der nationalsozialistischen Ära trotz dieser Medienoffensive nicht beträchtlich gestiegen ist. Für die Massenkommunikationsforschung ergibt sich daraus die Frage, ob die oft zitierten Schlagworte von der „Informations- und Kommunikationsgesellschaft" weiterhin uneingeschränkt Bedeutung haben bzw. welcher Art die Einschränkungen in diesem kommunikativen Prozeß sein könnten. Nun kann die Fragestellung dahingehend angegangen werden, daß man sich über die formalen Darbietungsweisen der Inhalte Gedanken macht. In bezug auf den politischen bzw. zeitgeschichtlichen Unterricht in den Schulen betrifft dieser Ansatz die Erhebung darüber, wie Lehrer und Schüler im Rahmen des Lehrplanes mit den zitierten Inhalten umgehen, wie sie dazu stehen, welche Informationsmöglichkeiten es gibt usw. Man kann aber auch ergänzend zu der Betrachtung der Inhalte und ihrer Wirkung von einer anderen Seite an diese Fragestellung herantreten. Ausgehend von einem rezipientenorientierten Ansatz fokussiert sich in diesem Falle das Interesse auf die Auswahlkriterien und die Nutzungs- und Belohnungsstruktur von Rezipienten, die sich neuer Information ausgesetzt sehen. Die grundsätzliche Fragestellung in dieser Forschungsarbeit besteht darin, klarzustellen, ob es bestimmte operationalisierbare Kriterien gibt, die dazu führen, daß Individuen in unterschiedlicher Weise Information aufnehmen oder abwehren. Ein zentrales Thema wird in diesem Zusammenhang der jeweilige Angstbewältigungsstil sein. Gerade im Zusammenhang mit der Akzeptanz von Schuld bzw. der Auseinandersetzung mit Verbrechen spielt das Gefühl Angst eine entscheidende Rolle. Die Bereitschaft und Möglichkeit, spezifische Information aufzunehmen, mag interindividuell verschieden und, wie zu zeigen sein wird, vom jeweiligen Sozialisationsprozeß abhängig sein. Diese Tatsache könnte in der Folge zu dem Schluß führen, daß politische Bildung bzw. politische Erziehung nur zu *einem* Teil auf inhaltliche Aspekte abzuzielen hat und zum wesentlichen Teil die Anleitung zum Erwerb von Selbstverantwortlichkeit und Kompetenz beinhalten müßte.

Ausgehend von den im vorigen Kapitel dargestellten theoretischen Überlegungen ergeben sich für die vorliegende Untersuchung folgende Fragestellungen:

- Unterscheiden sich Represser und Sensitizer in der Menge der aufgenommenen, angstbesetzten Information?
- Unterscheiden sich Represser und Sensitizer in bezug auf die Komplexität der Vorbereitung?
- Gibt es Zusammenhänge zwischen sozialer Angepaßtheit, manifester Angst und der Dimension Repression-Sensitization?
- Gibt es Zusammenhänge zwischen dem erlebten Familienstil und den Dimensionen Repression-Sensitization?

Versuchsmaterial

Als Versuchsmaterial für das intendierte Experiment wurde in Zusammenarbeit mit dem historischen Archiv des ORF ein ca. 21 Minuten langer Video-Film erstellt. Dieser Film beginnt mit zwei Beiträgen aus nationalsozialistischen Wochenschauen. Darauf folgt ein etwa zehnminütiger Propagandafilm in englischer Sprache, der bis etwa 1956 den in Deutschland stationierten amerikanischen Soldaten gezeigt wurde, um Fraternisierung zu vermeiden und die Schuld des deutschen Volkes am Krieg aufzuzeigen. Dieser Film beinhaltete einige (abfragbare) geschichtliche Daten, aber auch drastische und angsterregende Darstellungen der Kriegsgreuel (z.B. abgetrennte Gliedmaßen). Anschließend an diesen Teil folgte ein etwa zehnminütiger Zusammenschnitt des Filmes „Die Knochenmühlen", eine Dokumentation über die deutschen Konzentrationslager. Auch hier wurde Information durch drastisches Bildmaterial untermauert (wobei allzu entsetzliche Darstellungen in Anbetracht des Alters der Probanden herausgeschnitten wurden). Den Abschluß bildeten wieder zwei kurze Propagandafilme aus nationalsozialistischen Wochenschauen, die über Zusammenstöße streikender amerikanischer Arbeiter mit der Polizei berichten.

Unabhängige Variablen

Als unabhängig werden jene kontrollierten Variablen bezeichnet, die im experimentellen Design durch das Versuchsmaterial nicht beeinflußt werden. Sie sind von der Beeinflussung unabhängig. Im vorliegenden Fall handelt es sich dabei um

– die Dimension Represser-Sensitizer;
– die soziale Angepaßtheit;
– die manifeste Angst;
– das erinnerte Familienklima.

Alle diese Daten wurden in einem Vorversuch – unbeeinflußt von der experimentellen Situation – erhoben.

Abhängige Variablen

Als abhängig werden jene Variablen bezeichnet, die aufgrund der experimentellen Einwirkung beobachtet werden können oder eine Veränderung erfahren. Im vorliegenden Fall handelt es sich dabei um

– die Befindlichkeit (vor und nach dem Film)
– das reproduzierte Wissen von Filminhalten
– das konzeptuelle Niveau der Verarbeitung der Filminhalte.

Meßverfahren

Die Dimension Represser-Sensitizer wurde mit der R-S-Skala von Byrne und Krohne gemessen (106 Items).

Als Ängstlichkeitsskala wurde die Taylor Manifest Anxiety Scale (MAS) gewählt (23 Items). Die soziale Angepaßtheit wurde mit Hilfe der Crowne-Marlowe Social Desirability Scale (SDS) erhoben (23 Items).

Das Familienklima wurde mit dem FK-Testsystem gemessen (Schneewind, Beckmann und Hecht-Jackl). Dieses Testsystem besteht aus 10 Testskalen, von denen sechs für den Untersuchungszweck ausgewählt wurden (60 Items).

Die Darstellung der 6 FK-K-Skalen:
Skala A: *Zusammenhalt*
Diese Skala beschreibt das Ausmaß, in dem die Familienmitglieder zusammenhalten, sich gegenseitig unterstützen und für einander da sind. Im einzelnen erfaßt dieses Konzept folgende Aspekte:

a) das Bewußtsein eines allgemeinen Zusammengehörigkeitsgefühls;
b) Einsatzbereitschaft bei alltäglichen Verrichtungen;
c) Emotionales Aufeinander-Eingehen, Zuhören und Interesse an den Problemen der Familienmitglieder.

Skala B: *Offenheit*
Dieses Konzept erfaßt folgende Aspekte:

a) Offenheit im Ausdruck von Gefühlen;
b) unsanktionierte Äußerung von Kritik oder von Ärger;
c) Spontaneität und Aufgeschlossenheit.

Skala C: *Konfliktneigung*
Dieses Konzept wurde unter folgenden Gesichtspunkten operationalisiert:

a) Häufigkeit von Streit, Reibereien und Nörgeleien in der Familie;
b) ärgerliche Expressivität;
c) Bemühen um eine sachliche Schlichtung von Meinungsverschiedenheiten.

Skala D: *Selbständigkeit*
Dieses Konzept kennzeichnet das Ausmaß, in dem sich die einzelnen Familienmitglieder bei der Realisierung ihrer eigenen Interessen und Wünsche frei fühlen dürfen und sich weder durch die Verpflichtung zur Rücksichtnahme noch durch die antizipierten Verstimmungen der anderen Familienmitglieder eingeengt finden.

Skala I: *Organisation*
Diese Skala erfaßt Ordnung, Planung und die eindeutige Regelung von Verantwortlichkeiten innerhalb der Familie. Der Gegenpol zu dieser Skala kennzeichnet Unordnung, fehlende Zeiteinteilung, Improvisation und – zumindest aus der Sicht der Kinder – auch den Raum für impulsive Spontaneität.

Skala J: *Kontrolle*
Diese Skala kennzeichnet die Verbindlichkeit von familieninternen Regeln. Hohe Meßwerte indizieren eine eher rigide und dogmatische Handhabung dieser familieninternen Regeln und die Androhung von Sanktionen bei individueller Regelverletzung. Der Gegenpol kennzeichnet ein Familienklima der Großzügigkeit und Toleranz, in dem Regeln eher großzügig gehandhabt und häufiger auch viele Ausnahmen gemacht werden.

Die Befindlichkeit wurde mit der Zerssen-Befindlichkeitsskala vor und nach der Filmdarbietung gemessen.

Zur Abprüfung der reinen Faktenkenntnis wurde ein Fragebogen mit 12 Fragen zu im Film erwähnten Inhalten entwickelt.

Das konzeptuelle Niveau der Verarbeitung sollte aufgrund von 8 unvollständigen Sätzen erhoben werden, die von den Vpn beliebig zu Ende geführt werden mußten.

Versuchsdurchführung

Die Versuche wurden in zwei Durchgängen im Gruppenversuch durchgeführt. Im ersten Durchgang wurden die R-S-Skala, die SDS, der MAS und das FK-Testsystem vorgelegt (siehe Kapitel „Meßverfahren"). Die Bearbeitung dieser Fragebögen war in der Regel im Zeitraum von 45 Minuten (eine Unterrichtsstunde) zu bewältigen. Im zweiten Durchgang wurde vorerst die Zerssen-Befindlichkeitsskala vorgegeben und dann der TV-Film (siehe Versuchsmaterial) vorgespielt. Anschließend folgte wieder die Befindlichkeitsskala und danach wurden die Wissensfragen und der Satzergänzungstest vorgegeben (ebenfalls ca. 45 Minuten).

Versuchspersonen und Versuchsart

Die Untersuchung wurde an Schülern der drei achten Klassen (8A, 8B, 8C) des Akademischen Gymnasiums, Wien Beethovenplatz, durchgeführt. An diesem Experiment nahmen insgesamt 67 Schüler teil. Aufgrund der Durchführung des Experiments in zwei Durchgängen war die

Ausfallsrate (durch Krankheit) relativ groß, so daß letztlich nur exakt 50 Schüler zu beiden Erhebungszeiträumen anwesend waren. Diese Zahl schlägt sich natürlich in gewissem Maße auf die statistische Aussagekraft nieder (d.h. bei größeren Zahlen wären bestimmte Tendenzen mit großer Wahrscheinlichkeit signifikant geworden). Auf diese und andere Fragen wird in den Kapiteln „Ergebnisse" und „Zusammenfassung" näher eingegangen werden.

2.2.1 Ergebnisse

Wie im theoretischen Teil gezeigt werden konnte, müßte es vom Konzept der Genese nichtadäquater Angstbewältigungsstrategie einen engen Zusammenhang zwischen dem Mangel an Selbstverantwortlichkeit und diesen Angstbewältigungsmechanismen (R-S) geben. Auf eine enge Beziehung zwischen dieser von ihm definierten Selbstverantwortlichkeit und einigen der beschriebenen Familienklimaskalen weist Schneewind (1982) hin. Er kann zeigen, daß die Skalen A, B und C (Zusammenhalt, Offenheit und Konfliktneigung) am deutlichsten mit Selbstverantwortlichkeit in Beziehung zu stehen scheinen. Ein hohes Maß an *Zusammenhalt* und *Offenheit* in der Familie stehen in positivem Zusammenhang mit einer hohen Selbstverantwortlichkeitsüberzeugung, während ein *konfliktreiches Familiengeschehen* in negativer Korrelation zur Selbstverantwortlichkeit steht. Bei der Skala *Selbständigkeit* ist anzunehmen, daß – nach Schneewind – sie (wie erwartet) positiv mit Selbstverantwortlichkeit korreliert, die Zusammenhänge aber nicht so eng sind, wie man sie aufgrund theoretischer Vorhersagen erwarten würde. Womöglich hängt dies damit zusammen, daß diese Skala eher familiäre Unverbundenheit und Vereinzelung als eine familientypische Selbständigkeitsnorm mißt. Erwartungsgemäß ergeben sich für die Familienklimaskala *Organisation* positive Beziehungen zur Selbstverantwortlichkeit. Im Einklang mit theoretischen Überlegungen bilden sich stabile Selbstverantwortlichkeitserwartungen auf der Basis verläßlicher und in ihren Konsequenzen vorhersagbaren Familienbeziehungen heraus. Inkonsistentes und im Extremfall chaotisches Verhalten in einer Familie dürften hingegen selbstverantwortlichkeitshemmend wirken. Für die Familienklimadimension *Kontrolle* ergeben sich durchgängig negative – wenngleich auch nicht in allen Fällen signifikante – Korrelationen zur Selbstverantwortlichkeit. Auch dieses Ergebnis ist nicht inkonsistent, da ein hohes Maß an familiärer Kontrolle kaum geeignet sein dürfte, die Entwicklung und das Austesten individueller Verhaltensspielräume zu gewährleisten.

Im Lichte dieser Zusammenhänge (Familienklima – Selbstverantwortlichkeit – Angstbewältigungsstrategie – Informationsverarbeitung) sollen nun die folgenden Ergebnisse gesehen und interpretiert werden.

2.2.2 Die Ergebnisse im einzelnen

REPRESSER

Vergleicht man den nicht-adäquaten Angstbewältigungsstil *Repression* mit adäquaten Angstbewältigungsstrategien unserer untersuchten Population, ergeben sich folgende Ergebnisse:

SDS
– Represser agieren in signifikanter Weise stärker in Richtung sozialer Erwünschtheit.

	MEAN RANK	CASES			
	24.15	13	RS		
	15.30	<u>23</u>	MITTL.RS		
		36 Total			
			Exact		Corrected for ties
U	W		2-Tailed P	Z	2-Tailed P
76.0	314.0		.0147	-2.4303	.0151

Abbildung 4

Interpretation: Der hohe Score im SDS entspricht exakt den Hypothesen, die aus dem theoretischen Teil gewonnen wurden.

MAS
– Es gibt keinen signifikanten Zusammenhang zwischen Repression und manifester Ängstlichkeit

	MEAN RANK	CASES			
	14.35	13	RS		
	20.85	<u>23</u>	MITTL.RS		
		36 Total			
		Exact		Corrected for ties	
U	W	2-Tailed P		Z	2-Tailed P
95.5	186.5	.0751		-1.7901	.0734

Abbildung 5

Interpretation: Dieser Befund entspricht den Voraussagen, daß Represser ihre erhöhte Ängstlichkeit verdrängen und nur über die hohe soziale Angepaßtheit ausagieren.

FAMILIENKLIMAFAKTOREN

Zusammenhalt
- Represser zeigen im Vergleich zum adäquaten Angstbewältigungsstil einen signifikant höheren Wert im Faktor Zusammenhalt.

	MEAN RANK	CASES			
	23.15	13	RS		
	15.87	<u>23</u>	MITTL.RS		
		36 Total			
		Exact		Corrected for ties	
U	W	2-Tailed P		Z	2-Tailed P
89.0	301.0	.0471		-2.0237	.0430

Abbildung 6

Offenheit
- Im Faktor Offenheit gibt es eine starke – nicht signifikante – Tendenz in Richtung *mangelnde* Offenheit.

Konfliktneigung
- Der Faktor Konfliktneigung ist signifikant niedriger als bei der Vergleichsgruppe. In diesem Fall könnte man diesen Faktor eher in Richtung *Konfliktbereitschaft* bewerten.

	MEAN RANK	CASES			
	13.08	13	RS		
	21.57	23	MITTL.RS		
		36 Total			
		Exact		Corrected for ties	
U	W	2-Tailed P		Z	2-Tailed P
79.0	170.0	.0196		-2.3407	.0193

Abbildung 7

Selbständigkeit
- Der Faktor Selbständigkeit ist bei den Repressern signifikant erhöht.

	MEAN RANK	CASES			
	23.96	13	RS		
	15.41	23	MITTL.RS		
		36 Total			
		Exact		Corrected for ties	
U	W	2-Tailed P		Z	2-Tailed P
78.5	311.5	.0179		-2.4013	.0163

Abbildung 8

In den übrigen Faktoren gibt es keine tendenziellen oder signifikanten Ergebnisse.

Interpretation
Faßt man das für die untersuchten Represser erhobene Familienklima zusammen, könnte man es etwa folgendermaßen charakterisieren: Der Zusammenhalt in diesen Familien spielt bei mangelnder Offenheit eine wesentliche Rolle. Die Neigung zu Konflikten ist deutlich reduziert. Die

Kombination von mangelnder Offenheit und extremer Reduktion der Konfliktneigung deutet in Richtung der Problemlösungsstrategie des „unter den Teppich kehrens", des Verdrängens von Konflikten. Ein hoher Wert im Faktor Selbständigkeit läßt eine gewisse familiäre Unverbundenheit und Vereinzelung vermuten, die wiederum in starkem Gegensatz zu dem hohen Wert im Faktor Zusammenhalt steht. Bei all diesen Ergebnissen ist die bei den Repressern im Vordergrund stehende Tendenz zur sozialen Angepaßtheit zu beachten, die in manchen Bereichen ohne Zweifel zu sozial „erwünschten" Antworten geführt haben mag.

WISSENSFRAGEN

– Die Represser haben einen absolut gesehen niedrigeren Wissensscore, der sich jedoch nicht signifikant äußert, was ohne Zweifel auf die geringe Versuchspersonenanzahl zurückzuführen ist. Die der Hypothese folgende Tendenz ist erkennbar.
– Bei den offenen Fragen gibt es keinen Unterschied im Score.

SENSITIZER

Vergleicht man den nichtadäquaten Angstbewältigungsstil *Sensitization* mit adäquaten Angstbewältigungsstrategien unserer untersuchten Population, ergeben sich folgende Ergebnisse:

SDS

– Die Sensibilisierer geben in geringerem Maße sozial erwünschte Antworten als die Vergleichsgruppe (nicht signifikant).

	MEAN RANK	CASES			
	20.83	23	MITTL.RS		
	16.00	<u>14</u>	HOHER S		
		37 Total			
		Exact		Corrected for ties	
U	W	2-Tailed P		Z	2-Tailed P
119.0	224.0	.1964		-1.3211	.1865

Abbildung 9

MAS

– Die Sensibilisierer zeigen in *hoch signifikanter* Weise stärkere Angst als die Vergleichsgruppe.

	MEAN RANK	CASES			
	13.22	23	MITTL.RS		
	28.50	14	HOHER S		
		37 Total			
		Exact		Corrected for ties	
U	W	2-Tailed P		Z	2-Tailed P
28.0	399.0	.0000		-4.1827	.0000

Abbildung 10

Interpretation: Diese beiden Ergebnisse sind in hohem Maße hypothesenkonform und bestätigen die theoretischen Annahmen.

FAMILIENKLIMA

Hier zeigen sich in keinem Faktor signifikante Unterschiede zur Vergleichsgruppe mit adäquatem Angstbewältigungsstil. Interessant erscheint jedoch die deutliche tendenzielle Erhöhung im Faktor Offenheit, die die Sensibilisierer deutlich von den Repressern abgrenzt. Auch der Faktor Selbständigkeit zeigt erhöhte Werte.

WISSENSFRAGEN

– Die Sensibilisierer haben ebenfalls einen niedrigeren Wissensscore; dieser Unterschied ist nicht signifikant. Bei höheren Versuchspersonenanzahlen würde sich diese Tendenz stärker abbilden.
– Bei den offenen Fragen gibt es keinen Unterschied im Score.

REPRESSER versus SENSITIZER

Vergleicht man den Angstbewältigungsstil der Repression mit Sensitization, so ergeben sich folgende Ergebnisse:

SDS
- Die Represser unterscheiden sich von den Sensibilisierern extrem hinsichtlich sozialer Anpassung.

	MEAN RANK	CASES			
	18.96	13	WENIG RS		
	9.39	14	HOHER S		
		27 Total			
		Exact		Corrected for ties	
U	W	2-Tailed P		Z	2-Tailed P
26.5	246.5	.0010		-3.1444	.0017

Abbildung 11

- Die Sensitizer haben einen extrem höheren Ängstlichkeitswert.

	MEAN RANK	CASES			
	8.27	13	WENIG RS		
	19.32	14	HOHER S		
		27 Total			
		Exact		Corrected for ties	
U	W	2-Tailed P		Z	2-Tailed P
16.5	107.5	.0001		-3.6280	.0003

Abbildung 12

FAMILIENKLIMAFAKTOREN

- Represser zeigen im Faktor Zusammenhalt, Offenheit, Selbständigkeit und Organisation höhere Werte.
- Sensibilisierer haben eine höhere Konfliktneigung und höhere Werte im Faktor Kontrolle.

Bei all diesen Ergebnissen ist die extreme Tendenz der Represser zu sozialer Erwünschtheit bei gleichzeitiger Unterdrückung der Angst zu berücksichtigen.

– Im Bereich der Wissensreproduktion unterscheiden sich die beiden Extremgruppen kaum. Teilt man die Gesamtpopulation im Median, ergeben sich aufgrund der höheren Versuchspersonenzahlen zumindest deskriptiv darstellbare Unterschiede, die sich z.B. im Modus abbilden und auch darstellbar sind.

REPRESSER	MODUS 10
SENSIBILISIERER	MODUS 18

2.2.3 Zusammenfassung

In der vorgelegten experimentellen Arbeit stand das Bestreben im Vordergrund, weitere empirische Daten zu der Gedankenkette „Sozialisation – Angstbewältigung – Informationsaufnahme" zu liefern. Gemäß den theoretischen Ansätzen wurde das Konstrukt „Repression-Sensitization" einbezogen, also die Gegenüberstellung zweier inadäquater Angstbewältigungsstile (R-S) in Relation zu adäquater Angstbewältigung.

Wie in eindrucksvoller Weise anhand der Daten gezeigt werden konnte, ließen sich die Dimensionen „Repression-Sensitization" auch bei dieser relativ kleinen Gruppe von Versuchspersonen eindeutig definieren und herausrechnen. Die Identifizierung der Lebensbedingungen, die zu den erwähnten inadäquaten Angstbewältigungsstilen führen, stellen eine Grundbedingung dar, diese Fehlentwicklungen im Laufe der Sozialisation zu verhindern. Dieser Zusammenhang sollte in der vorliegenden Arbeit durch die Erhebung und Einbeziehung des Familienklimas geleistet werden. Die errechneten Faktoren ermöglichen – vor allem im Bereich der Repression – gewisse Vermutungen, welche Erziehungsstile die Entwicklung adäquater Angstbewältigungsstrategien behindern.

Die Verbindung zwischen Angstbewältigung und Informationsaufnahme konnte ihrer Tendenz nach bestätigt werden. Aufgrund der relativ geringen Stichprobengröße und einiger krankheitsbedingter Ausfälle sind die Ergebnisse nicht rechnerisch signifikant, deskriptiv jedoch hypothesenkonform. Represser und Sensibilisierer liefern schlechte Leistungen im Wissenstest, wobei die Sensibilisierer bessere Leistungen als die Represser zeigen, die Information jedoch vermutlich schlechter verarbeiten.

Auf die politische Bildung bezogen, sind aus der vorliegenden Arbeit folgende Schlüsse zu ziehen:

- Die Auseinandersetzung mit unserer politischen Vergangenheit hat mit der Verarbeitung von Schuld, mit Schrecken und Abscheu und damit generell mit Angst zu tun.
- Angstbewältigungsstrategien werden im Rahmen der Sozialisation erworben und im weiteren Verlauf des Lebens adjustiert.
- Inadäquate Angstbewältigungsstrategien reduzieren die Fähigkeit, Information aufzunehmen und zu verarbeiten.
- Die Entwicklung von Selbstverantwortlichkeit ist eine wesentliche Bedingung zur Entwicklung adäquater Angstbewältigungsstile.
- Die Selbstverantwortlichkeitsentwicklung wird durch folgende Bedingungen des Sozialisationsmilieus (Familie/Schule) gefördert: das Individuum kann eigenen Verhaltenszielen nachgehen; es erhält Anregungen für den Erwerb kompetenter Handlungsmuster; es hat die Möglichkeit zum Austesten eigener Handlungspotentiale; es erhält vornehmlich und ausreichend positive Rückmeldungen über sich und sein Verhalten; es kann diese Erfahrungen einigermaßen konsistent und vorhersagbar machen (Schneewind, 1983).
- Neben der Vermittlung politischer Fakten und inhaltlicher Zusammenhänge scheint es mir in vordringlicher Weise vonnöten, in Österreichs Schulen und Familien den eben geschilderten Sozialisationsbedingungen stärker zum Durchbruch zu verhelfen. Ein Individuum kann nur dann Schuld verarbeiten, Konflikte erkennen und konstruktiv bewältigen lernen, sich gesellschaftlicher Ungerechtigkeit entgegenstellen, Zivilcourage entwickeln – kurz politische Bildung annehmen und internalisieren –, wenn durch die oben beschriebenen Faktoren gesichert ist, daß es sich selbstverantwortlich und emanzipatorisch entwickeln kann, bzw. diese Entwicklung gefördert wird.
- Der Wert der vorgelegten Arbeit ist darin zu sehen, daß dieses – eher als allgemein zu bezeichnende Konzept – nicht auf einen allgemeinen Ansatz, sondern auf harte Daten, operationalisierbare Dimensionen und empirische Ergebnisse zurückgreifen kann.
- Die Erhöhung der Vermittlung von politischem Faktenwissen wird die Informationsabwehr definierter Gruppen „Wir wollen davon nichts mehr hören" nicht durchbrechen, solange der Zusammenhang „Sozialisation – Angst – Informationsaufnahme" nicht bewußt in den Mittelpunkt unserer Erziehungsbemühungen gestellt wird.

IV. Ein Interaktives Kompensations- und Verstärkungsmodell

Der Begriff des Modells wird in der Wissenschaft in unterschiedlicher Weise gebraucht. Wir wollen uns hier an den „allgemeinen wissenschaftlichen Sprachgebrauch" halten und unter einem Modell ein Objekt M (als Gegenstand, Gegenstandssystem, Zeichensystem, Prozeß o.ä.) verstehen, das zu einem anderem Objekt O (dem Original) bestimmbare Ähnlichkeiten aufweist und dadurch Analogieschlüsse von M auf O erlaubt (Bensch, 1978). In unserem Fall wird es um die modellhafte Darstellung der Interaktion Massenmedium – Rezipient gehen, also ein modellhafter Prozeß mit bestimmten Randbedingungen dargestellt werden. Nicht gemeint mit unserem Modellbegriff ist jener der Mathematik und Logik. Hier versteht man unter Modell eine Interpretation eines formalen (Axiomen-)Systems (d.h. Ersetzung „uneigentlicher", formaler Begriffe des Systems, durch „eigentliche" bedeutungshaltige Begriffe), die zu wahren, gültigen Behauptungen führt. Unser Modellbegriff impliziert, daß er im Gegensatz zu Theorien nicht wahr oder falsch sein kann, sondern lediglich brauchbar oder unbrauchbar. Brauchbar wird ein Modell dann sein, wenn es komplexe Verläufe in der Realität derart strukturiert und/oder Komplexität solcherart reduziert, daß es den Einbau bestehender und die Formulierung neuer Theorien begünstigt, die sich dann als hinreichend wahr erweisen können. Damit stellen die in der Folge dargestellten, modellhaften Interaktionen eine Fokussierung auf Ausschnitte der komplexen Realität dar und sollen es ermöglichen, bisher unbeobachtete Prozesse transparent zu machen.

Klarerweise stellt kein Modell die Wirklichkeit in ihrer ganzen Komplexität dar, weil es dann „per definitionem" kein Modell mehr wäre. Eine Modellentwicklung ist daher das Resultat bewußter Entscheidungen darüber, welche Ausschnitte aus einem Prozeß und welche Faktoren darin als wesentlich für ein darzustellendes Phänomen auszuwählen sind. Im vorliegenden Fall handelt es sich um jene Ergebnisse, die aus der Literatur „destilliert" und durch eigene empirische Arbeiten flankiert beachtenswerte Zusammenhänge aufzeigten und auf bestimmte Phänomene hinweisen. In der Folge sollen die wesentlichen Aspekte noch einmal deutlich herausgearbeitet und versucht werden, sie in ein erweitertes Modell der Medienwirkung und Mediennutzung einzubauen.

1. Interaktion

Von der Persönlichkeit des Vielsehers, die in vielen Untersuchungen konsistent beschrieben wurde, ausgehend, war eine Verbindung zu psychologischen Konstrukten wie der Internen/Externen Kontrollüberzeugung und dem Syndrom der Gelernten Hilflosigkeit hergestellt worden. Das von der Sozialpsychologie in die Soziologie hinüberspielende Phänomen der Entfremdung wurde ebenfalls mit einbezogen.

Die Interaktion bzw. die Verbindung von Nutzen und Wirkung in Richtung eines „uses and effects approach" ergibt sich nun daraus, daß einerseits der *Verlust von Kontrolle und Vorhersagbarkeit* gewisse Kompensationsbedürfnisse erweckt, die durch eine definierbare Strategie der Programmwahl (inhaltlich und formal) abgedeckt werden und andererseits durch Medieninhalte Wirkung erzeugt wird, die in Richtung Stereotypisierung und/oder weiteres Kontrollverlusterleben gehen kann. Der dem „uses and gratification approach" angelastete Zirkelschluß wird hier vermieden. Es wird nicht von beobachteten Programmpräferenzen der Rezipienten auf ein Bedürfnis geschlossen, das ihnen dann untergeschoben wird, sondern es wird von beobachtbaren Einstellungen und Verhaltensweisen ausgegangen, die auf bestimmte Defizite und Bedürfnisse schließen lassen. Diese Defizite äußern sich in einer beobachtbaren – vorhersagbaren Kriterien gehorchenden – Programmauswahl der Rezipienten.

2. Kontrollverlust, Hilflosigkeit, Entfremdung

Mit der Abbildung 13 wird der Versuch unternommen, die aufgezeigten Zusammenhänge in modellhafter Weise zu skizzieren. Wie gezeigt werden konnte, gibt es ein sogenanntes Vielsehersyndrom; d.h. Rezipienten, die besonders viel fernsehen, zeigen bestimmte Gefühle, Einstellungen und Verhaltensweisen wie Ängstlichkeit, Mißtrauen, Unselbständigkeit, Unzufriedenheit, Passivität und Konformität in erhöhtem Maße. Diese Symptomatik entspricht jener, die in vielen psychologischen Experimen-

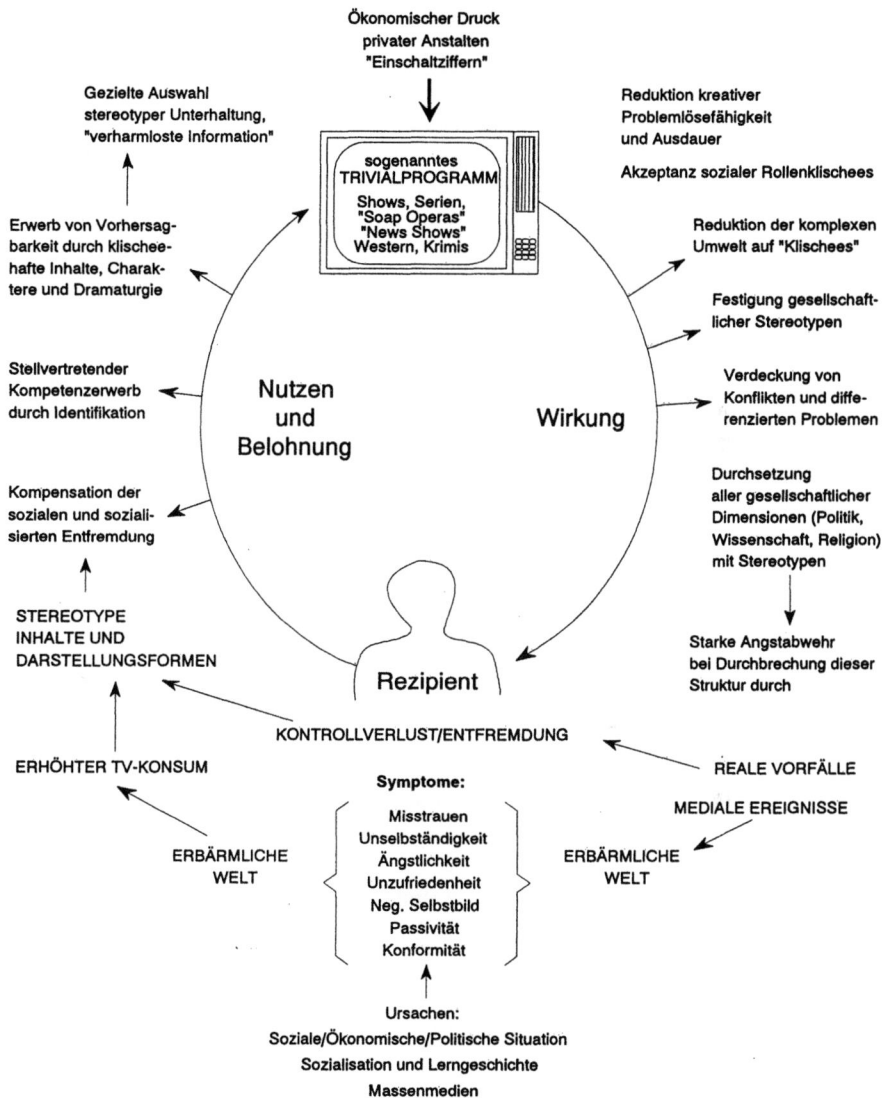

Abbildung 13: „Entfremdung, Kontrollverlust, Hilflosigkeit"

175

ten beim Verlust von Kontrolle und Vorhersagbarkeit beobachtet wurde und in dieser Terminologie als Externe Kontrollüberzeugung, Gelernte Hilflosigkeit oder – soziologisch definiert – als Entfremdung subsumiert wird. Die Ursache für derartige Persönlichkeitsentwicklungen mag in der Sozialisation und Lerngeschichte, der ökonomisch-gesellschaftlichen Position und (nur in verstärkender Weise) am Einfluß der Massenmedien liegen. Für jede der drei Einflußgrößen sind Modelle konstruierbar, welche die Entwicklung von Hilflosigkeit und Entfremdung fördern.

Unter Entfremdung und Hilflosigkeit leidende Vielseher zeigen eine deutliche Tendenz zu bestimmten Programmen, die sich durch formale und inhaltliche Stereotypisierung auszeichnen. (Daß es auch bei „Normalsehern" einen Zusammenhang zwischen Programmpräferenzen und Kontrollverlust – ausgelöst durch eine bestimmte Lebenssituation – gibt, konnte die Untersuchung Nr. 2 nach weisen). Der Nutzen, den die Konsumation dieser Programmeinheiten bringt, mag in der angestrebten Kompensation eines Kontroll- oder Vorhersagdefizites zu suchen sein, das diese Personen in anderen Lebensbereichen verstärkt erfahren haben. Man kann auch vermuten, daß ihre Toleranz für Unvorhersagbarkeit und Unkontrollierbarkeit dadurch gering ist oder erschöpft wurde. Diese Situation führt zur gezielten Auswahl stereotyper und klischeehafter Unterhaltung sowie zur Präferenz für „verharmloste" Information (siehe Zusammenhang zwischen defensiver Angstbewältigung und „simplem" konzeptuellem Niveau der Informationsverarbeitung). Ein ausschließlich ökonomisch orientiertes Mediensystem (Beispiel U.S.A.) reagiert auf erhöhte Einschaltziffern mit der Produktion entsprechender Programme. Dies führt zur Uniformierung des Angebotes in Richtung Stereotyp und Klischee.

Die Tendenz zur medialen „Trivialisierung" umfaßt alle gesellschaftlichen Bereiche, die sich mit Botschaften über Massenmedien an die Bevölkerung wenden (müssen) wie z.B. Wissenschaft, Politik, Religion. Feststellbare Wirkungen sind: eine Einschränkung des kreativen Repertoires und der Ausdauer bei der Lösung von Aufgaben, eine Verfestigung gesellschaftlicher Stereotypen, eine Verdeckung der differenzierten Betrachtung von Problemen und Konflikten. Ergeben sich komplexe Situationen im realen Leben, kann gezeigt werden (siehe Notel, Unitel, Multitel), daß die Leistungsfähigkeit absinkt. Der Grund mag in defensiver Angstbewältigung (siehe R-S-Modell) und Angstabwehr gegenüber komplexen Umweltkonfigurationen liegen, seien sie real oder durch Medien vermittelt. Der Ansturm differenzierter, oft nicht verarbeitbarer Information (siehe kontextlose Information), die von den Massenmedien (neben den stereotypen Angeboten) transportiert wird, führt beim Rezipienten – der sich nicht gänzlich „abschotten" kann – wiederum zur Verstärkung von Hilflosigkeit und Entfremdung. Diese Spirale setzt sich – zumindest für manche Rezipientengruppen – in immer engeren Windungen fort.

Ausdrücklich vermerkt sei hier, daß für den Einstieg in diesen zirkulären Prozeß, Sozialisation und soziale Interaktion des Individuums von entscheidender Bedeutung sind. Es kann postuliert werden, daß das Massenmedium Fernsehen die beschriebene Entwicklung zwar beschleunigt, aber sicherlich nicht der verantwortliche und alleinige Verursacher ist. Das Bedürfnis nach derartigen „Kompensationsstrategien" wurde und wird auch durch Printmedien, wie z.B. den trivialen Unterhaltungsroman (siehe Langenbucher) befriedigt, wobei das Medium Fernsehen für den Zuseher den Vorteil hat, realer, schneller verfügbar und müheloser konsumierbar zu sein.

Leo Löwenthal (1964) zitiert in diesem Zusammenhang ein Gedicht Goethes, das er als eine vorweggenommene Kritik des Dichters am Fernsehen bezeichnet:

„Dummes Zeug kann man viel reden,
kann es auch schreiben,
wird weder Leib noch Seele töten,
es wird alles beim alten bleiben.
Dummes aber vors Aug' gestellt,
hat ein magisches Recht,
weil es die Sinne gefesselt hält,
wird der Geist ein Knecht."

3. Defensive Angstbewältigung

Der Faktor Angst bzw. Ängstlichkeit ist mit dem Fernsehkonsum (Vielsehersyndrom) generell und auch der Auswahl spezifischer Programmformen im Speziellen verbunden. Wie die Untersuchung Nr. 3 zeigen konnte, neigen Personen mit erhöhter Ängstlichkeit in besonderem Maße zu verstärkten Inferenzschlüssen und damit zur Tendenz, soziale Stereotypen zu bilden. Die Untersuchung Nr. 4 lieferte einen Hinweis darauf, daß bestimmte Formen der Angst und Angstbewältigung (Abwehr) mit einer Affinität zu spezifischen Fernsehprogrammen einhergehen, die mit Angstcues zur Erhöhung der „Spannung" arbeiten.

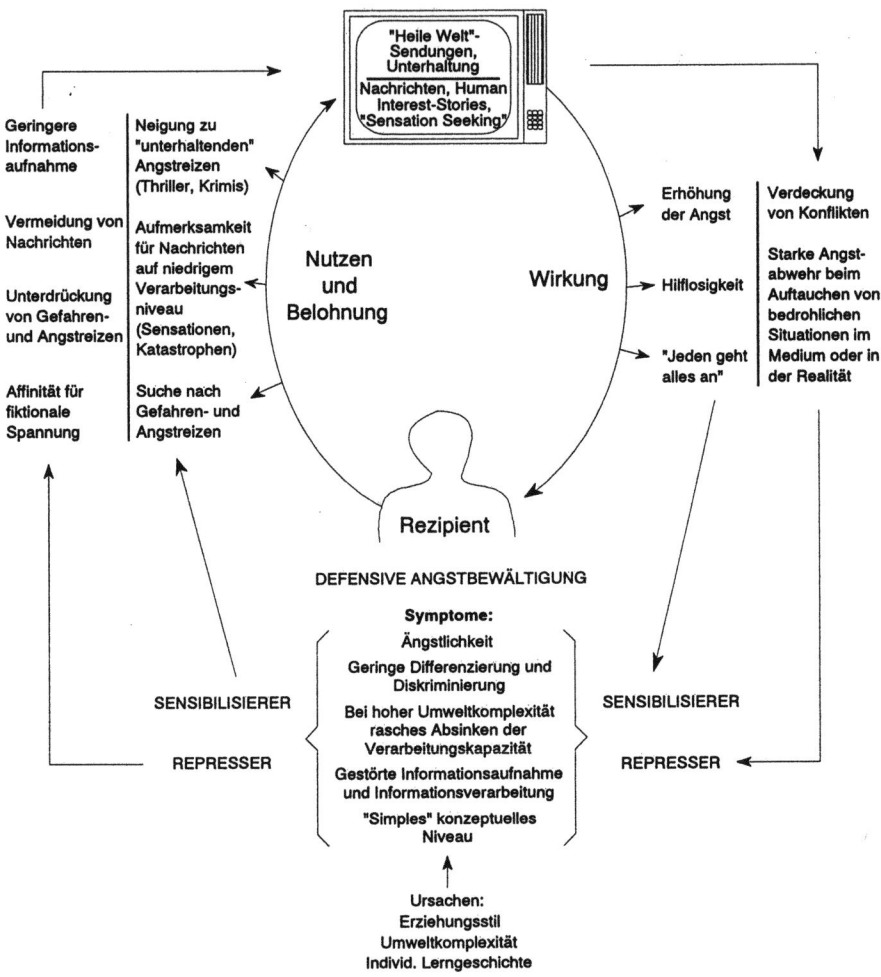

Abbildung 14: „Defensive Angstbewältigung"

In der Abbildung 14 soll ein interaktives Modell skizziert werden, das den Faktor Angst als wesentlichen Ausgangspunkt beinhaltet. Wie in der bisherigen Darstellung schon gezeigt werden konnte, steht die beschriebene defensive Angstbewältigungsstrategie von ihrer Genese her in unmittelbarer Beziehung zu Kontrollverlusterlebnissen (Erziehungsstil) und Hilflosigkeitserfahrungen. Der besseren Übersicht wegen werden die beiden Prozesse getrennt dargestellt, wobei an jeder Stelle die beschriebene Interaktion (siehe R-S-Konzept) zwischen Angstbewältigungsstil und Informationsaufnahmefähigkeit von wesentlicher Bedeutung ist. Die folgende Darstellung im Rahmen des „Interaktiven Kompensations- und Verstärkungsmodells" geht von der Funktion der Angstbewältigung innerhalb dieses zirkulären Systems aus.

Basierend auf Epstein (1967) kann man zeigen, daß es defensive und nicht-defensive Angstbewältigungsstrategien gibt (coping-strategies). Dieses Konzept weitete Byrne (1964) aus und differenziert hinsichtlich der defensiven Angstbewältigung zwischen Repressern und Sensibilisierern. In einem „Zweiprozeß-Modell" elterlicher Erziehungswirkung versucht Krohne (1982) die Genese dieser coping-Strategien lerntheoretisch aus der Sozialisation abzuleiten und übernimmt dabei fallweise die Terminologie der zitierten Forschungsansätze hinsichtlich Kontrollverlust und gelernter Hilflosigkeit. Als Ursache für defensive Angstbewältigung kann demnach eine Erziehungssituation angenommen werden, die Heranwachsende Kontrollverlust erleben läßt und Hilflosigkeit induziert. Weiter kann man vermuten, daß Erfahrungen ähnlicher Natur im sozialen, gesellschaftlichen Bereich diesen Prozeß verstärken.

Die Symptome des defensiven Angstbewältigungsstils, den Represser und Sensibilisierer an den Tag legen, sind u.a.: Ängstlichkeit, geringe Differenzierung und Diskriminierung, bei hoher Umweltkomplexität rasches Absinken der Verarbeitungskapazität, gestörte Informationsaufnahmefähigkeit und Informationsverarbeitungsfähigkeit, „simples" konzeptuelles Niveau. Es ist anzunehmen, daß unter den ängstlichen Vielsehern ein großer Anteil von Rezipienten mit defensiven Angstbewältigungsstrategien zu finden ist.

4. Represser

Gemäß den ausführlichen Beschreibungen des R-S-Konzeptes in dieser Arbeit kann man postulieren, daß *Represser* im Fernsehen eher sogenannte

„heile-Welt-Sendungen" und Unterhaltung konsumieren, als Kompensation für eine ängstigende Umwelt. Dies entspricht ihrer Angstbewältigungsstrategie, die in der Unterdrückung von Gefahren- und Angstreizen besteht, was geringe Informationsaufnahme und – daraus resultierend – vermutlich die Vermeidung von Nachrichten impliziert. Die charakteristische, reduzierte Informationsaufnahme und mangelnde Differenzierung führt zu einem „simplen" konzeptuellen Niveau der Informationsverarbeitung. Möglicherweise haben Represser trotz (oder wegen) ihrer Angstabwehr eine Affinität zu fiktionalen, spannenden Unterhaltungsprogrammen (siehe Untersuchung Nr. 4), die jedoch von Form und Inhalt eher stereotyp sein müssen (siehe konzeptuelles Niveau). Der dominante Konsum der erwähnten Programmeinheiten kann als Wirkung die weitere Verdeckung von Konflikten sowie permanente Vermeidung der Konfrontation mit Angst nach sich ziehen. Dies muß jedoch dazu führen, daß beim Auftauchen realer (oder medial vermittelter realer) Bedrohung keine Verhaltenssequenzen zum effektiven Umgang mit diesen Gefahrensituationen zur Verfügung stehen, was in der aktuellen Situation zu Hilflosigkeitserlebnissen führen muß. Damit wird der zirkuläre Prozeß beschleunigt, da vermutlich die fiktionalen „Angstvermeidungsangebote" des Fernsehens in stärkerem Maße zur Kompensation angenommen werden.

5. Sensibilisierer

Der Angstbewältigungsstil der *Sensibilisierer* ist durch eine verstärkte Suche nach Gefahren- und Angstreizen charakterisiert. Die aufgenommene Information wird jedoch auf einem geringen Integrationsniveau verarbeitet, dadurch entsteht das charakteristische „simple" konzeptuelle Niveau der Informationsverarbeitung. Man kann vermuten, daß das Medienkonsumverhalten der Sensibilisierer durch eine besondere Aufmerksamkeit für Nachrichten, jedoch auf niedrigem konzeptuellem Niveau, gekennzeichnet ist. Dieser Zusammenhang mag das hervorstechende Interesse großer Rezipientensegmente für sogenannte „human-interest"-Nachrichten erklären, die negative Inhalte (z.B. Katastrophen, Unfälle, Bluttaten) in sensationeller Aufmachung, auf simplem konzeptuellem Niveau transportieren. Die Neigung zu Angst- und Gefahrenreizen auch im unterhaltenden Bereich (z.B. Thriller, Krimis), wobei die Vorliebe aufgrund des „simplen" Verarbeitungsniveaus in Richtung Klischee tendiert, paßt ins Bild.

Sensationelle Nachrichten, „human interest stories", Lebenshilfesendungen und spannende, klischeehafte Unterhaltung wird ihre Zuseher aus diesem Rezipientenkreis rekrutieren. Die Wirkung derartiger massenmedialer Inhalte wird sehr wahrscheinlich den zirkulären Prozeß wiederum beschleunigen. Das Motto unserer Informationsgesellschaft „jeden geht alles an" sowie das Erlebnis der Unmöglichkeit, gegen den dargestellten Schrecken etwas unternehmen zu können, legt die Vermutung nahe, daß es bei Personen mit ängstlicher Grundhaltung zu Hilflosigkeitsgefühlen und Verstärkung der Angst kommt, was wiederum im Sinne des gelernten defensiven Angstbewältigungsstiles zu den erwähnten Kompensationsstrategien durch mediale Inhalte führt.

6. Die „emotionale Kluft" (emotional gap)

Um zu zeigen, daß nicht die Massenmedien die unmittelbaren Verursacher dieser Prozesse sind, sondern nur beschleunigende Transportmittel, soll als drittes Beispiel eine positive psychische Ausgangslage angenommen werden. Diese Darstellung soll das Grundprinzip des entwickelten Ansatzes transparent machen: die psychische Ausgangslage des Individuums (bestimmt durch Sozialisation, gesellschaftliche Verhältnisse und Position, möglicherweise Disposition) ist verantwortlich für den Einstieg in den interaktiven Prozeß einer zirkulären, kompensatorischen, verstärkenden Medienwelt. Anders ausgedrückt: Die Ausstattung eines Individuums mit entsprechenden (oder weniger entsprechenden) psychischen Anpassungs- und Verarbeitungsstrategien hinsichtlich seiner Umwelt ist bestimmend für die Art seines Einstieges in die Medienwelt und im weiteren Verlauf für die Auswirkung der medialen Inhalte auf es, was wiederum auf längere Sicht sein Medienkonsumverhalten und die Auseinandersetzung mit der Umwelt prägt.

Es mag sein, daß es dadurch nicht nur zu einem „knowledge gap" (siehe Gaziano, 1984) kommt, sondern in viel schwerwiegenderer Weise zu einem *„emotional gap"*, der bewirkt, daß die psychisch Stabilen in ihrer Persönlichkeit eher gefestigt und besser informiert, die psychisch Labilen immer instabiler, ängstlicher und von differenzierter Information abgekoppelt werden. Neben der „Wissenskluft" entsteht damit eine viel bedeutsamere „emotionale Kluft".

Die ursprüngliche Wissenskluft-Hypothese, die in zahlreichen Untersuchungen mittlerweile modifiziert und zum Teil falsifiziert wurde, lautet: „Wenn der Informationsfluß von Massenmedien in ein Sozialsystem wächst, tendieren die Bevölkerungssegmente mit höherem sozio-ökonomischem Status zu einer rascheren Aneignung dieser Information als die statusniedrigeren Segmente, so daß die Wissenskluft zwischen diesen Segmenten tendenziell zu- statt abnimmt" (Tichenor, Donohue, Olien, 1970, S. 159 f.). In dieser ursprünglichen Fassung wurden besonders Bildungsunterschiede für dieses Phänomen verantwortlich gemacht. In den mittlerweile zahlreichen Nachfolgeuntersuchungen wird von etwa der Hälfte der über 50 Arbeiten die Hypothese widerlegt (Bollinger, Brämer, 1987), woraus man schließen kann, daß „Bildung" nur eine intervenierende Variable ist, die mit dem hier beschriebenen emotionalen Phänomen mehr oder weniger systematisch einhergeht.

Eine weitere Problematisierung ergibt sich durch die Relativität des zugrundeliegenden Konzeptes von Wissen. Während einerseits auf die Normativität dieses Begriffes hingewiesen wird (Saxer, 1989), wird andererseits schlichtweg negiert, „daß eine Vermehrung des Informationsangebotes der Massenmedien zu Wissenszuwächsen führt" (Schulz, 1985). Die Ursache dafür wird zwar auch in psychischen Prozessen der Rezipienten gesucht und mit Schlagworten wie „information overload" und „schützende Selektivität" bedacht. Die meisten Ansätze der Massenkommunikationsforschung richten jedoch ihr Augenmerk auf die Art der Informationsdarstellung durch das Medium Fernsehen. Wie die vorgehende Darstellung nachzuweisen versucht, liegt vor der Entwicklung des „knowledge gap" die Ausbildung eines „emotional gap", die dafür verantwortlich gemacht werden muß, daß es aufgrund defensiver Angstbewältigungsstrategien zu einer Art von „schützender Selektivität" kommt. Der Schutz kann letztlich derartig umfassend sein, daß konfliktbesetzte Information – nach den oben beschriebenen Kriterien – mehr oder weniger total abgewehrt wird. Die Ausgangslage für den Wissenserwerb ist damit natürlich deutlich verschlechtert und kann als Einstiegspunkt für die Entstehung der „Wissenskluft" angesehen werden.

7. Interne Kontrollüberzeugung und nicht-defensive Angstbewältigung

Mit der Abbildung 15 soll ein denkbares Modell skizziert werden, das von einer günstigeren psychischen Ausgangslage her beginnend, in einen zirkulären Prozeß mündet, der verstärkend auf die positiven Grundtendenzen wirkt. Die Symptome interner Kontrollüberzeugung und nicht-defensiver Angstbewältigung sind: positives Leistungsverhalten, Tendenz zu persönlicher Verantwortung, geringe Ängstlichkeit, Interesse an Information, „komplexes" konzeptuelles Niveau der Informationsverarbeitung, stärkere Integration differenzierter Information.

Ursachen für diese psychische Ausgangslage mögen günstige soziale und gesellschaftliche Bedingungen sein, Selbstverantwortlichkeit förderndes Erziehungsverhalten, individuelle interpersonale Lerngeschichte (oder ein falsches Selbstbild). Rezipienten dieser Gruppierung sind vermutlich interessiert an differenzierter Information, die sie auf einem hohen Integrationsniveau (siehe Schroder) verarbeiten. Sie sind fähig und bereit, sich an komplexe emotionale Probleme und Konflikte anzunähern und durch „Hinzufügung" eigenen Potentials kulturell zu überformen (siehe Arbeiten Adornos z.B.: Sauerland, 1979; Einführung in die Ästhetik Adornos; Löwenthal in: Kausch, 1984). Vielschichtige, mehrdeutige Darstellung (das Gegenteil von Klischee) wird akzeptiert und wirkt stimulierend.

Das bevorzugte Programm dieser Gruppe werden Nachrichten, politische und wissenschaftliche Hintergrundinformation und Kultur im weitesten Sinne sein (Kultur nicht im Sinne einer gesellschaftlich etablierten, „Konsum"-kultur gemeint), oder jedenfalls Sendungen, die strukturell den eben beschriebenen Aspekten nahekommen. Die Wirkung der medialen Inhalte im differenzierten „kulturellen" Bereich wird von intellektueller und emotionaler Anregung über Differenzierung der Sichtweisen bis zur Bereitschaft reichen, Konflikte auszutragen und zu akzeptieren. Nachrichten und Hintergrundinformation führen zur differenzierten Information, müßten aber aufgrund der Informationsflut und Unbeeinflußbarkeit vieler dargestellter Abläufe auch bei Rezipienten mit nicht-defensiver Angstverarbeitung zu Angst und Hilflosigkeitsgefühlen führen. Diese Tendenz wird bei Menschen mit interner Kontrollüberzeugung möglicherweise durch das „just-world-Konzept" abgeblockt. („Jeder bekommt das, was er verdient"). Dieses Konzept wird von Rubin

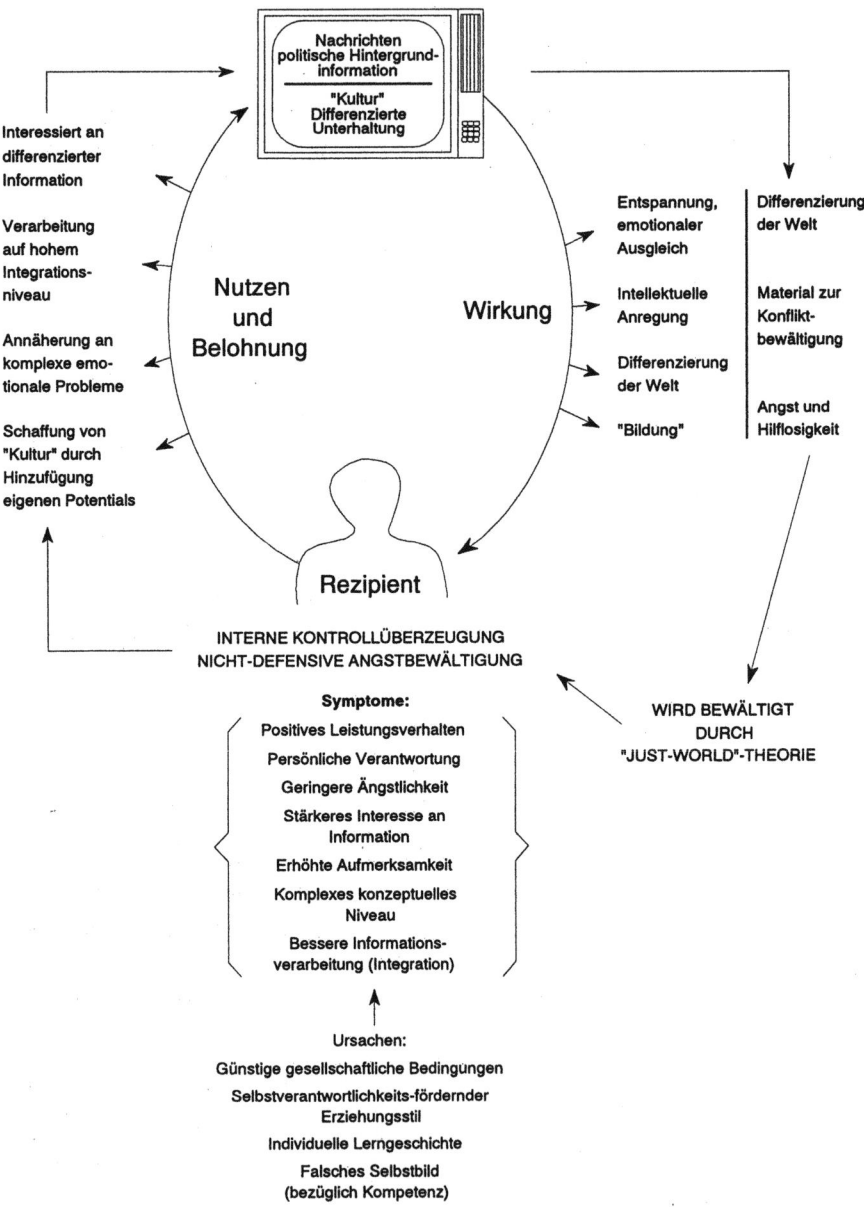

Abbildung 15: „Interne Kontrollüberzeugung, Nicht-defensive Angstbewältigung"

und Peplau (1975) sogar als notwendige Voraussetzung für das Konstrukt des Glaubens an interne Kontrolle bezeichnet.

Bei der hier modellhaft skizzierten Beziehung handelt es sich natürlich um idealtypische Darstellungen. Die Wirklichkeit ist verschachtelter, widersprüchlicher und komplexer. Das Modell soll jedoch dazu beitragen, durch Fokussierung und Reduzierung bisher verdeckte Strukturen sichtbar, beobachtbar und veränderbar zu machen. Gemeint ist ein *Interaktives Kompensations- und Verstärkungsmodell,* das einen zirkulären Prozeß darstellt, der das Kompensationsbedürfnis bestimmter Rezipientengruppen durch massenmediale Inhalte befriedigt, wobei andererseits die Massenmedien als Repräsentanten unserer Informationsgesellschaft das Bedürfnis nach Kompensation wiederum verstärken.

Man könnte demnach von einer Informationseinschränkung durch Informationsflut sprechen (jedenfalls für Rezipienten mit ungünstiger „emotionaler Ausgangslage").

In einen Satz gefaßt lautet das Resümee: Es ist feststellbar, daß durch ökonomisch orientierte Massenmedien, die immer schneller, immer größere Mengen differenzierter Information transportieren können, immer „stereotypere" Inhalte gesendet werden, die immer größeren Zuspruch finden, weil viele Rezipienten aufgrund defensiver Angstbewältigungsstrategien Informationsabwehr betreiben, wobei die zu „vermeidende" Angst – verursacht durch individuelle Sozialisation und gesellschaftliche Bedingungen – durch die „hilflos" machende Informationsflut eben dieser Medien noch verstärkt wird.

8. Resümee

Ziel dieser Untersuchungen konnte und sollte es nicht sein, mit einem Schlag empirische Gewißheit für bestimmte Gedankengänge zu liefern. Sie konnten nur punktuelle Messungen auf einem gedanklichen Weg sein, dazu dienend, überprüfen zu können, ob man nicht gerade im Begriff ist, völlig in die Irre zu gehen. In diesem Sinn sollten empirische Methoden nicht in die Verlegenheit gebracht werden, kreative gedankliche Zusammenschau ersetzen zu müssen. Die Hypothesen müssen zuvor entwickelt werden, um danach überprüft werden zu können. Wenn die empirische Sozialforschung dies vergißt, setzt sie sich den – wie ich meine rechtens erhobenen – Vorwürfen von Forschern anderer Richtungen aus, die bemängeln, daß es sich bei den quantitativen Methoden nur um inhaltsleere „Sozialtechnologien" handle. Ein Vertreter der Kritischen Theorie, Dieter Prokop, meint dazu:

„Ich glaube, daß das Essayistische durchaus etwas Produktives und Konstruktives ist, wenn es gelingt, möglichst intelligent vom subjektiven Eindruck zur Verallgemeinerung zu gelangen. Jede wirklich gute Forschung, d.h. eine, die sich Lebendigkeit, Spontaneität und Interesse bewahrt, hat etwas Essayistisches bzw. ist im Ergebnis ein systematischer und gründlich recherchierter Essay. Jede lebendige Forschung hat etwas von den klassischen Reiseberichten. Über die Ungewißheit und Unkalkulierbarkeit solcher Reisen täuscht sie sich nicht hinweg. Die methodischen Regelwerke der positivistischen Forschung geben dagegen zwar Sicherheit, aber es ist lediglich die Gewißheit, die durch Anordnung geschaffen wird. Man weiß, wie man sich im Sturm der chaotischen Ereignisse zu verhalten hat. Zur Verwaltung schon erforschter Gebiete ist dies das geeignete Verfahren. Die Realität wird nur als ohnehin bereits bekannte zugelassen; sie liefert nur noch die Variationen eines bekannten Spiels" (Prokop, 1986; S. 174).

In dieser klarerweise parteilichen Stellungnahme Prokops liegt auch für den empirischen Forscher ein Körnchen Wahrheit. Meinen Versuch einer Antwort auf diesen Vorwurf stellt die vorliegende Arbeit dar, die einen Reisebericht durch meine Gedankenwelt repräsentiert, wobei ich es vorziehe, um nicht im persönlichen Sturm der chaotischen Ereignisse orientierungslos unterzugehen, mit dem Sextanten hin und wieder Standortbestimmungen vorzunehmen. Dennoch hege ich die Hoffnung, daß sich im „Streit" um die Frage quantitative oder qualitative Forschung die Polaritäten verändern. Ich meine, die Devise müßte lauten: *gute* quantitative und qualitative Forschung abgegrenzt von *schlechter* quantitativer und qualitativer Forschung. Berührungspunkte gibt es genug. So entwickelte die frühe Frankfurter Schule ein dialektisches Modell der Vermittlung, also eine Dialektik von Wirkung und Nutzen, das mit den hier vorgetragenen empirisch fundierten Gedanken alles andere als unvereinbar scheint. Auch Leo Löwenthals Gedanken zur Populärkultur lassen interessante Parallelen erkennen, schreibt er doch zum Beispiel: „Die ständige Wiederholung vertrauter Schemata bereitet den Menschen erhebliche Befriedigung. Die Gratifikation liegt in der Bekanntheit und im Glauben, daß der Bekanntheit mit der Medienrealität eine Bekanntheit mit der Wirklichkeit gleichbedeutend ist" (Löwenthal, 1944; S. 295; zit. nach Kausch, 1984). Und an anderer Stelle merkt er an, die Populärkultur (damit meint er das gleiche Phänomen, das Adorno und Horkheimer als Kulturindustrie bezeichnet haben) diene dazu, ihren Konsumenten Orientierung im zunehmend komplexeren gesellschaftlichen Gefüge zu ermöglichen (Löwenthal, 1948). Hohe Kunst hingegen definiert sich mit Hilfe ästhetischer Kriterien. Sie erfordert vom Rezipienten Phantasiearbeit. Populärkultur dient nach Löwenthal ausschließlich der Unterhaltung. Sie zielt auf Wirkung, nicht auf Erkenntnis oder Wahrheit. Mit der fortschreitenden Entwicklung der Industriegesellschaft entfernen sich Populärkultur und esoterische höhere Kunst zunehmend voneinander.

Diese nur blitzlichtartig aufleuchtenden, aneinandergereihten Aussagen, sollen die Nähe der Thesen Löwenthals zu den empirisch flankierenden Aussagen und dem in dieser Arbeit entwickelten „Interaktiven Kompensations- und Verstärkungsmodell" dokumentieren.

Schon 1960 hat Löwenthal beklagt, daß Geistes- und Sozialwissenschaften, die sich jeweils isoliert mit den Problemen der Populärkultur beschäftigen, noch nicht zum gemeinsamen Dialog gefunden haben. Er äußerte jedoch auch die Überzeugung, daß beide Wissenschaftsrichtungen in ihren Auffassungen von den Problemen der Massenkultur mehr Gemeinsamkeiten haben, als sie meinen (Löwenthal, 1960). Auf diese Gemeinsamkeiten sollte man sich besinnen, um in Ergänzung der jeweiligen Methoden die Probleme fundiert, umfassend und kreativ behandeln zu können.

V. Anhang

Die Untersuchungen Nr. 1 bis Nr. 6

Ein wichtiger Aspekt dieser Arbeit war der Nachweis bzw. die beispiel-
hafte Darstellung, daß im Bereich der Medienforschung theoriengeleitet
und empirisch gearbeitet werden kann. Um die exakte Interpretierbarkeit
der durchgeführten Untersuchungen sicherzustellen, sollen sie nochmals
kurz skizziert und ihre Stärken und Schwächen diskutiert werden. Vor-
auszuschicken ist, daß das Kriterium der internen Validität nur durch
das „echte" Experiment zu erreichen ist. Eine Untersuchung ist dann
intern valide, wenn Unterschiede in der abhängigen Variable bei verschiedenen Versuchsbedingungen eindeutig auf die unterschiedlichen
Ausprägungen der unabhängigen Variable zurückführbar sind. Gerade
im sozialwissenschaftlichen Bereich ist die Durchführung von Experimenten mit mannigfachen Schwierigkeiten verbunden, die z.B. in der
Kontrolle und Manipulierbarkeit der unabhängigen Variablen, in der
Randomisierung von Versuchsgruppen, aber auch im ethischen Bereich

Unterscheidung von echtem Experiment, Quasi-Experiment und Ex-post-
facto-Untersuchung:

	echtes Experiment	Quasi-Experiment	Ex-post-facto Untersuchung
Meßbarkeit oder kate-gorische Erfaßbarkeit von UV und AV	gegeben	gegeben	gegeben: Unter-scheidung von UV und AV nur theoretisch
Manipulierbarkeit von UV	gegeben	gegeben	nicht gegeben
randomisierte Zuord-nung von Vpn zu den Stufen der UV	gegeben	nicht gegeben	nicht gegeben

UV = unabhängige Variable; AV = abhängige Variable

liegen können. Deshalb scheint es von besonderer Bedeutung, die jeweiligen Arbeiten auch vom versuchstechnischen Gesichtspunkt aus zu betrachten, um ihre Aussagekraft und Eindeutigkeit zu kontrollieren und wenn nötig zu relativieren. Ein gutes Schema zur Differenzierung bieten Boesch und Eckensberger (1969; zit. nach Amelang und Bartussek, 1985).

1) Die Untersuchung Nr. 1 (Vitouch und Klein) ist im Rahmen dieses Schemas als echtes Experiment anzusehen.

Der Zweck dieses Experiments war der Nachweis, daß Kontrollverlust zu bestimmten Medienkonsumverhaltensweisen führen kann, die jenen der Vielseher ähnlich sind. Hergeleitet wurde diese Hypothese von der Beobachtung, daß Persönlichkeitsdimensionen der Vielseher in bemerkenswerter Weise mit jenen von Personen übereinstimmen, die unter Kontrollverlust oder erlernter Hilflosigkeit leiden. Das Experiment sollte die Möglichkeit bieten, eine kausale Interpretation dieses Zusammenhanges zu liefern, was durch die bisherigen Studien exakterweise nicht möglich war (jedoch getan wurde). Auf der Basis dieses Grunddesigns müssen noch weiterführende Arbeiten in dieser Richtung durchgeführt werden, um diese Zusammenhänge eindeutig abzuklären (z.B. die Überprüfung des Zusammenhanges zwischen erlernter Hilflosigkeit und Programmpräferenzen).

2) Die Untersuchung Nr. 2 (Vitouch und Schweinzer) ist nicht als echtes Experiment zu bezeichnen.

Wenn man die Operationalisierung des Aspektes „Kontrollverlust am Arbeitsplatz" als Manipulierbarkeit der UV anerkannte, wäre es ein Quasi-Experiment, da jedenfalls die randomisierte Zuordnung der Versuchspersonen nicht gegeben ist. Urteilt man streng, muß man zwar anerkennen, daß die genaue Operationalisierbarkeit und auch Manipulierbarkeit von Kontrollverlust (siehe Untersuchung Nr. 1) ein Quasi-Experiment ermöglichen würde, in diesem Fall jedoch nicht durchgeführt wurde.

Es handelt sich demnach um eine Ex-post-facto-Untersuchung, die bezüglich ihrer internen Validität vorsichtig beurteilt werden muß, wiewohl ihr einige Pluspunkte anzurechnen sind. Ein unleugbarer Vorteil ist die Realitätsnähe der Untersuchung und die Tatsache, daß versucht wurde, wichtige – möglicherweise konfundierende – Variablen zu kontrollieren (Ausbildung, Zeitdauer der Beschäftigung im Betrieb). Man kann demnach vermuten, daß z.B. Intelligenz keine, für das Ergebnis mitverantwortliche, vermittelnde Variable darstellt. Dennoch sind für exakte Aussagen in dieser Richtung noch weitere Untersuchungen vonnöten.

3) Die Untersuchung Nr. 3 (Vitouch und Jäger) stellt ein echtes Experiment dar.

Die endgültigen und interpretierbaren Ergebnisse entstanden jedoch erst aus einer Kombination aus diesem Experiment mit Ex-post-facto-Untersuchungsdaten. Diese Kombination liegt dann vor, wenn in einem Experiment Reizvariablen und Organismusvariablen (Persönlichkeitsfaktoren in Untersuchung Nr. 3) gemeinsam als unabhängige Variablen vorkommen. In der Differentiellen Psychologie spielen derartige Kombinationen eine immer größere Rolle.

Das Einhergehen der erhöhten Neigung zu Inferenzschlüssen mit bestimmten Persönlichkeitsfaktoren (die jenen der Vielseher ähnlich sind), stellt jedenfalls ein wichtiges Ergebnis in der aufgeführten Gedankenkette dar.

4) Die Untersuchung Nr. 4 (Vitouch und Mikosz) ist eine Ex-post-facto-Untersuchung, die jedoch durch die Besonderheit ihrer Versuchsgruppen von Bedeutung ist. Die Variable Angst kann zumindest in einer Gruppe (Todeserfahrung in der Familie) dependent von einem spezifischen Geschehnis abgeleitet werden, so daß man im mittelbaren Sinn fast von einer Manipulierbarkeit der UV sprechen könnte. Gerade bei derartigen Extremgruppenuntersuchungen ist es wenig wahrscheinlich, daß ein unbeobachteter zusätzlicher Faktor (in diesem Fall neben der Angst) für die beobachteten Effekte sorgt. Dennoch darf auch diese Arbeit nicht überinterpretiert werden, obwohl sie – im Rahmen der bisherigen Überlegungen – wertvolle Hinweise für die weitere Forschung in eine bestimmte Richtung liefert.

5) Die Untersuchung Nr. 5 (Vitouch) ist als Experiment zu bezeichnen.

Die Einbeziehung von definierten Angstverarbeitungsstrategien stellt wie bei Untersuchung Nur. 3 eine Kombination von Ex-post-facto-Untersuchungsdaten (Organismusvariablen) mit Reizvariablen aus dem Experiment dar. Der Zusammenhang zwischen diesen erworbenen Angstbewältigungsstilen und der Informationsaufnahme des jeweiligen Individuums interessiert. Die Variation des Reizmaterials würde in der Folge die Entwicklung von „Dramaturgien" nahelegen, welche das Informationsdefizit jener Rezipienten kompensieren könnten, die defensive Angstbewältigungsstrategien entwickelt haben.

6) Die Untersuchung Nr. 6 (Vitouch) ist ebenfalls in die Kategorie des Experiments einzureihen.

Wie bei der Untersuchung Nr. 5 entspricht die unabhängige Variable der Forderung manipulierbar zu sein. Das Treatment wurde in diesem Fall jedoch nicht variiert (Filmdarbietung), da alleine die unterschiedliche Behaltensleistung der verschiedenen Angstgruppen gemessen werden sollte. Auch in dieser Untersuchung wurden die endgültigen Ergebnisse erst aus der Kombination mit Ex-post-facto-Untersuchungsdaten gewonnen. Die erinnerten Daten über den erlebten Familienstil gaben interessante Aufschlüsse über die Sozialisation des individuellen Angstbewältigungstiles.

Tabellen zu Untersuchung Nr. 3

Versuchsgruppe 1

Tabelle 1: Mittelwerte und Varianzen von $\bar{a}_1$ (VG 1)

Tabelle 1 zeigt anschaulich, daß die Bedingung $5 \geq \bar{a}_1$ (V) > 3 durchaus erfüllt wurde. Im Falle der Durchschnittsberechnung kann man von einer mittleren Inferenzstärke sprechen.

	$\overline{X}$	S^2
durchschnittlicher Inferenzwert über alle Eigenschaften	3,98	0,274
1. ausgeglichen	3,31	1,20
2. konzentrationsfähig	4,18	0,64
3. antriebsfähig	4,18	0,74
4. lernbewußt	3,49	0,97
5. lebensfreudig	4,24	0,67
6. zielstrebig	4,46	0,58
7. intelligent	3,29	0,91

Versuchsgruppe 1

Tabelle 2

Tabelle 2 zeigt die Ergebnisse der zur Signifikanzprüfung verwendeten Mittelwertsvergleiche zwischen den erhaltenen Inferenzmittelwerten und dem Skalenmittelpunkt.

	Differenz $\bar{a}_1$ (V) – 3,00	t-Wert
durchschnittlicher Inferenzwert über alle Eigenschaften	0,98	16,53
1. ausgeglichen	0,31	2,49
2. konzentrationsfähig	1,18	12,94
3. antriebsfähig	1,18	12,94
4. lernbewußt	0,49	4,38
5. lebensfreudig	0,24	2,59
6. zielstrebig	0,46	5,31
7. intelligent	0,29	4,24

Die kritischen Werte der t-Verteilung waren:

$t_{1\%; df=76} = 2,39 \qquad t_{5\%; df=76} = 1,67$

Versuchsgruppe 3

Tabelle 3: Mittelwerte und Varianzen von ā VG 3

	$\overline{X}$	S^2
durchschnittlicher Inferenzwert über alle Eigenschaften	4,09	0,305
1. ausgeglichen	4,01	1,03
2. konzentrationsfähig	3,96	0,86
3. antriebsfähig	4,17	0,99
4. lernbewußt	3,66	1,00
5. lebensfreudig	4,43	1,02
6. zielstrebig	4,33	0,98
7. intelligent	4,10	0,75

Versuchsgruppe 3

Tabelle 4

	Differenz ā (K) – 3,00	t-Wert
durchschnittlicher Inferenzwert über alle Eigenschaften	1,09	14,15
1. ausgeglichen	1,01	7,14
2. konzentrationsfähig	0,96	7,45
3. antriebsfähig	1,17	8,43
4. lernbewußt	0,66	4,71
5. lebensfreudig	1,43	10,11
6. zielstrebig	1,33	10,10
7. intelligent	1,10	9,13

Die kritischen Werte der Kontrollgruppe waren:

$t_{1\%;df=50} = 2{,}412{,}39$ $t_{5\%;df=50} = 1{,}68$

Versuchsbedingung 2 (VG 2)

Tabelle 5

	X̄	s^2
durchschnittlicher Inferenzwert über alle Eigenschaften	3,72	0,366
1. ausgeglichen	3,37	0,93
2. konzentrationsfähig	3,87	0,73
3. antriebsfähig	3,89	0,76
4. lernbewußt	3,07	0,77
5. lebensfreudig	3,96	0,86
6. zielstrebig	4,14	0,87
7. intelligent	3,10	0,79

Tabelle 6

	Differenz $\bar{a}_2$ (V) – 3,00	t-Wert
durchschnittlicher Inferenzwert über alle Eigenschaften	0,72	10,46
1. ausgeglichen	0,37	3,11
2. konzentrationsfähig	0,87	8,98
3. antriebsfähig	0,89	8,97
4. lernbewußt	0,07	0,71
5. lebensfreudig	0,96	9,15
6. zielstrebig	1,14	10,75
7. intelligent	0,29	4,24

Die kritischen Werte für die Versuchsbedingung 2 waren:
$t_{1\%;df=76} = 2,39$ $t_{5\%;df=76} = 1,67$

Zur Überprüfung der Hypothesen, ob sich die Inferenz- und Sicherheitswerte in Versuchs- und Kontrollbedingung bzw. in Versuchsbedingung 1 und 2 signifikant unterscheiden, wurden t-Tests für abhängige Stichproben herangezogen, da im Vergleich KB – VB 1 jene 51 Personen der VB ausgewählt wurden, die möglichst identisch mit denen der KB waren (parallelisierte Stichproben) und im Vergleich VB 1 – B 2 die selben Personen verglichen wurden.

Vergleich VG 3 – VG 1

Tabelle 7: Vergleich $\bar{a}$ VG 3 – $\bar{a}_1$ VG 1

	Inferenzwerte	
	VG 3	VG 1
durchschnittlicher Inferenzwert über alle Eigenschaften	4,09	4,06
1. ausgeglichen	4,01	3,56
2. konzentrationsfähig	3,96	4,23
3. antriebsfähig	4,17	4,27
4. lernbewußt	3,66	3,50
5. lebensfreudig	4,43	4,23
6. zielstrebig	4,33	4,52
7. intelligent	4,10	3,41

Vergleich VG 1 – VG 2

Tabelle 8: Vergleich $\bar{a}_1$ VG 1 – $\bar{a}_2$ VG 2

	Inferenzwerte	
	VG 1	VG 3
durchschnittlicher Inferenzwert über alle Eigenschaften	3,98	3,72
1. ausgeglichen	3,31	3,37
2. konzentrationsfähig	4,18	3,87
3. antriebsfähig	4,18	3,89
4. lernbewußt	3,49	3,07
5. lebensfreudig	4,24	3,96
6. zielstrebig	4,46	4,14
7. intelligent	3,29	3,10

Tabelle 9

Tabelle 9 zeigt die Signifikanzprüfung der Inferenzwerte zwischen KG – VB und VB 1 – VB 2.

	VG 3 – VG 1	VG 1 – VG 2
durchschnittlicher Inferenzwert über alle Eigenschaften	0,17	4,04**
1. ausgeglichen	1,98*	– 0,77
2. konzentrationsfähig	|– 1,73|*	3,49**
3. antriebsfähig	|– 0,60|	2,44**
4. lernbewußt	0,80	4,55**
5. lebensfreudig	1,01	3,09**
6. zielstrebig	1,15	3,23**
7. intelligent	3,85**	2,14*

Signifikanzprüfung der Inferenzwerte
 * signifikant auf dem 5 % Niveau
** signifikant auf dem 1 % Niveau

Unabhängige Variablen: Intelligenz   (A)
                      Faktor L des 16 PF (B)
Haupteffekt: B (Faktor L: Vertrauen – Mißtrauen)
Stufe: 1   2   3
Mittelwert: 3,56   3,75   4,18
$F = 7,85 > 5,72 = F_{99}$
Personen mit großem Vertrauen zeigen geringe Inferenzwerte.
Personen mit großem Mißtrauen zeigen hohe Inferenzwerte.

Tabelle 10: Mittelwerte und Varianzanalysen von IQ und L

	B_1	B_2	B_3	
A_1	3,25	3,74	4,41	3,80
A_2	3,94	3,70	4,04	3,89
A_3	3,49	3,83	4,10	3,80
	3,56	3,75	4,18	

Quelle	QS	df	MQ	F	p
A	8,9	2	4,4	0,19	
A x B	340,8	2	170,4	7,58	0,01
B	177,0	4	44,2	1,97	
Innen	1527,1	68	22,4		
Total	2064,0	76			

Unabhängige Variablen: Intelligenz (A)
                        Faktor 0 des 16 PF (B)
Haupteffekt: B (Faktor 0: Selbstsicherheit – Selbstunsicherheit)
Stufe: 1   2   3
Mittelwert: 3,71   4,06   4,12
F = 3,92 > 3,89 = F_{95}
Selbstsichere Personen zeigen geringe Inferenzwerte.
Selbstunsichere Personen zeigen hohe Inferenzwerte.

Tabelle 11: Mittelwerte und Varianzanalysen von IQ und 0

	B_1	B_2	B_3	
A_1	3,88	4,26	4,08	4,12
A_2	3,53	3,90	4,12	
A_3	3,74	4,03	4,16	
	3,71	4,06		

Quelle	QS	df	MQ	F	p
A	55,3	2	27,6	1,04	
A x B	207,7	2	103,8	3,92	0,05
B	40,0	4	10,0	0,37	
Innen	1800,7	68	26,4		
Total	2103,9	76			

Unabhängige Variablen: Intelligenz (A)
                        Faktor Ä des 16 PF (B)
Haupteffekt: B (Faktor Ä: niedrige – hohe Ängstlichkeit)
Stufe: 1   2   3
Mittelwert: 3,69   4,08   4,15
F = 3,99 > 3,89 = F_{95}
Personen mit niedriger Ängstlichkeit zeigen geringe Inferenzwerte.
Personen mit hoher Ängstlichkeit zeigen hohe Inferenzwerte.

Tabelle 12: Mittelwerte und Varianzanalysen von IQ und Ä

	B_1	B_2	B_3	
A_1	3,66	4,33	4,12	4,03
A_2	3,59	4,01	4,16	3,92
A_3	3,84	3,90	4,18	3,97
	3,69	4,08	4,15	

Quelle	QS	df	MQ	F	p
A	39,1	2	19,2	0,72	
A x B	215,3	2	107,6	3,99	0,05
B	74,7	4	18,6	0,69	
Innen	1834,5	68	26,9		
Total	2153,7	76			

Unabhängige Variablen: Intelligenz (A)
Faktor GEF des 16 PF (B)
Haupteffekt: B (Faktor GEF: Gefühlsbetontheit)
Stufe: 1 2 3
Mittelwert: 4,30 3,89 3,83
$F = 5,24 > 3,89 = F_{95}$
Gefühlsbetonte Personen zeigen hohe Inferenzwerte.
Ausgeglichene Personen zeigen geringe Inferenzwerte.

Tabelle 13: Mittelwerte und Varianzanalysen von IQ und GEF

	B_1	B_2	B_3		
A_1	4,46	4,11	3,74	4,10	
A_2	4,09	3,79	3,88	3,92	
A_3	4,36	3,79	3,89	4,01	
	4,30	3,89	3,83		
Quelle	QS	df	MQ	F	p
A	36,5	2	18,2	0,69	
A x B	275,0	2	137,5	5,24	0,05
B	74,6	4	18,6	0,71	
Innen	1784,2	68	26,2		
Total	2170,4	76			

Unabhängige Variablen: Intelligenz (A)
Faktor Q_2 des 16 PF (B)
Haupteffekt: B (Faktor Q_2: Selbständigkeit)
Stufe: 1 2 3
Mittelwert: 4,20 4,23 3,71
$F = 5,24 > 3,89 = F_{95}$
Unselbständige Personen zeigen eher hohe Inferenzwerte.
Selbständige Personen zeigen geringe Inferenzwerte.

Tabelle 14: Mittelwerte und Varianzanalysen von IQ und Q_2

	B_1	B_2	B_3		
A_1	3,78	4,25	4,09	4,04	
A_2	4,70	4,16	3,72	4,19	
A_3	4,13	4,28	3,33	3,91	
	4,20	4,23	3,71		
Quelle	QS	df	MQ	F	p
A	56,3	2	28,1	1,10	
A x B	245,8	2	122,9	4,80	0,05
B	293,9	4	73,4	2,87	
Innen	1074,0	42	25,5		
Total	1670,2	50			

Unabhängige Variablen: Intelligenz (A)

Faktor L des 16 PF (B)

Wechselwirkung: A x B (Intelligenz x Vertrauen – Mißtrauen)

$F = 3,72 > 3,13 = F_{95}$

durchschnittlich intelligente Personen: $B_1 > B_2 < B_3$

leicht überdurchschnittlich intelligente Personen: $B_1 < B_2 > B_3$

stark überdurchschnittlich intelligente Personen: $B_1 < B_2 > B_3$

Tabelle 15: Mittelwerte und Varianzanalysen von IQ und L

	B_1	B_2	B_3	
A_1	4,41	3,76	4,17	4,11
A_2	3,33	4,54	4,41	4,09
A_3	3,55	4,45	4,04	4,01
	3,76	4,25	4,20	

Quelle	QS	df	MQ	F	p
A	5,8	2	2,9	0,10	
A x B	167,8	2	83,9	3,10	0,05
B	402,9	4	100,7	3,72	
Innen	1135,4	42	27,0		
Total	1712,0	50			

Unabhängige Variablen: Intelligenz (A)

Faktor Q_1 des 16 PF (B)

Wechselwirkung: A x B (Intelligenz x Konservatismus – Radikalismus)

$F = 3,49 > 3,13 = F_{95}$

durchschnittlich intelligente Personen: $B_1 > B_2 < B_3$

leicht überdurchschnittlich intelligente Personen: $B_1 < B_2 > B_3$

stark überdurchschnittlich intelligente Personen: $B_1 > B_2 > B_3$

Tabelle 16: Mittelwerte und Varianzanalysen von IQ und Q_1

	B_1	B_2	B_3	
A_1	4,30	3,49	4,22	4,00
A_2	3,87	4,58	4,45	4,30
A_3	4,30	4,26	3,83	4,13
	4,15	4,11	4,16	

Quelle	QS	df	MQ	F	p
A	60,6	2	30,3	1,11	
A x B	2,4	2	1,2	0,04	0,05
B	380,9	4	95,2	3,94	
Innen	1143,3	42	27,2		
Total	1587,3	50			

Unabhängige Variablen: Intelligenz   (A)
                              Faktor Ä des 16 PF   (B)
Wechselwirkung: A x B (Intelligenz x Ängstlichkeit)
$F = 3{,}64 > 3{,}13 = F_{95}$
Bei durchschnittlich begabten Personen wird mit zunehmender Ausprägung des Faktor Ä der Inferenzwert höher.
Bei überdurchschnittlich begabten Personen hat der Faktor Ä keine Auswirkung auf den Inferenzwert.

Tabelle 17: Mittelwerte und Varianzanalysen von IQ und Ä

	B_1	B_2	B_3	
A_1	3,83	4,01	4,09	3,97
A_2	4,38	4,62	3,60	4,20
A_3	4,13	3,55	4,37	4,01
	4,11	4,06	4,02	

Quelle	QS	df	MQ	F	p
A	36,8	2	18,4	0,66	
A x B	5,6	2	2,8	0,10	0,05
B	404,6	4	101,1	3,64	
Innen	1164,1	42	27,7		
Total	1161,2	50			

Tabellen zu Untersuchung Nr. 4

Tabelle 1: Mittelwerte, Varianzen und Irrtumswahrscheinlichkeiten der Variablen „Neurotizismus"

VG	X		K.-S.-T. p	Kruscal-Wallis Rangvarianzanalyse p
VG$_1$	7,60	0,821	0,009[a]	
VG$_2$	7,30	1,867	0,111	
VG$_3$	6,05	1,760	0,475	
Gesamt	6,98	1,550		0,009[a]

p[a] < 0,05 (signifikantes Ergebnis)

Tabelle 2: Paarweiser Gruppenvergleich (U-Test)

Vergleich VG 1 + VG 2 p	Vergleich VG 2 + VG 3 p	Vergleich VG 1 + VG 3 p
0,9105	0,369[a]	0,015[a]

p[a] < 0,05 (signifikantes Ergebnis)

Der Kolmogarov-Smirnov-Test zeigte, daß die Daten in der Versuchsgruppe 1 nicht normalverteilt sind. Unterschiede zwischen den Versuchsgruppen mußten daher mit Hilfe der Rangvarianzanalyse von Kruscal und Wallis überprüft werden. Mit einer Irrtumswahrscheinlichkeit von weniger als 1 % kann die H_{02} verworfen werden. Die Versuchsgruppen unterscheiden sich signifikant.

Eine genauere Analyse der Daten mit dem U-Test ergab, daß sich Versuchsgruppe 3 von Versuchsgruppe 1 und Versuchsgruppe 2 signifikant abhebt.

Tabelle 3: Mittelwerte, Varianzen und Irrtumswahrscheinlichkeiten der Variablen „Ängstlichkeit" im Rorschachtest

VG	X		K.-S.-T. p	Kruscal-Wallis Rangvarianzanalyse p
VG_1	5,35	1,599	0,213	
VG_2	4,25	1,618	0,547	
VG_3	2,90	1,021	0,335	
Gesamt	4,16	1,440		0,000[a]

$p^a < 0,05$ (Mittelwertunterschiede sind signifikant)

Paarvergleich mit LSD-Test (least significant difference test):
  LSD = 1,0178
  $VG_1 < VG_2 < VG_3$
Die Variable „Ängstlichkeit" ist in allen drei Versuchsgruppen normalverteilt, wie eine Überprüfung mit dem Kolmogarov-Smirnov-Test zeigte. Es konnte daher die Prüfung von Mittelwertunterschieden mit Hilfe der einfachen Varianzanalyse durchgeführt werden.

Die drei Versuchsgruppen unterscheiden sich hinsichtlich der Variablen „Ängstlichkeit" im Rorschachtest.

Ein Paarvergleich zwischen den Versuchsgruppen mit dem LSD-Verfahren (least significant difference) zeigte, daß sich alle drei Gruppen signifikant voneinander unterscheiden. Versuchsgruppe 1 ist signifikant ängstlicher als Versuchsgruppe 2. Versuchsgruppe 3 weist die geringste Ängstlichkeit auf.

Tabelle 4: Fernsehverhalten, Irrtumswahrscheinlichkeiten der Gruppenvergleiche mittels X^2-Test

Fernseh- verhalten	Vergleich aller 3 VG p	Vergleich VG1 + VG2 p	Vergleich VG2 + VG3 p	Vergleich VG1 + VG3 p
1. täglich/ nicht täglich	0,0920			
2. mit/ohne Eltern	0,395[a]	0,261[a]	0,3200	0,3404
3. vor 19^{30}/ nach 19^{30}	0,2147			
4. Krimis ja/nein	0,311[a]	0,7469	0,1066	0,261[a]
5. Unterhaltungs- sendungen ja/nein	0,9307			
6. Diskussions- möglichkeit ja/nein	0,395[a]	0,3200	0,3404	0,0261[a]
7. TV als Belohnung ja/nein	0,6105			
8. Wunsch nach mehr TV ja/nein	0,005[a]	0,2733	0,0261[a]	0,0005[a]

p[a] < 0,05 (signifikantes Ergebnis)

Tabelle 5: Fernsehverhalten, Kontingenzkoeffizienten für die signifikanten Ergebnisse

Fernseh-verhalten	Vergleich aller 3 VG cc	Vergleich VG1 + VG2 cc	Vergleich VG2 + VG3 cc	Vergleich VG1 + VG3 cc
2. mit/ohne Eltern	0,3119	0,3730	0,2052	0,1971
4. Krimis ja/nein	0,3220	0,1015	0,2928	0,3730
6. Diskussions-möglichkeit ja/nein	0,3119	0,2052	0,1971	0,3730
8. Wunsch nach mehr TV ja/nein	0,4515	0,2250	0,3730	0,5164

Die Auswertung der Items 2, 4, 6, und 8 ergab ein signifikant unterschiedliches Fernsehverhalten in den drei Versuchsgruppen.

Literatur

Abel, J.D. (1976). The family and child television viewing. Journal of marriage and the family 38, 331-335.

Abelson, R.P. (1976). Script processing in attitude formation and decision-making. In: J.S. Caroll u. J.W. Payne (Hrsg.): Cognition and social behaviour. Hillsdale: N.Y. Erlbaum Ass., 33-45.

Abelson, R.P., Aronson, E., Mc Guire, W.J., Newcomb, Th.M., Rosenberg, M.J., Tannebaum, P.H. (Hrsg.) (1986). Theories of cognitive consistency. A sourcebook. Chicago: Rand Mc Nally.

Abramowitz, S.I. (1969). Locus of control and self-reported depression among college students. Psychological reports, 25, 149-151.

Abramson, L.Y., Seligman, M.E.P., Teasdale, J.D. (1987). Learned helplessness in humans: Critique and reformulation. Journal of Abnormal Psychology, 87, 49-74.

Allport, F.H. (1955). Theories of perception and the concept of structure. New York, London: Wiley.

Altenloh, E. (1914). Zur Soziologie des Kino. Die Kino-Unternehmung und die sozialen Schichten ihrer Besucher. Jena (zit. nach Kunczik, 1984).

Amelang, M., Bartussek, D. (1985). Differentielle Psychologie und Persönlichkeitsforschung. München: Kohlhammer.

Amthauer, R. (1970). IST-70 Intelligenz-Struktur-Test. Göttingen: Hogrefe.

Baker, R. (1981). Televideor ergo sum. Trans-Atlantik, 1 / Jan.

Baker, R., Ball, S.J. (1969). The television world of violence. In: Baker u. Ball (Hrsg.): Violence and the media. A staff report to the National Comission on the Causes and Prevention of violence. Washington D.C.: Government Printing Office, 311-339 (zit. nach Huth).

Bandura, A. (1976). Lernen am Modell. Stuttgart: Klett-Cotta.

Bandura, A. (197). Sozial-kognitive Lerntheorie. Stuttgart: Klett-Cotta.

Bailin, L. (1985). Mass media and children: A study of exposure habits and cognitive effects. Psychological monographs, 73/1, Whole No. 471.

Bensch, R. (1987). Modell. In: E. Braun u. H. Radermacher (Hrsg.): Wissenschaftstheoretisches Lexikon: Styria Verlag, 384-385.

Benson, J.S., Kennely (1976). Learned helplessness: The results of uncontrollable aversive stimuli? Journal of Personality and Social Psychology, 34, 138-145 (zit. nach W. Herkner, 1980).

Berlyne, D.E. (1974). Konflikt, Erregung, Neugier. Stuttgart: Klett-Cotta.

Berelson, B. (1984). What we know about the effects about Mass Communication: The Brink of Hope. Public Opinion Quaterly, Vol. 21 (1957), 455 (zit. nach J.G. Klapper).

Blank, D.M. (1977). The Gerbner Violence Profile. Journal of Broadcasting, 21/3, 273-279.

Boesch, E.E., Ecksenberger, L.W. (1969). Methodische Probleme des interkulturellen Vergleichs. In: C.F. Graumann (Hrsg.): Handbuch der Psychologie, Bd. 7. Sozialpsychologie, 1. Halbband, 515-566. Göttingen: Hogrefe.

Bollinger, G., Brämer, H.-J. (1987). Die Ausweitung des Programmangebots durch Kabelfernsehen und ihre Folgen auf Wissensunterschiede von Rezipienten. Abschlußbericht im Rahmen des DFG-Schwerpunktprogramms „Publizistische Medienwirkungen", Mannheim.

Brady, J.V., Porter, R.W., Conrad, D., Mason, J.W. (1958). Avoidance behaviour and the development og gastrointestinal ulcers. Journal of the Experimental Analysis of Behaviour, 1, 69-72.

Brehm, J.W. (1966). A theory of psychological reactance. New York: Academic Press.

Brown, I. (1978). Learned helplessness through modelling: Self-efficancy and and social comparison processes. In: L.C. Perlmuttter u. R.A. Manty (Hrsg.): Choice and perceived control. Hillsdale: Erlbaum, 107-120.

Brown, I., Inoye, D.K. (1978). Learned helplessnes through modelling. The role of perceived similarity in competence. Journal of Personality and Social Psychology, 36, 900-908.

Brown, I. (1979). Wie Kinder das Fernsehen nutzen. In.: H. Sturm u. I. Brown (Hrsg.): Wie Kinder mit dem Fernsehen umgehen. Stuttgart: Klett-Cotta, 177-199.

Bouwman, H. (1982). A replication of Gerbner's research on cultural indicates. The Dutch situation. Paper presented at the Symposium on Cultural Indicators for the Comparative Study of Culture. Österr. Akademie der Wissenschaften, Februar 1982.

Brunbauer, B. (1984). Angstabwehr und Märchenrezeption. Phil. Diss. an der Univ. Wien.

Bryant, I., Anderson, P.R. (Hrsg.) (1983). Children's Understanding of Television. Research on Attention and Comprehension. Academic Press.

Buerkel-Rothfuss, N.L., Mayes, S. (1981). Soap opera viewing: The cultivation effect. Journal of Communication 31, 3, 108-115.

Burkart, R. (1983). Kommunikationswissenschaft. Wien, Köln: Böhlau.

Byrne, D. (1961). The Repression-Sensitization Scale: Rationale, Reliability and Validity. J. Pers., 29, 334-349.

Byrne, D. (1964). Repression-sentsitization as a dimension of personality. In: B.A. Maher (Hrsg.): Progress in experimental personality research, Vol. 1, New York: Academic Press, 170-220.

Chaffee, St., McLeod, I. (1972). Adolescent television use in the family context. In: Cornstock u. Rubinstein (Hrsg.): Television and social behaviour. Reports and papers III. Television and adolescent agressiveness. Washington D.C.: Government printing Office, 149-172.

Chaffee, St., Tims, A.R. (1977). Kommunikationsmuster und Fernsehnutzung Jugendlicher. Eine Untersuchung des Einflusses von Familie und Gleichaltrigen. Fernsehen und Bildung, 11/3, 249-267.

Chandler, T.A., Wolf, F.M., Cook, B., Dugovics, D.A. (1980). Parental correlates of locus of control in 5th graders' – an attempt at experimentation in the home. English Marill – Palmer Quaterly Behaviour and Development, 26, 183-195 (zit. nach R. Mielke, 1982).

Charlton, M., Neumann, K. (1982). Fernsehen und die verborgenen Wünsche des Kindes. Beltz Forschungsberichte.

Coffin, T.E., Tuchman, S. (1972-1973). Rating television programs for violence. A comparison of five surveys. Journal of broadcasting, 17/1, 3-20.

Collins, B.E. (1982). Vier Komponenten des IEC-Fragebogens von Rotter. In: R. Mielke (Hrsg.): Interne/externe Kontrollüberzeugung. Bern: Hans Huber.

Cordua, G., McGraw, K., Drabman, R. (1979). Doctor or nurse: Children's perceptions of sextyped occupations. Child development, 5, 590-593 (zit. nach T.M. Williams, 1986).

Crandall, V.I. (1973). Differences in parental antecedents of internal-external control in children and young adulthood. Paper presented at the American Psychological Association Convention. Montreal (zit. nach Strickland, 1977).

Cronbach, I.L. (1955). Processes affecting scores on „understanding of others" and „assumed similarity". Psychological Bulletin, 52, 177-193.

Cronbach, L.I., Gleser, G.C., Nanda, H., Rajaratnam, N. (1972). The dependabiltity of behavioural measurements. London: Wiley.

Davis, W.L., Phares, E.L. (1986). Internal-external control as a determinant of information-seeking in a social influence situation. Journal of Personality, 35, 547-561.

De Charms, R. (1986). Personal causation. New York: Academic Press.

De Fleur, M.L. (1970). Theories of mass communication, 2nd ed. New York.

De Fleur, M.L., de Fleur L.B. (1967). The relative contribution of television as a learning source for children's occupational knowledge. American Sociological review, 32, 777-789.

Dixon, N.F. (1971). Subliminal Perception. The Nature of Controversy. London: Mc Graw Hill.

Doob, A., McDonald, G.E. (1980). Television viewing and fear of victimisation: Is the relationship causal? In: G.C. Wilhoit (Hrsg.): Mass communication review yearbook, Vol. 1. New York: Sage Publications.

Dorr, A. (1986). Television and Children. A Special Medium for a Special Audience. Sage Publications.

Dröge, F.W. (1967). Publizistik und Vorurteil. Münster.

Durkheim, E. (1951). Suicide. A Study in Sociology. New York. Dt.: Der Selbstmord. Frankfurt/Main, 1983 (zit. nach I. Israel).

Efran, I. (1963). Some personality determinators of memory for success and failure. Unpublished doctoral dissertation. Ohio State University (zit. nach Rotter, 1975).

Engfer, A., Schneewind, K.A., Hinderer, I. (1978). Zur faktoriellen Struktur der Familienklimaskalen nach R.H. Moos. Arbeitsbericht 17 aus dem EKB-Projekt an der Universität München (zit. nach Schneewind, 1982).

Epstein, S. (1976). Anxiety, arousal and the self-concept. In: I.G. Sorason u. C.D. Spielberger (Hrsg.): Stress and Anxiety (Vol. 3). Washington: Hemisphere, 185-224.

Epstein, S., Fenz, W.D. (1962). Theory and experiment on the measurement of approach-avoidance conflict. J. abnorm. soc. Psychol., 64, 97-112.

Farber, M.L. (1944). Suffering and the time perspective of the prisoner. Univ. of Iowa Studies in Child Welfare 20, 155-227 (zit. nach Berlyne, 1977).

Festinger, L. (1957). A theory of cognitive dissonance. Stanford: Stanford University Press.

Findahl, D., Hoijer, B. (1977). Nachrichtensendungen – wie werden sie verstanden? Fernsehen und Bildung, 13, 1/2, 7-21.

Formann, A.K., Piswanger, K. (1979). WMT-Wiener Matrizen-Test. Beltz: Weinheim.

Franks, D.D., Marolla, J. (1978). Efficacious and social approval as interacting dimensions of self-esteem: A tentative formulation through construct validation. Sociometry, 39, 324-341.

Frey, D., Kumpf, M., Ochsmann, R., Rost-Schaude, E., Sauer, C. (1977). Theorie der kognitiven Kontrolle. Bericht aus dem Sozialforschungsbereich, Universität Mannheim.

Gaziano, C. (1985). The Knowledge Gap: An Analytival Review of Media Effects. In: Gurevitch u. Levy (Hrsg.): Mass communication, Vol. 5, Sage Publications, 462-502.

Gerbner, G. (1969). Toward „cultural indicators": The analysis of mass mediated public message system. AV communication review, 17, 137-148.

Gerbner, G. (1978). Über die Ängstlichkeit von Vielsehern. Fernsehen und Bildung, 12, 1-2, 48-57.

Gerbner, G. (1978). The dynamics of cultural resistence. In: G. Tuchman, A.K. Danials u. J. Benet (Hrsg.): Heart and home. Images of women in the mass media. New York. Oxford Univ. Press, 46-50.

Gerbner, G. (1980). The „mainstreaming" of America. Violence Profile No. 11. Journal of Communication 30/3, 10-29. Auch in: Fernsehen und Bildung, 15/1-3, 33-42.

Gerbner, G., Gross, L. (1976). The scary world of TV's heavy viewer. Psychology today, 41-45. (Auch in: Die „angsterregende" Welt des Vielsehers. Fernsehen und Bildung, 15/1981/1-3, 17-23).

Gerbner, G., Gross, L., Jackson-Beek, M., Jeffries-Fox, S., Signorelli, N. (1978). Cultural Indicators: Violence Profile No. 9, Journal of Communication 28/3, 176-207.

Gerbner, G., Gross, L., Morgan, M., Signorelli, N. (1980). The „Mainstreaming" of America: Violence Profile No. 11, Journal of Communication 30/3, 16-35.

Gerbner, G., Gross, L., Morgan, M., Signorelli, N. (1980b). Violence Profile No. 11. Trends in network television drama and viewer conceptions of social reality 1967-1979. University of Pennsilvania.

Gerbner, G., Gross, L. (1981). Die „angsterregende Welt" des Vielsehers. Fernsehen und Bildung, 15, 1-3, 17-23.

Gerbner, G., Gross, L., Morgan, M. (1981a). Mainstreaming in den USA. Violence Profile No. 11. In: Fernsehen und Bildung, 15, 1-3, 33-42.

Gerbner, G., Gross, L., Morgan, M., Signorelli, N. (1982). Charting the Mainstream: television's contributions to political orientations. Journal of Communication, 1, 100-127 (zit. nach Huth, 182).

Gottschlich, M. (1980). Journalismus und Orientierungsverlust. Grundprobleme öffentlich-kommunikativen Handelns. Wien.

Groebel, J. (1981). Vielseher und Angst. Theoretische Überlegungen und einige Längsschnitt-ergebnisse. Fernsehen und Billdung, 15, 1-3, 114-137.

Groebel, J. (1983). Federal Republic of Germany: Aggression and aggression research. In: Goldstein, A.P. u. Segall, M.H. (Hrsg.): Aggression in global perspective. New York: Pergamon.

Groebel, J. (in press). International research on television violence. Synopsis and critique. In: L.R. Huesman u. L.D. Eron (Hrsg.): Television and the aggressive child: A cross-national comparison. Hillsdale: Erlbaum.

Groebel, J. (1986). Medien und Gewalt. In: Deutsche Forschungsgemeinschaft (Hrsg.): Medienwirkungsforschung in der Bundesrepublik Deutschland, Band 1, 47-60, Weinheim: VCH Verlagsgesellschaft.

Guttmann, G. (1984). Ergopsychometry. In: R.J. Corsini (Hrsg.): Encyclopedia of Psychology. New York: Wiley.

Guttmann, G. (in Druck). Ergopsychometric Testing. Predicting and Actualizing Optimum Performance under Load. In: M.H. Appley u. R. Trumbull (Hrsg.): Plenum Series on Stress and Coping.

Guttmann, G., Herkner, W., Maderthaner, R., Sixt, G., Vitouch, P. (1976). Aggression, Kontext und Aktivierung: Der Sinnzusammenhang beobachteter Aggression und die Aktivierung des Zuschauers als Determinanten medienabhängiger Verhaltensänderungen. ORF-Forschungsbericht, 233-249.

Gurevitch, M., Levy, M.R. (Hrsg.) (1985). Mass Communication. Review Yearbook. Vol. 5, Sage Publications.

Halloran, J.D. (1979). The social effects of television. London: Panther books 1.

Hamilton, D.L. (1976). Cognitive biases in the perception of social groups. In: J.S. Carroll u. J.W. Payne (Hrsg.): Cognition and social behavior. Hillsdale, New Jersey: Erlbaum.

Handl, H.L. (1984). Das Klischee im Film. Eine semiotische Untersuchung mit empirischer Filmanalyse. Unveröff. Dissertation an der Univ. Wien.

Hawkins, R., Pingree, S. (1980). Some processes in the cultivation effect. Communication research, 7/2, 193-226.

Hedinson, E., Windahl, S. (1982). Cultivation analysis: A Swedish illustration. Paper presented to the Vienna Symposium on Cultural Indicators for the Comparative Study of Culture. Österr. Akademie der Wissenschaften, Februar 1982.

Heider, F. (1958). The Psychology of interpersonal relations. New York: Wiley.

Heidegger, M. (1947). Über den Humanismus. In: Platon's Lehre von der Wahrheit. Bern, 87 (zit. nach Maurer, 1973).

Herkner, W. (1975). Einführung in die Sozialpsychologie. Bern: Hans Huber.

Herkner, W. (1980). Attribution – Psychologie der Kausalität. Bern: Hans Huber.

Himmelweit, H., Oppenheim, A.N., Vince, P. (1958). Television and the child. London: Oxford University Press.

Hiroto, D.S. (1974). Locis of control and learned helplessness. Journal of Experimental Psychology, 102, 187-193. Auch in: W. Herkner (Hrsg.): Attribution – Psychologie der Kausalität, 1980, 157-171, Bern: Hans Huber.

Hiroto, D.S., Seligman, M.E.P. (1975). Generality of Personality and Social Psychology, 31, 311-327.

Hirsch, P. (1980). The „scary world" of the nonviewers and other anomalies: A reanalysis of Gerbner et al's findings on cultivation analysis. Part I, Communication Research, 7/4, 403-456. Auch als: Die „angsterregende Welt" des Nichtsehers und andere Unstimmigkeiten. Teil I, Fernsehen und Bildung, 15, 1-3, 43-64.

Hirsch, P. (1981). Wie man aus seinen Fehlern nicht lernt. Fernsehen und Bildung, 15, 1-3, 65-80.

Hofstätter, P.R. (1957). Einführung in die Sozialpsychologie. Stuttgart.

Hovland, C.I. (1959). Reconciling conflicting results devided from experimental and Survey Studies of attitude change. The American Psychologist, Vol. 14, 8-17.

Howe, M.J.A. (Hrsg.) (1983). Learning from Television. Psychological and Educational Research. Academic Press.

Howitt, D. (1982). Mass Media and Social Problems. Pergamon Press.

Hrachovec, H. (1987). Das Klischee und die Endlichkeit der Erkenntnis. Unveröff. Manuskript, 25 S.

Irle, M. (1973). Die Theorie der kognitiven Dissonanz. Eine Reformulierung. Bericht aus dem Sonderforschungsbereich 24 der Universität Mannheim, Mannheim.

Israel, I. (1985). Der Begriff Entfremdung. Zur Verdinglichung des Menschen in der bürokratischen Gesellschaft. Hamburg: Rowohlt Taschenbuch Verlag.

Jackson-Beek, M. (1979). Interpersonal and mass communication in children's political socialisation. Journalism quarterly, 56/1, 48-53.

Kaase, M., Langenbucher, W.R. (1986). Medienwirkungen aus Gesellschaft und Politik. In: W. Schulz (Hrsg.): Deutsche Forschungsgemeinschaft/Kommission für Medienwirkungsforschung. Weinheim: Acta Humaniora, 13-29.

Katovsky, W., Crandall, V.C., Good, S. (1967). Parental antecedents of children's beliefs in internal-external control of reinforcement in intellectual achievement situations. Child Development, 28, 765-776.

Katz, D., Braly, K.W. (1935). Racial prejudice and racial stereotypes. Journal of Abnormal and Social Psychology, 30, 175-193.

Katz, E., Lazarsfeld, P. (1955). Personal influence. Glencoe: Ill. Free Press (zit. nach Huth).

Katz, E., Foulkes, D. (1962). On the use of mass media as „escape". Classification of a concept. Public opinion quarterly, 26/3, 377-388.

Katz, E., Blumler, J.G., Gurevitch, M. (1974). Utilization of mass communication by the individual. In: J.G. Blumler u. E. Katz (Hrsg.): The uses of mass communication. Beverly Hills (zit. nach Kunczik, 1984).

Katzman, N.I. (1972). Television soap operas: What's been going on anyway? Public opinion quarterly, 36/2, 200-212.

Kausch, M. (1985). Erziehung und Unterhaltung. Leo Löwenthals Theorie der Massenkommunikation. Göttingen: Sovec.

Kellerher, R.T. (1985). Stimulus producing responses. J. Exp. Anal. Behav., 1, 87-102.

Kirschbaumer, D.S., Karoly, P. (1977). When self-regulation fails: Tests of some preliminary hypothesis. Journal of Consulting and Clinical Psychology, 45, 1116-1125 (zit. nach Krohne u. Hudson, 1977).

Klapper, J.G. (1957). What we know about the effects of Mass Communication: The Brink of Hope. Public opinion quarterly, 21, 455.

Klein, D.C., Fencil-Morse, E., Seligman, M.E.P. (1976). Learned helplessness, depression, and the attribution of failure. Journal of Personality and Social Psychology, 33, 508-516.

Kline, G.F. (1971). Media time budgeting as a function of demographics and life style. Journal of communication, 30/1, 71-80.

Knoop, R. (1981). Age and correlates of locus of control. The Journal of Psychlogy, 108, 103-106.

Korzenny, F., Neuendorf, K. (1980). Television viewing and self concept of the elderly. Journal of Communication, 30/1, 71-80.

Krampen, G. (1981). IPC-Fragebogen zur Kontrollüberzeugung. Göttingen: Hogrefe.

Krampen, G. (1982). Differentialpsycholgie der Kontrollüberzeugungen. Göttingen: Hogrefe.

Krampen, G. (1986). Politische Psychologie. Geschichte, Defizite, Perspektiven. Psycholgische Rundschau, 37, 138-150.

Krampen, G., Viebig, J., Walter, W. (1981). Differentialpsychologische Korrelate des Fernsehverhaltens (zit. nach Krampen, 1982).

Krohne, H.W. (1971). Der Einfluß von Umweltkomplexität, Angstabwehr und konzeptuellem Niveau auf die Informationsverarbeitung. Dissertation an der Phillips-Universität Marburg.

Krohne, H.W. (1974). Untersuchungen mit einer deutschen Form der Repression-Sensitization-Skala. Zeitschrift für klinische Psychologie, 3, 238-260 (zit. nach Krohne u. Hudson, 1977).

Krohne, H.W. (1978). Individual differences in coping with stress and anxiety. In: C.D. Spielberger u. I.G. Sarason (Hrsg.): Stress and Anxiety, 5, Washington: Hemisphere, 233-260.

Krohne, H.W. (1982). Entwicklungsbedingungen von Ängstlichkeit und Anstbewältigung. Ein Zweiprozeß-Modell elterlicher Erziehungswirkung. Psychologische Forschungsberichte aus dem Fachbereich 8 der Univ. Osnabrück, 69 S.

Krohne, H.W., Schroder, H.M. (1972). Anxiety Defense and Complex Information Processing. Archiv für Psychologie, 124, 50-61.

Krohne, H.W., Hudson, R.J. (1979). Art der Anstvorbereitung und Leistungen bei verschiedenen Typen von Problemlöseaufgaben. Psychologsiche Forschungsberichte aus dem Fachbereich 3 der Univ. Osnabrück, 11, Juni 1979.

Krohne, H.W., Schaffner, P. (1980). Anxiety, coping strategies and test-performance. Psychologische Forschungsberichte aus dem Fachbereich 3 der Univ. Osnabrück, 19.

Kubey, R., Csikszentmihalyi, M. (1990). Television and the Quality of Life. Hillsdale: Lawrence Erlbaum.

Kunczik, M. (1975). Gewalt im Fernsehen. Köln, Wien: *Böhlau.*

Kunczik, M. (1984). Kommunikation und Gesellschaft. Theorien zur Massenkommunikation. Köln, Wien: Böhlau.

Langenbucher, W. (1974). Der aktuelle Unterhaltungsroman. Bonn: Bouvier Verlag.

Langenbucher, W. (1979). Politik und Kommunikation. Über die öffentliche Meinungsbildung. München.

Langenbucher, W. (1986). Medienwirkungen auf Gesellschaft und Politik. In: W. Schulz (Hrsg.): Deutsche Forschungsgemeinschaft/Kommission für Medienwirkungsforschung. Weinheim: Acta Humaniora, 13-29 (s. Kaase und Langenbucher, 1986).

Lazarsfeld, P.F. (1949). Communication research. In: W. Dennis (Hrsg.): Current trends in social psychology. Pittsburgh.

Lazarus, J.F. (1964). The repression-sensitization dimension in relation to anxiety responses. J. of Consulting Psychology, 29, 84-86.

Lazarus, R.S. (1966). Psychological stress and the coping-process. New York: Mc Graw Hill.

Leifer, A.D. (1975). Untersuchungen über Sozialisationseinflüsse des Fernsehens in den Vereinigten Staaten. Fernsehen und Bildung, 9, 2-3, 111-143.

Lerner, M.J. (1980). The belief in a just world. A fundamental delusion. New York: Plenum Press.

Lerner, J., Miller, P.T. (1978). Just world research and the attribution process: Looking back and ahead. Psychological Bulletin, 85, 1030-1051.

Levine, G.F. (1977). „Learned helplessness" and the evening news. Journal of communication, 27/4, 100-105.

Le Vine, R.A., Campell, D.T. (1972). Ethnocentrism: Theories of conflict, ethnic attitudes and group behaviors. New York, London, Sidney.

Liebert, M.R., Sprafkin, J.N., Davidson, E.S. (1982). The Early Window. Effects of Television on Children and Youth. Pergamon Press.

Lilli, W. (1975). Soziale Akzentuierung. Stuttgart, Berlin, Köln, Mainz: Kohlhammer.

Lilli, W. (1979). Grundlagen der Stereotypisierung. Göttingen: Hogrefe.

Lipp, L., Kostoe, R., James, W., Randall, H. (1968). Denial of disability and internal control of reinforcement: A study using a perceptual defense paradigma. Journal of Consulting and Clinical Psychology, 32, 72-75.

Lippmann, W. (1922). Public Opinion. New York: Harcourt, Brace and World.

Livelsley, N., Bromley (1977). Zit. nach B. Reeves, 1979.

Löwenthal, L. (1944). Der Triumph der Massenidole. Schriften Bd. 1, 258 ff. (zit. nach Kausch, 1985).

Löwenthal, L. (1948). Aufgaben der Literatursoziologie. Engl.: The sociology of literature. In: W. Schramm (Hrsg.): Communications in modern society. Urbana (zit. nach Kausch, 1985).

Löwenthal, L. (1960). Problem der Populärkultur. Rundfunk und Fernsehen, 21-32 (zit. nach Kausch, 1985).

Löwenthal, L. (1964). Die Diskussion über Kunst und Massenkultur. Literatur und Gesellschaft. Berlin Neuwied, 40 (zit. nach Kausch, 1985).

Lombardo, J.P., Fantasia, S.C. (1978). Internality-externality, alienation, and generalized expectancies for academic achievement, independence and love and affection from others. Journal of Genetic Psychology, 133, 139-140.

Lomont, J.F. (1965). The repression-sensitization dimension in relation to anxiety responses. Journal of Consulting Psychology, 29, 84-86 (zit. nach Krohne u. Hundson, 1979).

Lovibond, S.H. (1967). The effect of media stressing crime and violence upon children's attitudes. Social problems, 15, 91-100.

Lyle, J., Hoffmann, H. (1972). Children's use of television and other media. In: E. Rubinstein, G. Cornstock u. J. Murray (Hrsg.): Television and social behavior, reports and papers, Vol. IV: Television in day-to-day life. Pattern of use. Washington, D.C.: Government Printing Office, 129-256.

Maccoby, E. (1954). Why do children wath television? Public opinion quarterly, 18, 239-244.

Maddi, S.R., Kobasa, S., Hoover, M. (1979). An alienation test. Journal of Humanistic Psychology, 19, 73-76.

Maier, S.F., Seligman, M.E.P. (1976). Learned helplessness: Theorie and evidence. Journal of Experimental Psychology: General, 105, 3-46.

Maurer, R. (1973). Entfremdung. In: H. Krings, M. Baumgartner, Ch. Wild (Hrsg.): Handbuch philosophischer Grundbegriffe. München, 348-360.

McLeod, J.M., Chaffee, St.H. (1972). The construction of social reality. In: J.R. Tedeschi (Hrsg.): The social influence processes. Chicago: Aldine-Atherton, 50-99.

McLeod, J.M., O'Keefe, G.H. (1972). The socialisation perspective and communication research. In: G.F. Kline (Hrsg.). Beverly Hills: Sage, 121-168.

McQuail, D. (1984). Mass Communication Theory. An Introduction. Sage Publications.

Mega, I. (1932). Marx-Engels Gesamtausgabe. Berlin (zit. nach J. Israel, 1985).

Meridan, F. (1977). Die Wahrnehmung von Personen auf dem Bildschirm. Fernsehen und Bildung, 11, 1-2, 53-72.

Meyer, M. (1983). Children and the formal features of television. München: K.G. Saur.

Mielke, R. (1982). Interne/externe Kontrollüberzeugung. Bern: Huber.

Mielke, R. (1982). Locus of control – Ein Überblick über den Forschungsgegenstand. In: R. Mielke (Hrsg.): Interne/externe Kontrollüberzeugung. Bern: Huber.

Miller, W.R., Seligman, M.E.P. (1975). Depression and learned helplessness in man. Journal of Abnormal Psychology, 84, 228-238.

Miller, I.W., Norman, W.H. (1979). Learned helplessness in humans: A review and attribution-theory model. Psychological Bulletin, 86, 93-118.

Mitchell, T.R., Symser, C.M., Weed, S.E. (1975). Locus of control: Supervision and work satisfaction. Academy of the Management Journal, 18, 623-631.

Mitscherlich, A. (1962). Die Vorurteilskrankheit. Psyche, 16, 241-245.

Moos, R.H. (1974). Family environment scale. Preliminary manual. Palo Alto: Consultin Psychologist Press.

Morgan, M., Gross, L. (1980). Television viewing, IQ and academic achievment. Journal of broadcasting, 24/2, 117-133.

Murray, J. (1972). Television in inner-city homes: Viewing behavior of young boys. In: Rubinstein, Comstock u. Murray (Hrsg.): Television and social behavior, reports and papers, Vol. IX: Television in day-to-day life: Patterns of use. Washington D.C. Government Printing Offiche, 129-256.

Naschold, F. (1973). Kommunikationstheorien. In: Auferman (Hrsg.): 11-48.

Niketta, R. (1982). Theoretische Ansätze kognitiver Kontrolle und das Locus of Control-Konzept. In: R. Mielke (Hrsg.): Interne/externe Kontrollüberzeugung. Bern: Huber.

Oberhauser, O. (1976). Interpersonale Kommunikation im Massenkommunikationsprozeß. Kritik des Zweistufenkonzeptes und empirische Überprüfung alternativer Hypothesen. Phil. Diss., Wien (zit. nach Burkart, 1984).

Oesterreich, R. (1981). Handlungsregulation und Kontrolle. Urban & Schwarzenberg.

Overmier, H.B. (1985). Reconsideration of the causal factors in the animal model of learned helplessness. Vortrag auf der 27. Tagung experimentell arbeitender Psychologen in Wuppertal.

Overmier, J.B., Seligman, M.E.P. (1967). Effects of inescapable shock upon subsequent escape and avoidance responding. Journal of Comperative and Physiological Psychology, 63, 28-33.

Palmgreen, Ph., Wenner, L.A., Rosengren, K. (1985). Uses and gratification research. The Past Ten Years. In: Rosengren, Wenner u. Palmgreen (Hrsg.): Media Gratifications Research. Sage Publications.

Pearlis, L. (1959). Social and personal stress and escape television viewing. Public opinion quarterly, 23, 255-259 (zit. nach Huth).

Phares, E. (1968). Differential utilization of information as a function of internal-external control. Journal of Personality, 36, 649-662.

Pittman, N.L., Pittman, T.S. (1979). Effects of amount of helplessness training and internal-external locus of control on mood and performance. Journal of Personality and Social Psychology, 37, 39-47.

Postman, L., Schneider, B. (1951). Personal values, visual recognition and recall. Psychological Review, 58, 271-284.

Postman, L., Bruner, J.S. (1982). Die Hypothesentheorie der sozialen Wahrnehmung. In: D. Frey (Hrsg.): Kognitive Theorien der Sozialpsychologie, 19-48.

Postman, N. (1986). Wir amüsieren uns zu Tode. S. Fischer Verlag.

Prokasy, W.F. (1956). The acquisition of observing responses in the absence of a differential external reinforcement. J Comp. Physiol. Psychol., 49, 131-134.

Prokop, D. (1986). Kriterien der Kritik un der Analyse von Medienproduktion. Die Ansätze, deren Verselbständugungen und der Versuch einer Antwort auf die Frage, was Kritik ist. In: D. Prokop (Hrsg.): Medienforschung, 3, Fischer Verlag, 136-180.

Reeves, B., Geenberg, B.S. (1977). Children's perceptions of television characters. Human communication research, 3, 113-127.

Reeves, B. (1979). Children's understanding of television people. In: E. Wartella (Hrsg.): Children communicating: Media and development of thought, speech, understanding. Beverly Hills: Sage Publications, 115-156.

Renckstorf, K. (1985). Zur Hypothese des „two step flow" der Massenkommunikation. In: D. Prokop (Hrsg.): Medienforschung, 2, 29-55.

Robinson, J.P. (1972). Television's impact on everyday life: Some cross national-evidence. In: Rubinstin, Comstock u. Murray (Hrsg.): 410-431.

Rohner, E.C., Chaille, C., Rohner, R.P. (1980). Perceived parental acceptance-rejection and the development of children's locus of control. The Journal of Psychology, 104, 83-86.

Rosenblatt, P.C., Cunningham, M.R. (1976). Television watching and family tensions. Journal of marriage and the family, 38, 105-111.

Rosengren, K.E., Windhal (1977). Mass media use: Causes and effects. Communications: International Journal of Communication Research, 3, 336-351.

213

Rosengren, K.A., Wenner, L.A., Palmgreen, P. (1985). Media Gratifications Research. Beverly Hills: Sage Publications.

Roth, S., Kubal, L. (1975): Effects of incontingent reinforcement on tasks of differing importance: Facilitation and learned helplessness. Journal of Personality and Social Psychology, 32, 680-691.

Rotter, J.B. (1975). Journal of Consulting and Clinical Psychology. Auch in: R. Mielke (Hrsg.): Einige Probleme und Mißverständnisse beim Konstrukt der internen versus externen Kontrolle der Verstärkung. In: Interne/externe Kontrollüberzeugung. Bern: Huber, 1982, 43-61.

Rubin, A.M. (1983). Television uses and gratifications: The interaction of viewing patterns and motivations. Journal of Broadcasting, 27, 37-51.

Rubin, Z., Peplau, L.A. (1973). Belief in a just world and reactions to another's lot: A study of participants in the national draft lottery. Journal of Social Issues, 29, 73-93.

Rubinstein, E., Comstock, G.A., Murray, J.P. (Hrsg.) (1972). Television and social behavior, reports and papers, Vol. IX: Television and day-to-day life. Patterns of use. Washington D.C.: Government Printing Office.

Salomon, G. (1977). The language of media and the cultivation of mental skills. A report to the Spencer Foundation. 96 S. (zit. nach Huth, 1982).

Salomon, G. (1979). Shape not only content: How media symbols partake in the development of abilities. In: E. Wartella (Hrsg.): Children communicating: Media and development of thought, speech, understanding. Beverly Hills: Sage Publications, 53-82.

Salomon, G. (1979a). Interaction of media, cognition and learning. An exploration of how symbolic forms cultivate mental skills and effect knowledge acquisition. San Francisco: Jossey-Bass Publishers.

Salomon, G. (1979b). Media and symbol systems as related to cognition and learning. Journal of educational psychology, 71, 131-148.

Salomon, G. (1981). Introducing AIME: The Assessment of Children's Mental Involvement with Television. In: H. Kelly u. H. Dardner (Hrsg.): Viewing Children through Television. San Francisco: Jossey-Bass Publishers, 89-103.

Salomon, G. (1983). Television Watching and Mental Effort: A Social Psychological View. In: J. Bryant u. D.R. Anderson (Hrsg.): Children's Understanding of Television. Academic Press, 181-196.

Salomon, G., Cohen, A. (1977). Television formats, mastery of mental skills, and the acquisition of knowledge. Journal of educational psychology, 69, 612-619.

Sarnoff, J. (1960). Psychoanalytic theory and social attitudes. Public opinion quarterly, 24, 251-279.

Sauerland, K. (1979). Einführung in die Ästhetik Adornos. De Gruyter, Studienbuch.

Saxer, U. (1989). Soziologische Aspekte der Wissensvermittlung durch Medien. In: Wissensvermittlung, Medien und Gesellschaft. Ein Symposium der Bertelsmann Stiftung. Verlag Bertelsmann Stiftung.

Schenk, M. (1978). Publikums- und Wirkungsforschung. Tübingen.

Schneewind, K.A. (1982). Familiäre Aspekte der Selbstverantwortlichkeit. In: R. Mielke (Hrsg.): Interne/externe Kontrollüberzeugung, 199-219.

Schneewind, K.A., Pfeiffer, P. (1978). Elterliches Erziehungsverhalten und kindliche Selbstverantwortlichkeit. In: K.A. Schneewind u. H. Lukesch (Hrsg.): Familiäre Sozialisation. Stuttgart: Klett-Cotta, 190-205.

Schneewind, K.A., Lorth, E. (1978). Familienklima und elterliche Erziehungeinstellung. In: K.A. Schneewind u. H. Lukesch (Hrsg.): Familiäre Sozialisation. Stuttgart: Klett-Cotta.

214

Schneewind, K.A., Lukesch, H. (Hrsg.) (1978). Familiäre Sozialisation. Stuttgart: Klett-Cotta.

Schramm, W., Lyle, J., Parker, E. (1961). Television in the lives of our children. Stanford: Stanford Univ. Press.

Schroder, H.M. (1975). Menschliche Informationsverarbeitung. Weinheim: Beltz.

Schroder, H.M., Driver, M.J., Streufert, S. (1967). Human information processing: Incividuals and group functioning in complex social situations. New York: Holt, Rinehart and Winston.

Schütz, A., Luckmann, Th. (1975). Struktur der Lebenswelt. Neuwied (zit. nach Handl, 1984).

Schulz, W. (1985). Information und politische Kompetenz. Zweifel am Aufklärungsanspruch der Massenmedien. In: U. Saxer (Hrsg.): Gleichheit oder Ungleichheit durch Massenmedien? München.

Schwarzer, R. (1981). Streß, Angst und Hilflosigkeit. Kohlhammer.

Seeman, M. (1959). On the meaning of alienation. American Sociological Review, 24, 783-791.

Seeman, M. (1961). On the meaning of alienation. American Sociological Review, 26, 753-758.

Seeman, M., Evans, J. (1962). Alienation and learning in a hospital setting. American Sociological Review, 27, 772-782.

Seligman, M.E.P. (1979). Erlernte Hilflosigkeit. München: Urban & Schwarzenberg.

Signorelli, M., Morgan, M. (Hrsg.) (1990). Cultivation Analysis. New Directions in Media Effect Research. Sage.

Singer, J.E., Singer, D.G. (1981). Television, Imagination and Aggression. A Study of Preschoolers. Hillsdale: Erlbaum.

Six, U. (1982). Einstellungen und Vorurteile. In: H.J. Kagellmann u. G. Wenninger (Hrsg.): Medienpsychologie. Ein Handbuch in Schlüsselbegriffen, 18-26.

Spiel, W. (1981). Zur Problematik eines Diagnoseschemas psychogener Prozesse. Sonderdruck aus der Wr. klinischen Wochenschrift. Wien, New York: Springer Verlag, 522-526.

Srole, L. (1956). Social integration and certain corollaries. American Sociological Review, 21, 709-716.

Strickland, B.R. (1977). Internal-external control of reinforcement. In: T. Blass (Hrsg.): Personality Variables in Social Behavior. New York: Wiley, 219-279.

Sturm, H. (1975). Die kurzzeitigen Angebotsmuster des Fernsehens. Fernsehen und Bildung, 9/1, 39-50.

Sturm, H. (1981). Der Vielseher im Sozialisationsprozeß – Rezipientenorientierter Ansatz und Ansatz der formalen medienspezifischen Angebotsweisen. Fernsehen und Bildung, 15, 1-3, 137-148.

Sturm, H. (1986). Medienwirkung auf Kinder und Jugendliche. In: Medienwirkungsforschung in der Bundesrepublik Deutschland: Enquete der Senatskommission für Medienwirkungsforschung/DFG. Weinheim: Acta Humaniara, 29-47.

Sturm, H., Grewe-Partsch, M. (1977). Wirkungen des Fernsehens. Förderungen und Defizite. Fernsehen und Bildung, 11/3, 172-186.

Sturm, H., Vitouch, P., Bauer, H., Grewe-Partsch, M. (1982). Emotion und Erregung – Kinder als Fernsehzuschauer. Eine psychophysiologische Untersuchung. Fernsehen und Bildung, 16, 1-3, 9-115.

Sturm, H., Vitouch, P., Grewe-Partsch, M. (1986). Medienvermittelte Pausen und Lerneffekte. Eine Untersuchung zur Wirkung der formalen medienspezifischen Angebotsweisen. Unterrichtswissenschaft, 14/2, 111-125.

Tannenbaum, P. (1978). Emotionale Erregung durch kommunikative Reize. Der Stand der Forschung. Fernsehen und Bildung, 12/3, 184-195.

Tannenbaum, P.H. (Hrsg.) (1980). The Entertainment Functions of Television. Hillsdale: Erlbaum.

Tankard, J., Harris, J.R., Murray, C. (1980). A diseriminant analysis of television viewers and nonviewers. Journal of broadcasting, 24, 399-409.

Tennan, H., Eller, S.J. (1977). Attributional components of learned helplessness and facilitation. Journal of Personality and Social Psychology, 35, 265-271.

Thoreau, H.D. (1957). Walden. Boston. Dt.: Walden oder das Leben in den Wäldern. Zürich, 1971 (zit. nach Postman, 1985).

Tichenor, P., Donohue, G.A., Olien, C.N. (1970). Mass Media Flow and Differential Growth in Knowledge. Public Opinion Quarterly, 34, 2, 159-170.

Tolor, A. (1974). Alienation as measured by three different instruments. Journal of Psychology, 86, 297-302.

Tolor, A., Leblanc, R.F. (1971). Personality correlates of alienation. Journal of Consulting and Clinical Psychology, 37, 444.

Troldahl, V.C., Van Dam, R. (1965). Face-to-Face Communication About Major Topics in the News. Public opinion quarterly, 29, 626-634.

Vitouch, P. (1978). Emotion und Kognition. Psychophysiologische Grundlagen. Fernsehen und Bildung, 12/3, 195-213.

Vitouch, P. (1980). Die Wirkung von Wiederholungen. Eine physiologische und psychologische Messung emotionaler Reaktionen. Fernsehen und Bildung, 14, 269-294.

Vitouch, P. (1980). Physiologische und psychologische Aspekte des Fernsehens. ORF Berichte zur Medienforschung, Band 26, 1-56.

Vitouch, P. (1981). Vielseher und Attribution. Ein sozialpsychologischer Ansatz zur Medienforschung. Fernsehen und Bildung, 15, 1-3, 160-167.

Vitouch, P. (1982). Emotion. In: H.J. Kagelmann u. G. Wenninger (Hrsg.): Medienpsychologie: Ein Handbuch in Schlüsselbegriffen. München: Urban und Schwarzenberg, 26-53.

Vitouch, P. (1984). Psychologische Aspekte neuer Tele-Kommunikationstechniken. In: G. Theurer u. W. Schiebel (Hrsg.): Tele-Selling. Verlag Moderne Industrie, 370-395.

Vitouch, P. (1985). Medienpsychologie – Neue Ansätze und Methoden. Berichte über den 34. Kongreß der Deutschen Gesellschaft für Psychologie, Verlag Hogrefe, Band 2, 873-876.

Vitouch, P. (1985). Neue Medien – Informationsübertragung statt Kommunikation? In: Zukunft der Kommunikation – Zukunft der Kommunikationswissenschaften. Hrsg. von den Instituten f. Publizistik und Kommunikationswissenschaften d. Univ. Wien und Salzburg. Böhlau, 255-265.

Vitouch, P. (1985). Emotion und Sprache. Ein psychologischer Ansatz. Philosophie des Geistes, Philosophie der Psychologie. In: R.M. Chisholm (Hrsg.): Akten des 9. internationalen Wittgenstein-Symposiums, 19.-26.Aug. 1984. Verlag Hölder, Pichler, Tempsky, 115-118.

Vitouch, P. (1989). Der Einfluß inadäquater Angstbewältigungsstrategien auf die Informationsaufnahme. Forschungsprojekt „Politische Bildung in der Schule". Finanziert vom Forschungsfonds der Nationalbank, Forschungsbericht.

Vitouch, P. (1989). Zur Akzeptanz von „Social Advertising". Filmkunst/Zeitschrift für Filmkultur und Filmwissenschaft, 126/127.

Vitouch, P. (1991). Information und Angst. Die Abwehr medialer Informationsinhalte aufgrund spezifischer Angstbewältigungsstrategien. Medien Journal 3, Salzburg.

Vitouch, P. (1986). Realitätsdarstellung in den Medien – Abbildung oder Konstruktion. In: M Grewe-Partsch u. J. Groebel (Hrsg.): Mensch und Medien. München: K.G. Saur Verlag.

Vitouch, P., Klein, A. (1984). Der Einfluß modifizierter emotionaler Befindlichkeiten auf die Behaltensleistung bei der Wahrnehmung von Fernsehspots. Vortrag auf der 26. Tagung experimentell arbeitender Psychologen, Nürnberg (15.-19. April 1984).

Vitouch, P., Bauer, H. (1985). Lernen durch Medien. Die zweiseitige Fragestellung in der Medienpsychologie. Berichte über den 34. Kongreß der Deutschen Gesellschaft für Psychologie, Band 2, Verlag Hogrefe, 866-869.

Vitouch, P., Schweinzer, J. (1986). Kontrollverlust am Arbeitsplatz und seine Beziehung zum Fernsehkonsumverhalten. Zeitschrift für experimentelle und angewandte Psychologie, Göttingen: Hogrefe, 2, Band 33, 294-311.

Vitouch, P., Jäger, W. (1986). Der Einfluß von Werbefilmen auf Inferenzprozesse. Vortrag auf der 28. Tagung experimentell arbeitender Psychologen in Saarbrücken, 23.-27. März 1986.

Vitouch, P., Mikosz, B. (1987). Coping-strategies and the consumption of violent TV-contents by young children. Unveröffentlichtes Manuskript.

Vitouch, P., Nunez, A.P. (1987). Die Messung der semantischen Distanz von Filmeinstellungen. Vortrag auf der 29. Tagung experimentell arbeitender Psychologen in Aachen. 12.-16. April 1987.

Wandler, P. (1979). The Angst of the upper class. Journal of communication, 29/4, 85-89.

Warehime, R., Woodson, M. (1971). Locus of Control and Immediate Affect States. Journal of Clinical Psychology, 27, 443-444.

Warr, P.B., Knapper, C.C. (1986). The perception of people and events. London, New York, Sidney: Wiley.

Watson, D. (1967). Relationship Between Locus of Control and Anxiety. Journal of Personality and Social Psychology, 6, 91-92.

Weigel, R., Jessor, R. (1973). Television and adolescent conventionality: An exploratory study. Public opinion quarterly, 37/1, 76-90.

Weiss, J.M. (1968). Effects of coping response on stress. Journal of Comparative and Physiological Psychology, 65, 251-260.

Weiss, J.M. (1970). Effects of coping behavior in different warning signal conditions on stress pathology in rats. Journal of Comparative and Physiological Psychology, 77, 1-13.

Weiss, J.M. (1970). Somatic effects of predictable and unpredictable shock. Psychosomatic Medicine, 32, 397-409.

Welker, R.L. (1976). Acquisition of a free-operant-appetitive response in pigeons as a function of prior experience with response-independent food. Learning and Motivation, 7, 394-405 (zit. nach Herkner, 1980).

Wheatley, K.L., Welker, R.L., Miles, R.C. (1977). Acquisition of barpressing in rats following experience with response-independent food. Animal Learning and Behavior, 5, 236-242 (zit. nach Herkner, 1980).

Wilensky, H. (1963). Work, careers, and leisure styles: A study of sources and social integration. Auch in: Prokop (Hrsg.): Medienforschung. Massengesellschaft und Massenkultur. Band 2, Fischer Verlag, 284-325.

Williams, T.M. (1986). The impact of television. Academic Press.

Literaturergänzungen zur Neuauflage

Eigene Arbeiten

Vitouch, P. (1995). Media Psychology in Austria. The Ludwig-Boltzmann Institute of Empirical Media Research. In P. Winterhoff-Spurk (Ed.), *Psychology of Media in Europe* (43–50). Opladen: Westdeutscher Verlag.

Vitouch, P. (1995). Die „Emotionale Kluft" – Schlüsselvariable für die Programmselektion. In Bodo Franzmann (Hrsg.), *Auf den Schultern von Gutenberg. Medienökologische Perspektiven der Fernsehgesellschaft.* (138–149). Berlin; München: Quintessenz.

Vitouch, P. (1995). Grenzüberschreitende Medienpsychologie. *Medienpsychologie, 7* (1), 11–26.

Vitouch, P. (1997). Psychophysiological Methods in Media Research. In P. Winterhoff-Spurk & T. van der Voort (Ed.), *New Horizons in Media Psychology. Research Cooperation and Projects in Europe* (116–124). Opladen: Westdeutscher Verlag.

Vitouch, P. (1998). *In Medias Res. Gedanken hinter einer Kolumne.* Wien: Holzhausen.

Vitouch, P. (1999). Der Einfluss des Fernsehens auf Bewusstseinsbildung und Realitätswahrnehmung. In T. Slunecko, O. Vitouch, C. Korunka, H. Bauer & B. Flatschacher (Hrsg.), *Psychologie des Bewusstseins – Bewusstsein der Psychologie: Giselher Guttmann zum 65. Geburtstag* (189–200). Wien: WUV.

Vitouch, P., Tinchon, H.-J., Dier, A., Kernbeiß, G. & Swoboda, A. (1994). Die Wirkung von angstauslösender Berichterstattung zu aktuellen Umweltproblemen in grenznahen Ballungsräumen am Beispiel der Atomkraftwerksdiskussion in Österreich und der CSFR (Wien – Bratislava). Projektendbericht im Auftrag des BM f. Wissenschaft und Forschung.

Vitouch, P. & Kernbeiß, G. (1998). Angst und Gewalt. Gewalt in den Medien unter dem Aspekt der Angstbewältigung. In W. Klingler, G. Roters & O. Zöllner (Hrsg.), *Fernsehforschung in Deutschland. Themen, Akteure, Methoden.* SWR Medienforschung, Bd 1 (597–609). Baden-Baden: Nomos.

Vitouch, P., Tinchon, H.-J. & Janschek, E. (1998). Prozeßbegleitende Verfahren in der Medienpsychologie. *Medienpsychologie, 10* (4), 308–319.

Vitouch, P., Tinchon, H.-J., Dier, A., Janschek, E., Kernbeiß, G. (1999). *Emotionspsychologische Nachrichtenforschung. Die Wirkung von angstauslösender Berichterstattung zu aktuellen gesellschaftspolitischen Problemen am Beispiel von in den Fernsehnachrichten berichteter Aggression und Gewalt zum Thema Nationalismus und Fremdenfeindlichkeit in Österreich und der BRD.* Projektendbericht.

Angstbewältigung

Krohne, H. W. (Ed.) (1993). Attention and Avoidance. Stategies in Coping with Aversiveness. Toronto, Göttingen: Hogrefe & Huber Publishers.

Krohne, Heinz W. (1996). Angst und Angstbewältigung. Stuttgart; Berlin; Köln: Kohlhammer.

Krohne, H. W., Schumacher, A. & Egloff, B. (1992). *Das Angstbewältigungsinventar (ABI).* Mainzer Berichte zur Persönlichkeitsforschung, 41.

Egloff, B. & Krohne, H. W. (1998). Die Messung von Vigilanz und kognitiver Vermeidung: Untersuchung mit dem Angsbewältigungs-Inventar (ABI). *Diagnostica, 44, 4, 189–200.*

Medienpsychologie allgemein

Charlton, M. & Schneider, S. (Hrsg.). (1997). Rezeptionsforschung. Theorien und Untersuchungen zum Umgang mit Massenmedien. Opladen: Westdeutscher Verlag.

Bente, G. & Fromm, B. (1997). Affektfernsehen. Motive, Angebotsweisen und Wirkungen. Opladen: Leske + Budrich.

Winterhoff-Spurk, P. (1999). Medienpsychologie. Eine Einführung. Stuttgart, Berlin, Köln: Kohlhammer.

Sachregister

Medien und Kommunikation

Thomas Heinze

Medienanalyse

Ansätze zur Kultur- und Gesellschaftskritik

1990. 256 S. (wv studium, Bd. 159) Kart.
ISBN 3-531-22159-0

Für die Analyse des modernen Systems der Massenmedien, der Phänomene von Massen-Kultur, höherer Kultur (Theater) und Kunst ist es sinnvoll, auf die (älteren) Ansätze der kritischen Theorie zurückzugreifen. Um eine bloße Traditionsbeschwörung zu vermeiden, bedarf es allerdings einer Rekonstruktion der technologischen Veränderungen im Kulturbereich. Gefordert ist also eine Kulturkritik, die sich mit der neuen anthropologischen Situation der Medizinzivilisation theoretisch und empirisch auseinandersetzt. Der Autor entwickelt anhand verschiedener Medien- und Decodierungstheorien sowie Fallstudien einen Ansatz zur systematischen Aufklärung der Wirkungsweise von Massenmedien, Massenkultur und höherer Kultur (Kunst).

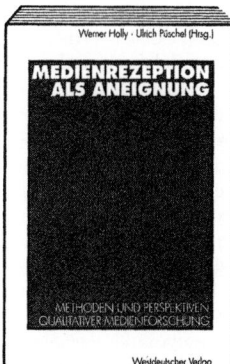

Werner Holly/Ulrich Püschel (Hrsg.)

Medienrezeption als Aneignung

Methoden und Perspektiven qualitativer Medienforschung

1993. 221 S. Kart.
ISBN 3-531-12430-7

Rezipienten hat man lange Zeit als passive Opfer medialer Manipulation gesehen. Heute begreift man Medienrezeption als einen aktiven Prozeß der Aneignung, in dem individuelle und gruppenspezifische Zugangsweisen nach je eigenen Bedürfnissen realisiert werden. Die Beiträge dieses Bandes thematisieren Medienaneignungen aus unterschiedlichen Perspektiven – beteiligt sind Soziologen, Medienpädagogen, Psychologen, Linguisten und Literaturwissenschaftler – und mit den Fragestellungen und Methoden unterschiedlicher Disziplinen.

Martin Löffelholz (Hrsg.)

Krieg als Medienereignis

Grundlagen und Perspektiven der Krisenkommunikation

1993. 276 S. Kart.
ISBN 3-531-12332-7

Ohne Kommunikation kein Krieg: Kommunikation macht Kriege führbar, Kommunikation kann Kriege aber auch beenden. In der „Informationsgesellschaft" erhält diese ambivalente Beziehung eine besondere Qualität: Denn moderne Kriege sind zunehmend mediatisierte Kriege. Die wachsende Bedeutung der Medien in nationalen, internationalen und globalen Krisen bildet den Ausgangspunkt für die 18 Originalbeiträge des Bandes. Nach welchen Regeln werden welche Kriege zu Medienereignissen? Welche Rolle spielen Zensur und politisch-militärische Public Relations? Sind die Medienangebote im und über Krieg glaubwürdig, problematisch, veränderbar? Welche Alternativen gibt es für die nächsten (Medien-)Krisen?

WESTDEUTSCHER VERLAG

OPLADEN · WIESBADEN

Medien und Kommunikation

Michael Haller /
Helmut Holzhey (Hrsg.)

Medien-Ethik

Beschreibungen, Analysen,
Konzepte für den deutschsprachigen Journalismus

1991. 331 S. Kart.
ISBN 3-531-12305-X

Auf der Basis einer internationalen
Fachtagung zum Thema „Massenmedien – Geschäft ohne Moral?"
verweist der Band auf die öffentlichen Forderungen nach stärkerer
Beachtung ethischer Grundsätze in
den Medien, beleuchtet den Stand
der Diskussion in der Bundesrepublik sowie im deutschsprachigen
Ausland (Österreich, Schweiz). Der
Wandel der Medienlandschaft wird
auf seine Auswirkungen hinsichtlich
ethischer Fragen untersucht: Bedingen neue Medien eine neue Moral?

Franz Ronneberger / Manfred Rühl

Theorie der
Public Relations

Ein Entwurf

1992. 358 S. Kart.
ISBN 3-531-12118-9

Public Relations hat als Kommunikationsform in modernen Gesellschaften eine kaum zu überschätzende
Bedeutung. Um so erstaulicher ist,
daß es bisher an fundierten Analysen und vor allem an einer theoretischen Grundlegung der PR mangelt. Die Autoren untersuchen zunächst die interdisziplinär-methodische Herkunft der Terminologie. Sie
überprüfen die relevanten Forschungsergebnisse im Rahmen der
verschiedenen Kommunikations-,
Handlungs-, Organisations- und Entscheidungstheorien. Zusammenfassend wird sodann PR als theoreti

sche Einheit konzipiert, wobei die
Akzente auf der gesamtgesellschaftlichen Funktion, den Leistungen in
Teilsystemen und den organisatorischen Aufgaben der PR liegen.

Siegfried Weischenberg

Journalistik

Theorie und Praxis aktueller
Medienkommunikation

Bd. 1: Mediensysteme,
Medienethik, Medieninstitutionen

1992. 362 S. Kart.
ISBN 3-531-11907-9

„Journalistik" hat sich als Adresse für
die hochschulgebundene Journalistenausbildung etabliert. In diesem
zweibändigen Lehrbuch wird erstmals der Versuch gemacht, das
Fach als (kommunikations-)wissenschaftlichen Lehr- und Forschungsbereich zu identifizieren. Dies geschieht auf der Grundlage einer
Systematik, die zu einer breiten
Einführung in Konzepte und Probleme aktueller Medienkommunikation führt. Im Zentrum des ersten
Bandes stehen dann Bedingungen,
die *Mediensysteme* für journalistisches Handeln schaffen, Probleme
und Perspektiven einer *Medienethik*
sowie ökonomische und organisatorische Zwänge in *Medieninstitutionen.* Kommunikationstheorie wird
dabei – u. a. durch Wiedergabe
und Diskussion relevanter Texte - auf
Kommunikationspraxis bezogen.

WESTDEUTSCHER
VERLAG
OPLADEN · WIESBADEN

MIX
Papier aus verantwortungsvollen Quellen
Paper from responsible sources
FSC® C105338

If you have any concerns about our products,
you can contact us on
ProductSafety@springernature.com

In case Publisher is established outside the EU,
the EU authorized representative is:
**Springer Nature Customer Service Center GmbH
Europaplatz 3, 69115 Heidelberg, Germany**

Printed by Libri Plureos GmbH
in Hamburg, Germany